Ein praktischer Führer zur

Revision
in der Datenverarbeitung

AUERBACH - Managementwissen der Datenverarbeitung

Herausgegeben von James Hannan

Die Autoren dieses Bandes:

Steven F. Blanding
EDP Audit Manager, Tandy Corporation, Fort Worth TX

Robert J. Coyle
CISA, EDP Audit Manager, Consolidated Rail Corporation, Philadelphia PA

William A. Emory, Jr.
Data Processing, Planning, and Security Consultant, Roanoake VA

Thomas H. Fitzgerald
Director of Data Processing Auditing, Merrill Lynch, New York NY

Ian Gilhooley
EDP Auditor, Toronto, Canada

Ben G. Matley
CDP, Ventura College, Ventura CA

Jack B. Mullen
CPA, Wilmington Trust Company, Wilmington DE

William E. Perry
CPA, CIA, CISA, President, William E. Perry Enterprises Incorporated, Orlando FL

Michael I. Sobol
CISA, President, MIS Associates, Framingham MA

David W. Syfritt
CDP, D. W. Syfritt Associated, Ojai CA

Bryan Wilkinson
CISA, Teledyne Corporation, Los Angeles CA

AUERBACH - Managementwissen der Datenverarbeitung 7

Ein praktischer Führer zur

Revision in der Datenverarbeitung

Herausgegeben von James Hannan

Übersetzt und bearbeitet von
Anne-Kathrein Rosenkranz
und Gerhard Sielhorst

Friedr. Vieweg & Sohn Braunschweig / Wiesbaden

Dieses Buch ist die deutsche Übersetzung von:
James Hannan (Ed.)
A Practical guide to EDP auditing
(Auerbach data processing management library; v. 7)

Published in the United States in 1982
by Van Nostrand Reinhold Company Inc., New York, USA

Übersetzt aus dem Amerikanischen und bearbeitet von
Anne-Kathrein Rosenkranz (Herdecke) und Gerhard Sielhorst (Dortmund)

Der Verlag Vieweg ist ein Unternehmen der Verlagsgruppe Bertelsmann International.

ISBN 978-3-528-08580-3 ISBN 978-3-322-89433-5 (eBook)
DOI 10.1007/978-3-322-89433-5

Vorwort

In seiner relativ kurzen Existenz ist der Computer aus den Hinterzimmern der meisten Unternehmen hervorgekommen, um integrierter Bestandteil des Wirtschaftslebens zu werden. Heute werden zunehmend kompliziertere Datenverarbeitungsanlagen benutzt, um immer komplexere wirtschaftliche Probleme zu lösen. Als eine Konsequenz daraus ist die typische Datenverarbeitungsfunktion so kompliziert und spezialisiert wie das Wirtschaftsunternehmen, dem sie dient.

Eine solche Spezialisierung stellt hohe Anforderungen an Computerfachleute. Sie müssen nicht nur ein spezifisches technisches Wissen vorweisen, sondern sie müssen auch verstehen, ihr spezielles Wisssen zur Unterstützung der Firmenziele anzuwenden. Effektivität und Karriere eines Computerfachmanns hängen davon ab, wie geschickt er dieser Herausforderung begegnet.

Um Computerfachleute dabei zu unterstützen, auf diese Herausforderung zu reagieren, hat der Verlag AUERBACH das ‚AUERBACH-Managementwissen der Datenverarbeitung' entwickelt.

Die Serie umfaßt acht Bände, wobei jeder Band das Management einer bestimmten Datenverarbeitungsfunktion anspricht:

Ein praktischer Führer für das Management in der Datenverarbeitung
Ein praktischer Führer für das Management der Computerprogrammierung
Ein praktischer Führer für das Management der Datenkommunikation
Ein praktischer Führer für das Datenbank-Management
Ein praktischer Führer für das Management der Systementwicklung
Ein praktischer Führer für das Rechenzentrumsmanagement
Ein praktischer Führer zur Revision in der Datenverarbeitung
Ein praktischer Führer für das Management der dezentralen Datenverarbeitung

Jeder Band enthält ausgetestete, praktische Lösungen für häufig anzutreffende Probleme, denen sich Manager aus diesem Tätigkeitsbereich ausgesetzt sehen. Ausgearbeitet wurden diese Lösungen von einer bekannten Gruppe von Datenverarbeitungspraktikern — Fachleute, die ihr

Leben in dem Bereich verbringen, über den sie schreiben. Die konzentriert und knapp gehaltenen Kapitel sind dazu bestimmt, dem Leser zu helfen, die darin enthaltenen Hinweise direkt auf seine Umgebung anzuwenden.

AUERBACH hat seit mehr als 25 Jahren die Informationsbedürfnisse der Computerfachleute zufriedenstellend beantwortet und weiß, wie ihnen geholfen werden kann, ihre Effektivität zu steigern und ihre Karriere voranzutreiben. Das AUERBACH-Managementwissen der Datenverarbeitung ist auf diesem Gebiet nur eines von vielen Angeboten des Herausgebers.

James Hannan
Stellvertretender Vizepräsident
AUERBACH

Inhaltsverzeichnis

Einführung

In weniger als zwanzig Jahren hat der Computer die Aufbau- und Ablauforganisation der meisten Unternehmen grundlegend verändert. Der Einsatz des Computers unterstützte jedoch nicht nur die Einführung effizienterer Organisationsformen und Arbeitsabläufe, sondern führte vielfach auch zur Übernahme und Institutionalisierung veralteter und umständlicher Verfahrensweisen. In fast allen Fällen erfordert der Computereinsatz eine Ablösung traditioneller Methoden der Prüfung von Datenbeständen und des Controlling von Unternehmemsvorgängen. Die computergestützte Datenverarbeitung stellte andere Anforderungen an Planungs-, Kontroll- und Steuerungsverfahren. Bedauerlicherweise erfolgte die Einführung und der Einsatz adäquater Verfahren nur sehr langsam.

Aus der Vielzahl der dafür verantwortlichen Faktoren lassen sich zwei wesentliche herausgreifen: die zunehmende technische Komplexität moderner Computersysteme und die persönliche Einstellung von Computerherstellern und -anwendern. Das typische mittelgroße bis große DV-System umfaßt neben komplexer Hardware sowie hochkomplizierter Firmware und Systemsoftware umfangreiche Individual- und/oder Standardsoftware. Bei Entwurf, Konfiguration und Betrieb des Systems stehen häufig technische Aspekte im Vordergrund, so daß hohen Verarbeitungsgeschwindigkeiten und technischer Eleganz mehr Aufmerksamkeit eingeräumt wird als Prüfungs- und Kontrollmechanismen.

Als Reaktion auf diese Situation haben zahlreiche Unternehmen eine DV-Revisionsfunktion eingerichtet und versucht, dort Mitarbeiter einzusetzen, die neben einem umfassenden DV-Wissen und praktischer DV-Erfahrung auch über Kenntnisse in Prüfungs- und Kontrollverfahren verfügen. In der Anfangsphase der DV-Revision gab es aufgrund der Neuheit dieser Funktion allerdings nur wenige erfahrene DV-Revisoren. Darüber hinaus mangelte es bei den einschlägigen Aus- und Weiterbildungsinstituten noch an geeigneten Bildungsangeboten.

Der kritische Bedarf an DV-Revisoren stellt zusammen mit der Komplexität und Bedeutung dieses Aufgabenbereiches hohe Anforderungen an den einzelnen Mitarbeiter. Voraussetzung einer effektiven Arbeitsleistung ist für den DV-Revisor neben der Kenntnis der allgemeinen unternehmensspezifischen Aufbau- und Ablauforganisation ein ausgeprägtes Bewußtsein für die Bedeutung der DV-Funktion innerhalb des Unternehmens. Ein DV-Revisor muß sich mit

Computern im allgemeinen auskennen und ständig über die neuesten technologischen Entwicklungen von Ausrüstung (Hardware), Kommunikationseinrichtungen und Software informiert sein. Ebenso muß er den Umgang mit neuen Prüfungsinstrumenten und -methodologien beherrschen. Schließlich sind enge Kontakte zum gehobenen Management, zu den zahlreichen Fachabteilungen und zur DV-Abteilung für den Erfolg des DV-Revisors von entscheidender Bedeutung. Dieser Band der Reihe "AUERBACH-Managementwissen der Datenverarbeitung" soll mit seinen Beiträgen und Vorschlägen dem DV-Revisor in der Erfüllung seiner Aufgaben unterstützen.

Wir haben eine ausgewählte Gruppe von DV-Praktikern gebeten, ihre umfangreichen Erfahrungen auf dem Gebiet der DV-Revision weiterzugeben. Unsere Autoren haben über ein sorgfältig ausgewähltes Themenspektrum geschrieben und liefern bewährte, praxisgerechte Ratschläge, um die DV-Revisionsfunktion effektiv(er) einzurichten.

In Kapitel 1 stellt William A. Emory jun. eine Methode für die Definition von DV-Revisionszielen anhand allgemeiner Revisionsziele vor. In diesem Zusammenhang werden die Aufgaben des DV-Revisors erörtert, Methoden für die Entwicklung und Handhabung einer Aufstellung der DV-Revisionsziele dargestellt sowie Möglichkeiten aufgezeigt, die Unterstützung der gehobenen Managementebenen für die Umsetzung dieser Ziele zu gewinnen.

Mit Einführung der Datenverarbeitung haben sich zwar nicht die Ziele des Internal Control System geändert, die computergestützte Datenverarbeitung übt jedoch einen direkten Einfluß auf die Methoden aus, die zur Realisierung dieser Ziele eingesetzt werden. In seinem Beitrag "Aufgaben der DV-Revision" beschreibt Ian Gilhooley Steuerungs- und Kontrollinstrumente, die ein durch umfangreichen DV-Einsatz geprägtes Unternehmen benötigt.

Die Effektivität der DV-Revision hängt - neben dem Vorliegen wohldefinierter Ziele - von der Akzeptanz und Umsetzung der Empfehlungen des Prüfungsberichtes ab. Der Prüfungsbericht kann durch den Einsatz visueller Hilfsmittel sowie einer verständlichen, sachlichen und eindeutigen sprachlichen Ergebnisformulierung die Akzeptanz der Empfehlungen wesentlich beeinflussen. In Kapitel 3 erörtert William E. Perry Probleme, die mit dem Schreiben von Prüfungsberichten verbunden sind; er stellt fünf Berichtstypen vor und gibt Tips für eine effektive Berichterstattung.

Von allen Gebieten, mit denen sich der DV-Revisor beschäftigt, nimmt der Bereich *DV-Standards* eine grundlegende Stellung ein. Standards haben eine kritische Bedeutung für die Aufrechterhaltung und Kontrolle der eingesetzten DV-Anwendungen. Das Fehlen oder Vernachlässigen von DV-Standards kann ebenfalls die Effektivität traditioneller Kontrollverfahren einschränken. In

Kapitel 4 beschreiben Ben G. Matley und David W. Syfritt ein Verfahren, das schrittweise die Effektivität eingesetzter DV-Standards ermittelt.

Ein Bereich, bei dem DV-Standards eine besonderere Bedeutung haben, ist die Systemplanung und -entwicklung. Es besteht zwar keine allgemeine Übereinstimmung über den notwendigen Umfang von Revisionsaktivitäten während der Systementwicklungsphasen, die Revision sollte jedoch in diesen Prozeß eingebunden sein, um die Eignung des Internal Control System sicherzustellen. Fertiggestellte DV-Programme lassen sich nur mit hohem Aufwand oder durch eine vollständige Neuerstellung ändern, so daß eine Ex-post-Prüfung im Gegensatz zu einer Ex-ante-Prüfung für den Revisor in der Mehrzahl der Fälle nur eine untergeordnete Bedeutung haben wird. Im Rahmen dieser Tätigkeit muß der Revisor zwei Hauptgebiete prüfen: Maßnahmen zur ordnungsgemäßen Erfassung, Verarbeitung, Aufbewahrung, Ausgabe und Dokumentation von Daten in computergestützten und manuellen Systemen und Maßnahmen, welche die Effizienz der betrieblichen Abläufe im Systemplanungs- und -entwicklungsprozeß sicherstellen. In seinem Beitrag "Checkliste für Systementwicklung und Betrieb" präsentiert Jack B. Mullen eine Checkliste für die Einbindung der Revisionsabteilung in den Systementwicklungsprozeß.

Im Anschluß an die Entwicklung mehrerer größerer Anwendungssysteme ergibt sich für den Revisor die Aufgabe, im Rahmen einer Nachprüfung die zu Beginn der Systementwicklungszyklen aufgestellten Kosten-/Nutzenschätzungen auf ihre Genauigkeit zu prüfen. Diese Überprüfungen sind erforderlich, weil Entscheidungen des gehobenen Managements über die Durchführung weiterer Anwendungsprojekte insbesondere auf den von der DV-Abteilung aufgestellten Aufwandschätzungen basieren. In Kapitel 6 beschreibt Bryan Wilkinson die Vorgehensweise einer Kosten-/Nutzenuntersuchung bei Anwendungsprojekten.

Der Quellcode eines Anwendungsprogrammes sollte ebenfalls Gegenstand einer Prüfung sein. Eine Quellcodeanalyse erfordert nicht nur einen erheblichen zeitlichen Aufwand, sondern auch ein fundiertes technisches Verständnis. Dieser Einsatz erscheint jedoch in Anbetracht des potentiellen Nutzens gerechtfertigt. Michael I. Sobol diskutiert in Kapitel 7 verschiedene Methoden und Instrumente für die Prüfung von Anwendungsprogrammen.

Der DV-Revisor muß sich mit Anwendungsprogrammen ebenso auskennen wie mit Betriebssystemen, Dienstprogrammen (Utilities) und Kontrollsprachen (JCL = Job Control Language). Als Betriebssystem bezeichnet man ein Programm oder eine zusammengehörige Gruppe von Programmen, die die Steuerung der computerinternen Abläufe übernehmen. Unter Dienstprogrammen sind leistungsfähige und unterstützende Werkzeuge für die Erledigung zahlreicher Routinearbeiten zu verstehen. Betriebssysteme und Dienstprogramme stellen mögliche Sicherheitsrisiken dar. Kontrollsprachen sind flexible, mächtige

Sprachen, mit deren Hilfe die vom Computer auszuführenden Aufgaben und deren Abläufe definiert werden können; aus diesem Grund sollten sie strengen Standards und Kontrollen unterliegen.

Robert J. Coyle stellt in Kapitel 8 einen systematischen Ansatz zur Prüfung eines Betriebssystems vor. Als Beispiel dient das IBM-Betriebssystem MVS (Multiple Virtual Storage). In Kapitel 9 diskutiert Michael I. Sobol Einsatz, Steuerung und Kontrolle von Dienstprogrammen. Die verschiedenen Möglichkeiten zur Durchsetzung von JCL-Standards und der Prüfungsablauf werden von Steven F. Blanding in Kapitel 10 vorgestellt.

Der zunehmende Einsatz von Mini- und Mikrocomputern hat der Revisionsabteilung ein weiteres Aufgabenfeld großer Komplexität gebracht. Diesen DV-Systemen fehlt häufig ein den Großrechnersystemen vergleichbarer Kontrollgrad. Aus diesem Grund muß der Revisor bei der Prüfungsplanung die Eigenarten solcher Systeme berücksichtigen und Alternativmethoden zur Erreichung der Revisionsziele entwickeln. Thomas H. Fitzgerald beschreibt in Kapitel 11 Kontroll- und Steuerungstechniken zur Minimierung des mit dem Einsatz von Mini- und Mikrocomputersystemen verbundenen Risikos.

Die Kosten-/Nutzenuntersuchung von Hardwareprojekten im Rahmen der Nachprüfung wird in vielen Unternehmen nicht als eigentliche Aufgabe der Revision angesehen. Als Abteilung, der die Überwachung von Vermögenswerten obliegt, sollte die Revision zumindest eine Beurteilung der Akquisitionsprojekte im Hardwarebereich vornehmen. Bryan Wilkinson beschreibt die Vorgehensweise dieser Prüfung in Kapitel 12.

1 DEFINITION VON DV-REVISIONSZIELEN

EINLEITUNG

Es gibt zahlreiche Aufsätze und Veröffentlichungen, die sich mit den Aufgaben des DV-Revisors - aus Sicht der Revision, des DV-Managements und des gehobenen Managements - auseinandersetzen. Trotz der Vielzahl dieser Beiträge sowie einer durchaus umfassenden und informativen Darstellung des Themas werden bestimmte Bereiche häufig ausgeklammert oder in ihrer Problematik nur oberflächlich abgehandelt, wie beispielsweise:

- o Aufgaben des DV-Revisors;
- o Ziele der DV-Revision;
- o Methodologie der Zieldefinition.

Ein weiteres Problem zeigt sich bei der Betrachtung folgender Beispiele. Die internen Revisionsverfahren eines Großhändlers sehen für ausstehende Rechnungen eine Gegenüberstellung der Salden auf dem Computerausdruck mit den Eintragungen im Hauptbuch vor. Die Finanzrevision setzte hinter diese Anweisung regelmäßig den Vermerk "von der DV-Revision durchzuführen". Eine Überprüfung der DV-Revisionsverfahren ergab jedoch, daß ein Verfahren für diesen Vorgang nicht existiert. Beide Revisionsgruppen fühlten sich in dem vorliegenden Fall nicht zuständig und gingen von der Verantwortlichkeit der jeweiligen anderen Gruppe aus.

Die Finanzrevision einer Bank entwickelte ein computergestütztes Programm zur Prüfung der Zinsformeln. Dieses Programm wurde im Rahmen der jährlichen Prüfung der Abteilung für Kundendarlehen eingesetzt. Die DV-Revision dieses Unternehmens führte regelmäßige Prüfungen der computergestützten Anwendungssysteme durch. Ein DV-Revisionsziel bezog sich auf die Feststellung der Genauigkeit der Programmdokumentation. Die von einem Prüfprogramm anhand der dokumentierten Zinsformeln ermittelten Darlehnszinsen wurden mit den vom Produktionsprogramm errechneten Zinsen verglichen. Trotz verschiedener Revisionsziele liegt eine redundante Arbeitsleistung beider Revisionsgruppen vor.

Bedauerlicherweise handelt es sich bei diesen Beispielen nicht um Einzelfälle. Es kommt häufiger vor, daß wichtige Revisionsziele übersehen und Arbeitsvorgänge redundant durchgeführt werden, da es an klaren Definitionen der DV-Revisionsziele und eindeutigen Zuweisungen der Verantwortlichkeit für die Realisierung dieser Ziele fehlt.

Diese Probleme lassen sich dann vermeiden, wenn die Aufgaben des DV-Revisors anhand der DV-Revisionsziele abgeleitet werden und die Definition der DV-Revisionsziele anhand der allgemeinen Revisionsziele erfolgt.

DIE AUFGABEN DES DV-REVISORS

Die Aufgaben des DV-Revisors sollen - allgemein formuliert - einen effektiven Beitrag zu den Revisionszielen des Unternehmens leisten. Artikel in Fachzeitschriften und spezifische DV-Revisionsliteratur können zwar keine eindeutige Definition der Aufgaben des DV-Revisors oder spezifischer Ziele geben, diese Veröffentlichungen bieten jedoch zahlreiche Anregungen und sollten als Richtlinien für die Entwicklung einer unternehmensspezifischen Aufgabendefinition herangezogen werden. Folgende Aspekte sind bei der Definition von Aufgaben und Zielen der DV-Revision zu beachten:

- Aufbau und Ziele des Unternehmens;
- Charakteristika der DV-Abteilung;
- Aufgaben und Ziele der Hauptabteilung Revision;
- Qualifikation und Fähigkeiten der Mitarbeiter der DV-Revision.

1. Das Unternehmen

Die Aufbauorganisation, die organisatorische Eingliederung der DV-Abteilung und der Revision innerhalb der Aufbauorganisation, die Managementphilosophie, die Unternehmensziele und sogar das Leistungsangebot beeinflussen die Definition der DV-Revisionsziele. Im Bankensektor beispielsweise sind computergestützte Anwendungen integrierter Bestandteil der Finanzdienstleistungen. Die computergestützte Verarbeitung oder zumindest die Computerausgabe tangiert direkt den Kontakt zum Kunden. In einer derartigen Situation erhält die Prüfung von DV-Anwendungssystemen eine hohe Priorität als DV-Revisionsziel.

Ein DV-Dienstleistungsunternehmen dagegen führt zwar DV-Anwendungen im Auftrag des Kunden durch, die Vereinbarungen der Dienstleistungsverträge können jedoch die Zuständigkeit für die Prüfung der DV-Anwendungen dem Kunden übertragen. In diesem Fall stellt die Prüfung der DV-Anwendung kein geeignetes DV-Revisionsziel dar.

2. Die DV-Abteilung

Bei der Definition von DV-Revisionszielen sind Aufbau- und Ablauforganisation sowie Komplexität des Rechenzentrums zu berücksichtigen. So verfolgt beispielsweise der für ein dezentralisiertes Rechenzentrum, das zahlreiche Online-Anwendungen betreut und ein Datenkommunikationsnetz betreibt, verantwortliche DV-Revisor andere Ziele als der DV-Revisor eines zentralisierten und im wesentlichen batch-orientierten Rechenzentrums.

Ebenso kann die Sicherstellung adäquater Kontrollen im Rahmen der Systemplanung und -entwicklung ein wesentliches Ziel in einem auf die Systemeigenentwicklung ausgerichteten Rechenzentrum sein, während dieses Ziel in einem Rechenzentrum, das hauptsächlich Standardsoftware einsetzt, nicht sinnvoll erscheint.

3. Die Hauptabteilung Revision

In einem Unternehmen mit hohem Automatisierungsgrad und einer Hauptabteilung Revision mit nur geringen praktischen Erfahrungen und Kenntnissen in der computergestützten Datenverarbeitung wird eine der Hauptaufgaben der DV-Revision in der Unterstützung der "übrigen" Revisionsgruppen liegen. So obliegt dem DV-Revisor häufig die Durchführung einer DV-Grundausbildung für Revisionsmitarbeiter.

Die Revisionsziele der Hauptabteilung Revision sind mit großer Sorgfalt zu berücksichtigen. Die Koordination der Funktionen aller Revisionsgruppen trägt dazu bei, Redundanzen auszuschließen und vermeidet, daß wichtige Aspekte aufgrund nicht eindeutig zugewiesener Verantwortlichkeiten übersehen werden.

Zu den Aufgaben der DV-Revision zählt beispielsweise in vielen Unternehmen die Prüfung der Richtlinien der DV-Personalpolitik und die Bewertung der Mitarbeiterleistung. Sofern eine Revisionsgruppe "Personalwesen" existiert, besteht der dringende Bedarf, die Ziele beider Revisionsgruppen abzustimmen.

4. Qualifikation und Fähigkeiten des DV-Revisors

Weitere bei der Definition von DV-Revisionszielen zu berücksichtigende Aspekte sind die Fähigkeiten - Ausbildung und Erfahrung - des einzelnen DV-Revisors. Es hat wenig Sinn, Ziele vorzugeben, wenn dem Revisor zur Zielerreichung trotz eines allgemein hohen fachlichen Niveaus das erforderliche Spezialwissen fehlt. Ist die Definition der DV-Revisionsziele abgeschlossen, trägt die Revision die Verantwortung für die Durchsetzung dieser Ziele, d.h. die Nutznießer der DV-Revision (z.B. das gehobene Management) werden von der DV-Revision die Realisierung der definierten Ziele verlangen. Aus diesem Grund empfiehlt es sich, auf Ziele, die sich in einem gegebenen Zeitraum nicht erreichen lassen, zu verzichten.

Dieser Ereignisverlauf stellt unter Umständen ein Dilemma für die DV-Revision dar. Bei Nichterreichen der definierten Ziele muß sich die DV-Revision rechtfertigen können; verzichtet die DV-Revision dagegen auf die Definition wichtiger Ziele, wird ein derartiges Verhalten häufig als Nachlässigkeit gewertet.

Der (professionelle) DV-Revisor sollte um ständige Erweiterung und Vertiefung seiner Kenntnisse bemüht sein, um weitere Revisionsfunktionen wahrnehmen zu können. Vielfach mangelt es jedoch weniger am Interesse an einer Weiterbildung als an den begrenzten Möglichkeiten, Mitarbeiter freizustellen und/oder Schulungskosten zu bewilligen.

In diesem Kapitel wird an späterer Stelle eine Methode für die Definition von DV-Revisionszielen vorgestellt, bei der Qualifikation und Fähigkeiten des DV-Revisors entsprechende Berücksichtigung finden.

DEFINITION DER ZIELE

DV-Revisionsziele sind anhand der allgemeinen Revisionsziele des Gesamtunternehmens zu definieren. Der DV-Revisor muß daher alle potentiellen DV-Revisionsziele (d.h. jedes DV-Revisionsziel, das er selbst erkennt oder anhand von Referenzmaterialien ableitet) in seine Überlegungen einbeziehen und entscheiden, welche dieser Ziele die allgemeinen Revisionsziele unterstützen.

Weiterhin ist festzustellen, welche Ziele sich gegenwärtig als DV-Revisionsfunktionen eignen sowie den gegenwärtigen Fähigkeiten der DV-Revisionsmitarbeiter entsprechen und welche Ziele dagegen besser von Mitarbeitern anderer Abteilungen wahrgenommen werden sollten. Dieser Entscheidungsprozeß verläuft häufig nicht ohne Schwierigkeiten. Eine mögliche Vorgehensweise sieht die Entwicklung einer Bestandsliste der DV-Revisionsziele vor.

Entwicklung einer Bestandsliste

Eine Bestandsliste der DV-Revisionsziele ist eine Aufstellung aller mit der Datenverarbeitung und computergestützten Anwendungen verbundenen Ziele. Jeder DV-Revisor sollte zunächst selbst Ziele definieren und in schriftlicher Form festhalten, um im nächsten Schritt die Ansichten seiner Kollegen einzuholen. Zu diesem Zeitpunkt erfolgt keine Entscheidung über die konkrete Eignung dieser

Ziele für die DV-Revision; der Zweck dieser Maßnahme liegt vielmehr im Sammeln möglicher DV-bezogener Revisionsziele.

Dieser Zeitpunkt erscheint ebenfalls geeignet, um sich einen Überblick über Referenzmaterialien zur DV-Revision zu verschaffen. Das zu dieser Thematik vorliegende und in der Regel sehr umfassende Referenzmaterial nennt zwar keine spezifischen DV-Revisionsziele, regt aber zu weitergehenden Überlegungen an. Die Durchsicht eines Inhaltsverzeichnisses zeigt bereits Anhaltspunkte für die Definition zahlreicher möglicher DV-Revisionsziele. Die Liste im Anhang dieses Kapitels umfaßt über 100 mögliche DV-Revisionsziele, die den Entwurf einer eigenen Aufstellung unterstützen.

Ein Mitarbeiter, der über Kenntnisse und Erfahrungen auf dem Gebiet der formalen Planung oder MbO-Techniken (Management by Objectives) verfügt, könnte den Standpunkt vertreten, daß einige Positionen dieser Liste keine Ziele darstellen, sondern es sich vielmehr um Vorgaben oder Arbeitsschritte handelt. In Anbetracht dieser Situation erscheint es hilfreich, unter den Begriff DV-Revisionsziel alle Aktivitäten und Vorgänge zu fassen, die unter DV-Revisionsgesichtspunkten von Bedeutung sind.

Das Erstellen der Bestandsliste unterstützt die Abgrenzung des Verantwortlichkeitsbereiches der DV-Revision und die Definition von Schnittstellen zu den anderen Revisionsgruppen. Diese Vorgehensweise soll sicherstellen, daß

- o DV-Revisionsziele nicht übersehen und
- o redundante Aktivitäten vermieden werden.

Bei der Entwicklung einer derartigen Liste sollte der DV-Revisor für die Durchsetzung der einzelnen Ziele darüber hinaus jeweils ein oder zwei mögliche Prüfungsverfahren oder -fragen nennen können.

1. Systementwicklungsziele

Einige Beispiele sollen das Konzept der Definition von Verantwortlichkeitsgrenzen verdeutlichen. Eine Kontroverse innerhalb der DV-Revision besteht zwischen den Befürwortern einer aktiven Beteiligung der DV-Revision während der Systementwurfsphase und den Verfechtern einer beratenden, schwerpunktmäßig jedoch prüfenden DV-Revisionsfunktion im Rahmen von Systementwicklungsprojekten.

Die Listenpositionen 31 bis 41 im Anhang decken den Bereich Systementwicklung und DV-Revision ab. Während sich die Positionen 33, 38 und 40 auf eine aktive Beteiligung beziehen, sprechen die übrigen Punkte die beratenden und prüfenden Aufgaben des DV-Revisors an. Die Idee ist, zunächst beide Beteiligungsformen in die Überlegungen einzubeziehen, um in Abhängigkeit von den jeweiligen unternehmensspezifischen Anforderungen zu einem späteren Zeitpunkt die Entscheidung zu treffen. Die Befürworter einer aktiven Beteiligung an der Systementwurfsphase werden möglicherweise die Anzahl der diesbezüglichen Ziele erweitern wollen, um den Umfang der Mitwirkung in geeigneter Weise zu definieren.

2. Revisionsziele bei Anwendungen

Ein anderer möglicher Streitpunkt zwischen DV-Revision und anderen Revisionsgruppen betrifft die Prüfung von Anwendungssystemen, z.B.:

o Sollte der DV-Revisor die Prüfung des gesamten computergestützten Anwendungssystems übernehmen, oder endet seine Zuständigkeit an der Tür des Rechenzentrums?

o Wem obliegt die Verantwortlichkeit für Benutzerkontrollen und verteilte Verarbeitung?

Die Ziele 95 bis 101 behandeln die Prüfung von DV-Anwendungen, wobei insbesondere die Ziele 99, 100 und 101 spezifisch auf die exakte Abgrenzung des Verantwortlichkeitsbereiches des DV-Revisors und die Definition der Schnittstelle zwischen DV-Revision und den übrigen Revisionsgruppen Bezug nehmen.

3. Unterstützung anderer Revisionsgruppen

Die Unterstützung anderer Revisionsgruppen stellt einen weiteren zu definierenden Bereich dar, z.B.:

o In welchem Umfang und in welcher Form bietet die DV-Revision anderen Revisionsgruppen Unterstützung?

o Wem obliegt die Zuständigkeit für die Entwicklung spezieller Prüfsoftware, die andere Gruppen im Rahmen von Prüfungen einsetzen?

Die Ziele 112 bis 120 erfassen den Bereich der Prüfungsunterstützung. Ziel 115, das sich auf die Abstimmung von Computerausgaben (z.B. Belegen, Listen) bezieht, spricht eine heftig diskutierte Thematik an. Während eine große Zahl von DV-Revisoren die Ansicht vertritt, daß diese Aufgabe nicht mit ihrem Selbstverständnis zu vereinbaren ist, sehen andere Revisionsgruppen in der Abstimmung von Computerausgaben die vielleicht einzige Existenzberechtigung der DV-Revision.

Dieses Kapitel bietet keine Lösung solcher Konflikte an. Es empfiehlt sich jedoch zunächst, dieses Ziel zur weiteren Bearbeitung in den Katalog aufzunehmen.

Der DV-Revisor sollte in diesem Zusammenhang ebenfalls alle Positionen anführen, die seiner Ansicht nach *nicht* in seinem Verantwortlichkeitsbereich liegen. Dazu können auch Bereiche zählen, bei denen ein enger Bezug zur computergestützten Datenverarbeitung fehlt. Zur Erinnerung: Der Zweck dieser Aufstellung ist die Definition möglicher DV-Revisionsaufgaben auf Grundlage der unternehmensspezifischen Anforderungen; das schließt auch die Zuweisung von Verantwortlichkeit für Ziele ein, für die sich der DV-Revisor eigentlich nicht zuständig fühlt(e).

4. Bedeutung von Qualifikation und Fähigkeiten bei der Definition von Zielen

In den vorangegangenen Abschnitten wurde bereits kurz die Problematik der Zieldefinition bei qualifikatorischen Defiziten angesprochen. Die Positionen 76 und 80, die sich auf die Telekommunikation beziehen, stellen Beispiele für Ziele dar, bei denen sich häufig eine Diskrepanz zwischen den tatsächlichen und den geforderten Fähigkeiten des DV-Revisors feststellen läßt. In dieser Phase des Listenentwurfs sollte jedoch auch dieser Zieltyp einbezogen werden, ohne Berücksichtigung, in welchem Umfang die gegebenen Fähigkeiten und Qualifikationen der DV-Revisionsmitarbeiter eine Realiserung dieser Ziele ermöglichen.

Anpassung der Bestandsliste an unternehmensspezifische Anforderungen

Der nächste Schritt besteht in der sinnvollen Organisation der Liste. Es ist zu bedenken, daß auch außerhalb der DV-Revision tätige Mitarbeiter ohne DV- und Revisionshintergrundwissen die Liste überarbeiten werden.

Bei der Organisation der Liste besteht der erste Schritt darin, Ziele zu extrahieren, die *nicht* auf den gegebenen DV-Betrieb des Unternehmens anwendbar sind. Setzt das Unternehmen beispielsweise kein Kommunikationsnetz ein, entfallen die Ziele 76 bis 81. Eine ähnliche Situation liegt vor, wenn das Unternehmen keine eigene Systementwicklung betreibt; in diesem Fall haben die Ziele 31 bis 41 keine Relevanz und können gestrichen werden. Diese Vorgehensweise führt zu einer Anpassung der Listenpositionen an die unternehmensspezifischen Anforderungen.

Viele DV-Revisionsabteilungen legen ihren Prüfungen sehr weitgefaßte Ziele zugrunde, z.B.:

Abbildung 1.1: Organisationsdiagramm

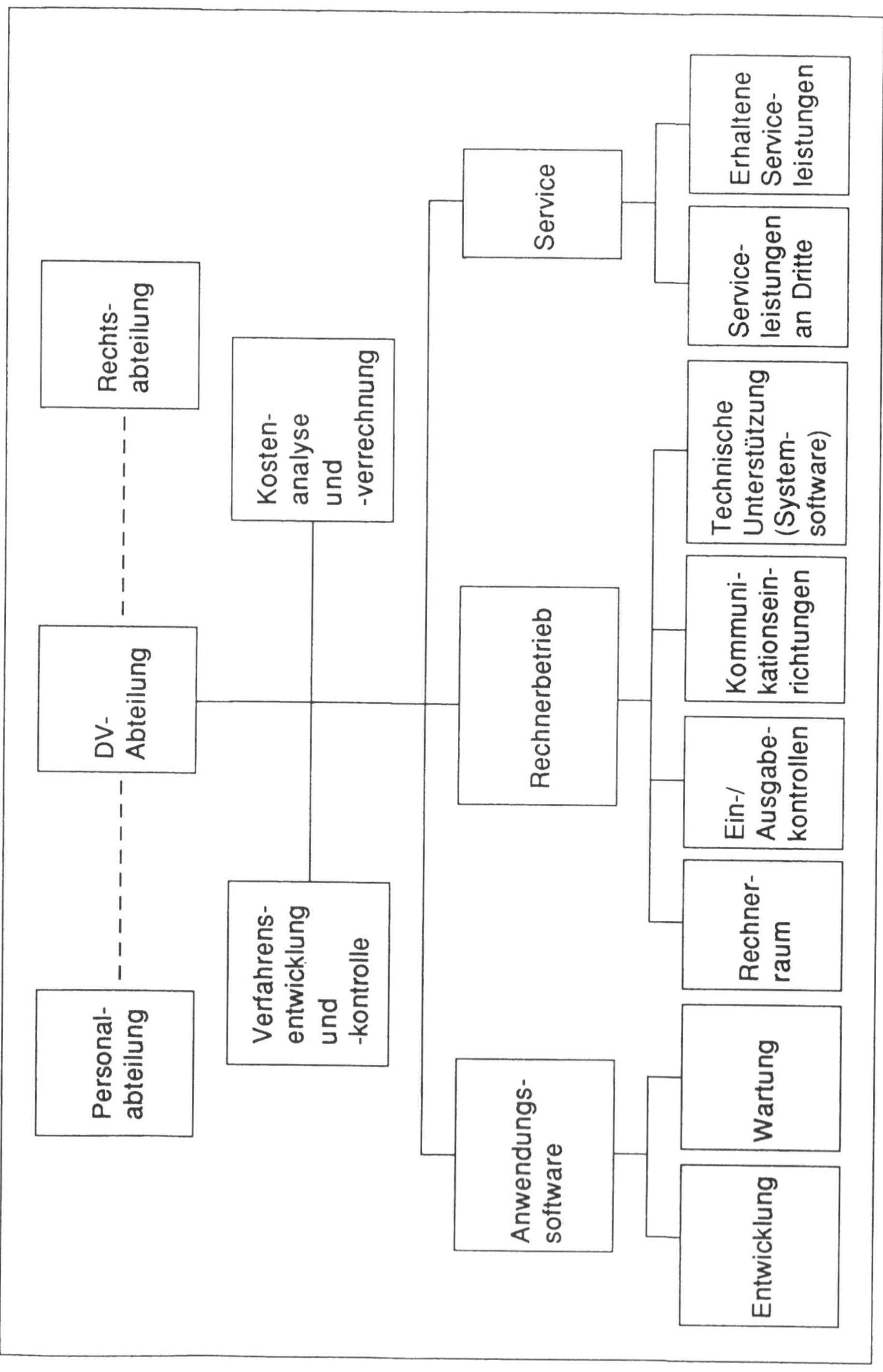

o Sicherstellen der Integrität der bearbeiteten Daten;

o Vermeiden nicht autorisierter Zugriffe auf Informationen;

o Sicherstellen der permanenten Verfügbarkeit der Computerressourcen.

Diese Ziele eignen sich jedoch weniger für konkrete Prüfungszwecke, da mehrere Funktionsbereiche innerhalb der Datenverarbeitung berührt werden. Jede einzelne DV-Funktion leistet einen bestimmten Beitrag zu diesen Zielen. Keine dieser Funktionen deckt jedoch ein einzelnes Ziel vollständig ab. Eine Alternative bietet sich mit einer Zuordnung von DV-Revisionszielen zu funktionalen DV-Bereichen an.

Abbildung 1.1 zeigt das Organisationsdiagramm einer typischen DV-Abteilung mittlerer Größenordnung. Diese Aufbauorganisation setzt den Rahmen für die Gliederung der Bestandsliste (s. Abbildung 1.2).

Die Orientierung der Liste an den funktionalen DV-Bereichen bietet mehrere Vorteile. Der DV-Revisor erhält einen Überblick der in jedem Bereich auszuführenden Arbeitsvorgänge und kann diese in den Gesamtzusammenhang des DV-Betriebes einordnen. Diese Vorgehensweise unterstützt den DV-Revisor bei der Suche nach weiteren Zielen oder Prüfungsverfahren.

Ein funktionaler Ansatz bietet auch dem gehobenen Management eine deutlichere Darstellung der Ziele und ermöglicht auf diese Weise einzelnen Managementebenen weitere Ziele vorzuschlagen oder auch neue Ziele zu erkennen.

Durch die Zuordnung von Zielen zu funktionalen DV-Bereichen sollte der DV-Revisor in der Lage sein, aus allgemeinen Prüfungsverfahren operationale Prüfungseinheiten zu entwickeln. Durch die Bildung kleinerer, wohldefinierter Prüfungseinheiten läßt sich auch die DV-Revisionsleistung in ihrer Gesamtheit verbessern.

Verteilung der Bestandsliste

Nach Anpassung an die unternehmensspezifischen Gegebenheiten kann die Liste verteilt werden. Der Adressatenkreis umfaßt alle Personen mit direkter Verantwortung für oder unmittebarem Interesse an DV-Revisionsfunktionen. Die Liste sollte beispielsweise folgenden Personen zugehen:

o dem Leiter der Revision;
o dem DV-Management;
o der vorgesetzten Instanz des DV-Managements.

Abbildung 1.2: Gliederung der DV-Revisionsziele nach DV-Funktionen

I. Administration		
A. Organisations- und Personalwesen	– Ziele	1 bis 8
B. Planung	– Ziele	9 bis 13
C. Kostenanalyse und -verrechnung	– Ziele	14 bis 17
D. Verfahrensentwicklung und Kontrolle	– Ziele	18 bis 23
E. Rechtswesen	– Ziele	24 bis 28
II. Anwendungssysteme und Programmierung		
A. Softwareentwicklung	– Ziele	29 bis 41
B. Softwarewartung	– Ziele	42 bis 50
III. Rechnerbetrieb		
A. Rechnerraum	– Ziele	51 bis 69
B. Ein-/Ausgabekontrolle	– Ziele	70 bis 74
C. Kommunikationseinrichtungen	– Ziele	75 bis 81
D. Technische Unterstützung	– Ziele	82 bis 87
IV. Serviceleistungen		
A. Serviceleistungen an Dritte	– Ziele	88 bis 92
B. Erhaltene Serviceleistungen	– Ziele	93 bis 94
V. Computergestützte Anwendungen (für jedes bestehende Anwendungssystem)	– Ziele	95 bis 111
VI. Prüfungsunterstützung	– Ziele	112 bis 120

Die Übergabe der Liste sollte nicht ohne eine begleitende Erklärung an den Adressaten erfolgen. Es sollte sich dabei um schriftlich fixierte Anweisungen handeln, die in knapper Form auf den Zweck der Liste eingehen. Darüber hinaus ist der Adressat aufzufordern, die Liste auf die Eignung der einzelnen Ziele für DV-Revisionszwecke zu prüfen. Erhebt der Adressat Einwände gegen ein Ziel, sind die entsprechenden Gründe anzuführen. Er sollte ebenfalls Gelegenheit erhalten, weitere Ziele zu nennen. Der Rückgabetermin für die Liste ist zu vermerken.

Der DV-Revisor sollte sich um eine persönliche Übergabe der Listen bemühen und in der Lage sein, eine kurze mündliche Darstellung abzugeben. Diese Erläuterungen sollten mit Nachdruck die Wichtigkeit der Liste und die Notwendigkeit einer offenen und wohlüberlegten Bewertung durch den Adressaten betonen. Der DV-Revisor sollte natürlich jede Rückfrage umfassend beantworten können.

Mögliche Probleme

Drei mögliche Probleme sind hinsichtlich der Reaktion der Adressaten auf die Überarbeitung der Liste von vornherein zu berücksichtigen. Beim gehobenen Management zeigt sich häufig die Tendenz zur oberflächlichen Durchsicht derartiger Aufstellungen. Die häufigste Ursache für dieses Verhalten liegt in der fehlenden Zeit, sich umfassend mit der Thematik auseinanderzusetzen und Verständnisfragen zu klären. Die Liste wird nur zur Kenntnis genommen. Dieses Verhalten unterstützt nicht die Bemühungen des DV-Revisors.

Das zweite Problem ergibt sich in der Regel aus dem Verhalten des DV-Managements: Ziele werden zwar als positiv bewertet, doch bleibt die Klärung grundsätzlicher Punkte (z.B. wer trägt die Verantwortung für die Durchführung einzelner Ziele) offen. Die Bereitschaft, sich zur Klärung dieser Fragen Zeit zu nehmen, ist sehr gering. Diese Aufgabe wird in der Regel dem DV-Revisor überlassen. Es gibt nur einen geringfügigen Unterschied zwischen dieser Reaktion und dem oben beschriebenen Verhalten des gehobenen Managements: Die DV-Revisionsziele sind zwar wohlüberlegt definiert, der DV-Revisor kann jedoch nicht von der Koordination der DV-Revisionsziele mit den allgemeinen Revisions- und Managementzielen ausgehen.

Das dritte Problem betrifft die Qualifikation des DV-Revisors. In den vorangegangenen Schritten erfolgte die Einbeziehung wertvoller Ziele in die Liste, auch in den Fällen, wo der erforderliche Umfang an Spezialwissen für die Durchführung bestimmter Prüfungsverfahren (noch) fehlte. Die DV-Revision gerät in eine prekäre Situation, wenn die Listenadressaten die Durchführung bestimmter Ziele dem Aufgabenbereich der DV-Revision zuweisen, DV-Revisoren mit der erforderlichen fachlichen Kompetenz jedoch nicht zur Verfügung stehen. Das Beantragen von Kursen und Fortbildungsseminaren, in deren Rahmen die erforderlichen Fähigkeiten zur Durchsetzung der Ziele erworben werden könnten, wird dem DV-Revisor häufig negativ ausgelegt: Verlust der Glaubwürdigkeit oder sogar der Vorwurf, unlautere Methoden anzuwenden, um die Bewilligung von Kursen zu erreichen.

Stellen sich diese oder ähnliche Probleme, sollte diese Angelegenheit bereits vor der Verteilung der Liste geklärt sein. Eine Möglichkeit besteht in der expliziten Betonung dieser Problematik in der schriftlichen Anlage und in der mündlichen Darstellung. Einen geeigneteren Weg bietet die Gliederung der Liste in drei Bereiche. Der erste Teil führt die Ziele auf, die nach Ansicht des DV-Revisors wertvoll sind und deren Durchsetzung in seine Zuständigkeit fällt.

Der zweite Bereich enthält die Ziele, die nach Ansicht des DV-Revisors wertvoll sind, aber in ihrer Durchsetzung nicht in der Verantwortlichkeit der DV-Revision liegen.

Der dritte Teil faßt die Ziele zusammen, die zwar nach Ansicht des DV-Revisors wertvoll sind, deren Durchsetzung aber an Qualifikationsdefiziten der DV-Revisionsmitarbeiter scheitert. In einer kurzen Erklärung sollten die Ursachen, die eine Durchsetzung dieser Ziele nicht ermöglichen, dargestellt werden.

Die Verwendung eines Formblattes kann neben diesem Gliederungsverfahren zur Bewältigung einiger dieser Probleme beitragen. Ein übersichtlich und zweckmäßiges Formular lenkt die Aufmerksamkeit des Adressaten auf die wichtigeren Positionen und beschleunigt den Überarbeitungsvorgang (s. Abbildung 1.3).

Die vorgestellten Methoden bieten eine Hilfestellung bei der Handhabung möglicher Probleme. Erhält der DV-Revisor die Liste ohne Kommentar, aber abgezeichnet zurück, kann zumindest von der allgemeinen Kenntnisnahme seines Standpunktes ausgegangen werden. Ist der DV-Revisor zur Ausführung einer Aufgabe gezwungen, die in ihren Anforderungen nicht mit dem gegenwärtigen Qualifikationsprofil der DV-Revisoren übereinstimmt, kann er zudem mit der Bewilligung entsprechender Fortbildungsmaßnahmen rechnen.

Die endgültige Bestandsliste

Nach Ausführung der in diesem Kapitel dargestellten Vorschläge liegen dem DV-Revisor mehrere Listen mit Ansichten und Empfehlungen verschiedener Managementebenen aus dem DV- und Revisionsbereich vor. Die abschließende Aufgabe besteht darin, die Schlußfolgerungen aus diesen Listen in eine endgültige Liste umzusetzen, die die spezifischen Ziele der DV-Revisionstätigkeit definiert.

Der Umsetzungsprozeß verläuft in der Regel problemlos. Ein Ziel wird bei allgemeiner Befürwortung in die Liste aufgenommen, bei allgemeiner Ablehnung wird das Ziel gestrichen. Bei geteilten Ansichten sollte der DV-Revisor entweder seiner eigenen Meinung folgen oder das Ziel zunächst in die Liste aufnehmen.

Enthält die Liste Ziele, die den Bereich anderer Revisionsgruppen tangieren, muß der DV-Revisor seine Aktivitäten mit diesen Gruppen koordinieren. Es ist Aufgabe des DV-Revisors, sicherzustellen, daß andere Gruppen die ihr zugewiesenen DV-bezogenen Ziele verstehen und entsprechende Verfahren zur Durchsetzung dieser Ziele entwickeln. Desweiteren muß die Kongruenz der von DV-

Revision und den anderen Revisionsgruppen entwickelten Verfahren gewährleistet sein. Nur mit entsprechender Sorgfalt läßt sich vermeiden, daß Ziele ausgelassen werden und redundante Aktivitäten entstehen.

Abbildung 1.3: Formblatt für die Erfassung von DV-Revisionszielen

	Zustimmung?		
Ziel	Ja	Nein	Anmerkungen
I. Administration A. Organisations- und Personalwesen 1. Prüfung der DV-Organisationsstrukturen hinsichtlich der personellen Ausstattung, Funktionstrennung u. ä. 2. Prüfung der tatsächlichen Abläufe auf Übereinstimmung mit der definierten Struktur			

ZUSAMMENFASSUNG

Der erste Schritt jeder Systemplanung und -entwicklung - sei es ein Debitorenbuchhaltungssystem oder ein DV-Revisionssystem - ist die Problemdefinition. Folgende grundsätzliche Fragen sind in diesem Zusammenhang beispielsweise zu stellen:

- **Gibt es eine formelle Definition der Ziele der DV-Revisionsfunktion?**
- **Gibt es eine definierte Schnittstelle zwischen DV-Revision und übrigen Revisionsgruppen?**

Ein DV-Revisor, der diese Fragen bejahen kann, gehört auch heute noch einer Minderheit an. Trotz der Aufmerksamkeit, die den DV-Revisionszielen gilt, gibt es immer noch weitreichende Probleme in diesem Bereich.

Die in diesem Kapitel dargestellten Verfahren eignen sich für den Einsatz in Unternehmen, in denen eine eindeutige Beschreibung von DV-Revisionszielen (noch) fehlt. Die DV-Revision muß sich zunächst die notwendige Unterstützung verschaffen. Das Projekt beansprucht zeitliche Ressourcen und bezieht eine Reihe von Personen ein, deren Zustimmung und Unterstützung entscheidend für den Projekterfolg sind.

Die nächsten Schritte umfassen den Entwurf einer Liste von Zielen, die Verteilung der Liste und die Zusammenfassung bzw. Umsetzung der Ergebnisse. Die Prüfungsverfahren zur Durchsetzung der Ziele werden anhand der Liste entwickelt bzw. aus der Liste abgeleitet. Um die tatsächliche Durchsetzung der Ziele sicherzustellen, muß die Wirksamkeit dieser Verfahren einer laufenden Kontrolle durch den DV-Revisor unterliegen. Diese Vorgehensweise stellt gewisse Anforderungen an die Einsatzbereitschaft der Mitarbeiter, ermöglicht jedoch eine adäquate Definition der Aufgaben des DV-Revisors.

ANHANG

Mögliche Ziele der DV-Revision

I. ADMINISTRATION

A. Organisations- und Personalwesen (Ziele 1 - 8)

1. Prüfung der DV-Organisationsstrukturen hinsichtlich der personellen Ausstattung, Funktionstrennung u.ä.

2. Prüfung der tatsächlichen Abläufe auf Übereinstimmung mit der definierten Struktur.

3. Prüfung der Richtlinien des Personalbereiches auf geeignete Kontrollmechanismen und Übereinstimmung mit gesetzlichen Vorschriften und unternehmensspezifischen Standards.

4. Prüfung der Verfahren des Personalbereiches auf Übereinstimmung mit den Richtlinien.

5. Feststellen, ob die Mitarbeiter die Richtlinien des Personalbereiches verstehen und entsprechend umsetzen.

6. Leistungsbewertung von Mitarbeitern in Schlüsselpositionen.

7. Prüfung der Gehaltsabrechnungsprogramme.

8. Prüfung von Aus- und Weiterbildungsmaßnahmen.

B. Planung (Ziele 9 - 13)

9. Feststellen, ob Pläne der DV-Abteilung mit allgemeinen, übergeordneten Unternehmensplänen koordiniert werden.

10. Prüfung der Planung von DV-Aktivitäten auf ihre Eignung.

11. Vergleich des Ist-Zustandes mit den Planvorgaben.

12. Prüfung, inwieweit eine Mitwirkung des gehobenen Managements und der Fachabteilungen bei der Erarbeitung von DV-Plänen besteht.

13. Teilnahme an Planungsprozessen, um Revisionsgesichtspunkte einzubringen.

C. Kostenanalyse und -verrechnung (Ziele 14 - 17)

14. Prüfung und Test von Verfahren zur Kostenanalyse.

15. Feststellen, ob Kostenverfahren einheitlich angewendet werden.

16. Prüfung von Budgets und Budgetierungsverfahren.

17. Vergleich des Ist-Zustandes mit den Budgetvorgaben.

D. Verfahrensentwicklung und Kontrolle (Ziele 18 - 23)

18. Prüfung, ob für alle DV-Bereiche Standards vorliegen.

19. Prüfung von Managementmaßnahmen zur Einführung und Durchsetzung von Standards.

20. Prüfung der unterstützenden Maßnahmen zur Durchsetzung von Standards.

21. Vergleich des Ist-Zustandes mit den Standards.

22. Prüfung der Folgeverfahren zur Pflege und Aktualisierung von Standards auf ihre Eignung.

23. Teilnahme an der Entwicklung von Standards.

E. Rechtswesen (Ziele 24 - 28)

24. Prüfung von DV-Hardware-/-Softwareverträgen.

25. Prüfung von DV-Wartungsverträgen.

26. Prüfung der Vertragserfüllung.

27. Teilnahme an Vertragsverhandlungen.

28. Prüfung der DV-Versicherungsleistungen.

II. ANWENDUNGSSYSTEME UND PROGRAMMIERUNG

A. Softwareentwicklung (Ziele 29 - 41)

29. Prüfung der Planungsverfahren bei Softwareeigenentwicklungen.
30. Feststellen des Planungserfolgs.
31. Prüfung der für den Kauf von (Standard-)Software bzw. in der Systementwicklung eingesetzten Standards auf ihre Eignung.
32. Prüfung der Einbeziehung der Fachabteilungen in den Systementwicklungsprozeß.
33. Teilnahme am Systementwicklungsprozeß.
34. Prüfung der Durchführbarkeitsbestimmungen.
35. Prüfung der Kontrollmechanismen neuer Systeme vor Beginn der Implementierungsphase.
36. Prüfung der Implementierungsplanung.
37. Prüfung der Auswahl und der Nutzung von Programmiersprachen.
38. Teilnahme am Systemtest.
39. Prüfung der Testergebnisse vor Beginn der Implementierungsphase.
40. Durchführung von Prüfungen nach Abschluß der Implementierungsphase.
41. Feststellen, ob Prüfungen nach erfolgter Implementierung durchgeführt wurden.

B. Softwarewartung (Ziele 42 - 50)

42. Prüfung der Eignung von Standards für die Wartung von Anwendungssoftware.
43. Prüfung der Wartungsverfahren auf Übereinstimmung mit den Standards.
44. Prüfung und Test der Kontrollverfahren bei Softwareänderungen.
45. Prüfung der Verfahren zur Aktualisierung der Dokumentation.
46. Prüfung der Verfahren zur physischen Sicherung der Dokumentation.

47. Prüfung der Sicherungskopien der Dokumentation.

48. Prüfung der Verfahren zur logischen Sicherung von Datenbeständen und Programmdateien.

49. Prüfung der Benutzung von Bibliotheken (Libraries) durch den Programmierer.

50. Vergleich der Wartungsleistung mit den Wartungsanforderungen.

III. RECHNERBETRIEB

A. Rechnerraum (Ziele 51 - 69)

51. Prüfung der Standards für den Rechnerbetrieb und Feststellen der Einhaltung dieser Standards.

52. Prüfung der Hardwareauslastung (einschließlich Peripherie) unter Effizienzaspekten.

53. Prüfung des Berichtswesens über die Hardwarenutzung.

54. Feststellen, ob DV-Anlagen nur für autorisierte Zugriffe genutzt werden (können).

55. Prüfung der Akquisitionsplanung bei DV-Anlagen.

56. Prüfung der Durchführbarkeitsstudien für die Akquisition von DV-Anlagen.

57. Teilnahme an Verfahren zur Hardwareauswahl.

58. Prüfung von Terminplanungsverfahren.

59. Vergleich des Ist-Zustandes mit den Planvorgaben.

60. Aufstellung und Verwaltung einer DV-Inventarliste.

61. Prüfung der Wartungsverfahren bei Hardware.

62. Prüfung der Umweltbedingungen im Rechnerraum.

63. Prüfung der Verfahren zur Gewährleistung der physischen Sicherung.

64. Prüfung physischer Zugangskontrollen.

65. Prüfung der Verfahren zum Schutz vor bzw. zur Früherkennung von möglichen Katastrophenfällen.

66. Prüfung der nach einem Systemabsturz eingesetzten Recovery-Verfahren.

67. Test der nach einem Systemabsturz einzusetzenden Recovery-Verfahren.

68. Prüfung der Verfahren zur physischen Sicherung von Datenträgern.

69. Test der Dateisicherungsverfahren.

B. Ein-/Ausgabekontrolle (Ziele 70 - 74)

70. Prüfung der Datenerfassungsverfahren.

71. Prüfung der Eingabekontrollverfahren.

72. Prüfung der Kontrollverfahren für fehlerhafte Eingabedaten.

73. Prüfung der Abstimmverfahren bei Ausgaben.

74. Prüfung der Verteilungsverfahren bei Ausgaben.

C. Kommunikationseinrichtungen (Ziele 75 - 81)

75. Prüfung der Standards für die Gestaltung des Kommunikationsnetzes.

76. Teilnahme an Planungsverfahren.

77. Prüfung der im Netz eingesetzten Sicherungsverfahren.

78. Prüfung der Verfahren zur physischen Sicherung der Netzkomponenten.

79. Prüfung der Verfahren zur logischen Zugangssicherung im Kommunikationsnetz.

80. Test des Netzes unter Wirtschaftlichkeitsaspekten.

81. Prüfung der Managementberichte für den Bereich Netzperformance.

D. Technische Unterstützung (Ziele 82 - 87)

82. Prüfung der Planungsverfahren für die Systemsoftware.

83. Prüfung der Kontrollverfahren bei Softwaremodifikationen.

84. Prüfung der Dokumentation der Systemsoftware.

85. Prüfung der Kontrollverfahren für die eingesetzten Dienstprogramme (Utilities).

86. Prüfung der Benutzung von Dienstprogrammen.

87. Prüfung und Test der Wartungsverfahren für Produktionsprogrammbibliotheken.

IV. SERVICELEISTUNGEN

A. Serviceleistungen an Dritte (Ziele 88 - 92)

88. Prüfung der DV-Dienstleistungen an Dritte auf Übereinstimmung mit den vertraglichen Vereinbarungen.

89. Prüfung der Einnahmen aus DV-Dienstleistungen anhand der Rechnungsbelege und Verarbeitungsprotokolle bzw. -aufzeichnungen.

90. Überprüfung der Verarbeitungsparameter anhand der Dokumentation des Kunden.

91. Überprüfung der Inhalte von Kundendateien.

92. Feststellen, ob die Verarbeitung von Kundenaufträgen geeigneten Kontrollverfahren unterliegt.

B. Erhaltene Serviceleistungen (Ziele 93 - 94)

93. Feststellen der Art und Einflußnahme fremdbezogener DV-Dienstleistungen.

94. Durchführung von Prüfungsverfahren bei externen DV-Dienstleistungsunternehmen.

V. COMPUTERGESTÜTZTE ANWENDUNGEN (Ziele 95 - 111)

95. Feststellen, ob die Benutzer über hinreichende Kenntnisse in den computergestützten Anwendungssystemen verfügen.

96. Test der Benutzerkenntnisse über Systemkontrollverfahren.

97. Prüfung der Benutzerdokumentation.

98. Feststellen, in welchem Umfang die Benutzer mit dem System zufrieden sind.

99. Test der Steuerungsverfahren für den Benutzerdatenfluß.

100. Prüfung der Kontrollverfahren beim Datenaustausch zwischen Benutzer und Rechenzentrum.

101. Prüfung des Datenflusses bei Anwendungen innerhalb des DV-Bereiches.

102. Prüfung der Datenerfassungs- und Eingabewiederholungsverfahren.

103. Test der Verfahren zur Ein-/Ausgabekontrolle.

104. Prüfung der Verteilungsverfahren bei Berichten.

105. Prüfung der Dokumentation von Anwendungsprogrammen auf Vollständigkeit.

106. Prüfung der Programmodifikationen auf Übereinstimmung mit Standards.

107. Prüfung der Dokumentation auf Einsatz programmtechnisch realisierter Kontrollen.

108. Funktionstest der programmtechnisch realisierten Kontrollen.

109. Prüfung der Dokumentation, ob Schlüsselberechnungen mit Richtlinien bzw. gesetzlichen Vorschriften übereinstimmen.

110. Prüfung kritischer Rechenvorgänge.

111. Überprüfung der Inhalte von Datenträgern anhand der Dokumentation.

VI. PRÜFUNGSUNTERSTÜTZUNG (Ziele 112 - 120)

112. Entwicklung von Programmen zur Unterstützung anderer Revisionsgruppen.

113. Wahrnehmen der Funktion eines Bindeglieds zwischen Hauptabteilung Revision und DV-Abteilung.

114. Unterstützung der Hauptabteilung Revision bei der Interpretation und Bewertung von DV-Berichten oder -Auswertungen.

115. Abstimmen der DV-Ausgaben anhand der in den Fachabteilungen eingesetzten Kontrollen.

116. Organisieren und Durchführen von Schulungen für Revisionsmitarbeiter in DV-Grundlagen.

117. Organisieren und Durchführen von Schulungen mit der Thematik "Revisionsziele" für DV-Mitarbeiter.

118. Unterstützung externer Prüfergruppen oder Berater bei deren Prüfungen.

119. Bewertung der Effizienz externer Prüfergruppen oder Berater.

120. Bewertung der Effekte computergestützter Systeme auf Revisionsziele im Finanzierungsbereich.

2 AUFGABEN DER DV-REVISION

EINLEITUNG

Die Konzeption des "internal control" entstand in der amerikanischen Praxis als Reaktion auf die zahlreichen Betrugs- und Unterschlagungsdelikte in der Wirtschaft. Der Begriff "control" wird in der englisch- bzw. amerikanischsprachigen Managementliteratur weitergefaßt als Kontrolle; "control" beschränkt sich nicht nur auf fehlerkorrigierende Vorgänge, sondern bezieht auch alle veranlassenden Aktivitäten für eine Zielrealisierung ein. Eine sinngemäß zutreffende Übersetzung von "control" wäre demnach beispielsweise "Unternehmenssteuerung". In der deutschsprachigen Literatur und Praxis hat sich trotz der unterschiedlichen Bedeutungsinhalte von "Kontrolle" und "control" die Bezeichnung "Internes Kontrollsystem" weitgehend durchgesetzt.

Das interne Kontrollsystem verfolgt im wesentlichen vier Zielsetzungen (1):

- o Sicherung des Vermögens;
- o Maßnahmen, um Verläßlichkeit und Genauigkeit der Zahlen des Rechnungswesens zu erhöhen;
- o Förderung der betrieblichen Effizienz;
- o Unterstützung der Einhaltung der vorgeschriebenen Geschäftspolitik.

Das interne Kontrollsystem untergliedert sich in folgende Teilbereiche (s. Abbildung 2.1):

- o Internal accounting control;
- o Internal administrative control;
- o Internal check;

Abbildung 2.1: Internal Control

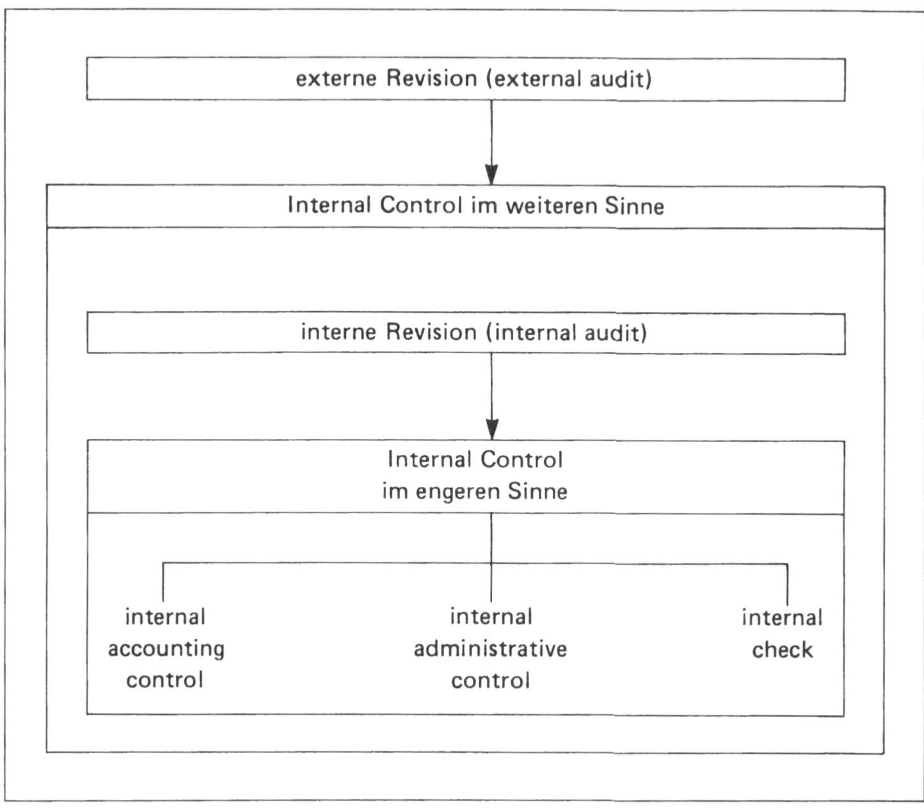

Unter *Internal accounting control* versteht man Maßnahmen zur ordnungsgemäßen Erfassung, Verarbeitung, Aufbewahrung, Ausgabe und Dokumentation aller Abrechnungsdaten. Im Bereich der Rechnungslegung handelt es sich um Maßnahmen zur Sicherung der formalen Ordnungsmäßigkeit.

Unter *Internal administrative control* versteht man Maßnahmen, welche die Effizienz der betrieblichen Abläufe überwachen und das Befolgen der vorgeschriebenen Geschäftspolitik sicherstellen.

Unter *Internal check* versteht man Maßnahmen, die der Sicherung des betrieblichen Vermögens gegen Irrtum und dolosen Handlungen (z.B. Unterschlagungen) dienen.

Der Einsatz der computergestützten Datenverarbeitung hat die Zielsetzungen des internen Kontrollsystems nicht tangiert. Für das Konzept des internen Kontrollsystems ergeben sich jedoch zwei neue Fragestellungen:

- o In welchem Umfang lassen sich Kontrollvorgänge automatisieren und damit die computergestützte Datenverarbeitung als Kontrollinstrument einsetzen ?
- o Welche speziellen internen Kontrollen sind zur Kontrolle des Bereichs der computergestützten Datenverarbeitung *selbst* notwendig ?

Die computergestützte Datenverarbeitung weist im Hinblick auf die Kontrollmöglichkeiten gegenüber menschlichen Kontrollen mehrere Vorteile auf:

- o Computergestützte Kontrollen schalten "menschliche" Fehlleistungen aus und objektivieren das Kontrollverfahren.
- o Die Kontrolldichte kann stark erhöht werden, weil die Rechnerkapazität der Anlage das Setzen einer großen Zahl von Sollgrößen erlaubt.
- o Durch die computergestützte Datenverarbeitung können Kontrollen zeitnaher durchgeführt werden.

Die computergestützte Datenverarbeitung wird als ein Instrument der internen Kontrollverfahren in mehreren Unternehmensbereichen eingesetzt, ist aber auch selbst Objekt interner Kontrollen. Mit Einführung der computergestützten Datenverarbeitung wurden zahlreiche Funktionen verschiedener Abteilungen dem DV-Bereich zugeordnet. Entscheidungen, die vorher in der Zuständigkeit von leitenden Angestellten (Gruppenleitern) oder Abteilungsleitern lagen, wurden auf computergestützte Anwendungen übertragen (z.B. Gewährung von Kontoüberziehungskrediten auf Grundlage einer zulässigen Kreditgrenze). Die Auswirkungen des Rechnereinsatzes auf die Aufbau- und Ablauforganisation zwang das gehobene Management und die Revision zur Neubewertung zahlreicher traditioneller Kontrollverfahren und Konzepte.

Aus diesen Gründen muß die DV-Abteilung durch den Einsatz kompensatorischer Kontrollen sicherstellen, daß die Nutzung computergestützter DV-Anwendungen nicht zu einer Aushöhlung des internen Kontrollsystems führt. Die Kontrollen im DV-Bereich sollen traditionelle Kontrollverfahren der anderen Fachabteilungen ergänzen und sich konsistent zu diesen Verfahren verhalten. Die Entwicklung von Kontrollverfahren erfordert die Zusammenarbeit der DV-Abteilung mit den einzelnen Fachabteilungen. Auf diese Weise lassen sich beispielsweise im Hinblick auf die Gewährleistung der Datenintegrität Situationen vermeiden, in denen der Umfang der Datensicherung in der DV-Abteilung nicht den Anforderungen der in den Fachabteilungen eingesetzten Transaktionskontrollen entspricht.

FUNKTIONEN DER DATENVERARBEITUNG

Die DV-Abteilung läßt sich in zwei große Funktionsbereiche gliedern:

- Rechenzentrum und
- Systementwicklung.

Das Rechenzentrum übernimmt die Bereitstellung und Wartung der für den Anwendungsbetrieb erforderlichen Rechnerumgebung (z.B. Hardware, Systemsoftware und Kommunikationseinrichtungen). Weiterhin obliegt dem Rechenzentrum der Betrieb der Anwendungssysteme sowie die Gewährleistung der Richtigkeit und Termintreue der Ausgaben (Berichte, Listen). In die Zuständigkeit des Rechenzentrums fallen ebenfalls Maßnahmen zur Datensicherung, die den Schutz der Integrität von Anwendungsprogrammen und -daten sicherstellen.

Die Systementwicklung ist in der Ausrichtung benutzerorientiert. Die Aufgaben der Systementwicklung liegen bei Vorgabe von Zeitplänen, Budgets und Benutzeranforderungen in der Planung, Entwicklung und Wartung von Anwendungssystemen.

Der DV-Bereich kann, wie Abbildung 2.2 zeigt, als ein in *Umgebung* und *Anwendungen* bzw. in *Rechenzentrum* und *Systementwicklung* gegliederter Bereich betrachtet werden. Die Abbildung verdeutlicht das Konzept einer typischen Verarbeitungsumgebung mit mehreren Anwendungssystemen. Die DV-Abteilung muß, um den Informationsbedürfnissen der Fachabteilungen in Vollständigkeit, Genauigkeit und Termintreue sowie der benutzergerechten Aufbereitung zu entsprechen, sowohl über angemessene Unterstützungs- und Entwicklungs-, als auch über hinreichende Produktionskapazitäten verfügen.

Unterstützung und Entwicklung

Die Unterstützungs- und Entwicklungskapazitäten werden zur Planung, Entwicklung und Wartung von Anwendungssystemen sowie zur Installation, Wartung und Verwaltung der Hardware- und Softwareumgebung dieser Anwendungssysteme eingesetzt. Die folgenden Unterstützungs- und Entwicklungsfunktionen können für den Bereich *Umgebung* vorliegen:

- Entwicklung - beinhaltet die Funktion Systemprogrammierung, die die Systemgenerierung sowie Installation und Wartung betriebsnaher Software (z.B. Zugriffskontrollsoftware, Datenbankmanagementsoftware) ausführt. Die Entwicklungsfunktion bezieht neben der Verkehrsanalyse der Hardware und Software auch Planungsaktivitäten ein, um das Leistungsprofil der Umgebung den Anforderungen der computergestützten Anwendungssysteme fortlaufend anzupassen.

Abbildung 2.2: Bereiche der Datenverarbeitung

	Umgebung		Anwendungen	
Unterstützung und Entwicklung	**Entwicklung** Systeme Programmierung Hardwareanalyse Planung **Wartung** Problemerkennung und -lösung	**Systemdienst** Änderungskontrolle Datenbankverwaltung Administrative Verfahren zur Datensicherung	**Anwendungs-entwicklung** Systemanalyse Systementwurf Programmierung und Test **Wartung von Anwendungen** Problemerkennung und -lösung	**Benutzergruppe** Projektmanagement und -kontrolle Analyse von Geschäftsvorfällen
Produktion	**Systemdienst** Rechnerbetrieb Datenerfassung Datenkontrolle Netzwerkbetrieb Produktionskontrolle	**Systemsoftware** Betriebssystem Kommunikations-einrichtungen Systemzugangs-kontrolle Datenbankmanage-mentsystem (DBMS)	**Anwendungs-software** Verarbeitung der Eingabedaten zu Ausgabe-informationen	**Fachabteilungen** Vorbereitung und Übergabe der Eingabedaten Erhalt und Verwen-dung der Ausgabe-informationen

o Wartung - beinhaltet beispielsweise die Tätigkeiten des technischen Kundendienstes für die Bereiche Hardware, Software und Kommunikationseinrichtungen. Die Wartungsfunktion richtet sich primär auf die Umgebungskapazitäten, um den Betrieb der verschiedenen computergestützten Anwendungssysteme aufrechtzuerhalten.

o Systemdienst - beinhaltet die administritativen Schnittstellenaufgaben zwischen Umgebung und Anwendung. Diese Funktion übernimmt die Durchführung von Änderungskontrollen (z.B. Unterstützung von Änderungen in der Produktionsumgebung) und Sicherungsmaßnahmen, die Definition der Zugriffskriterien bei Produktionsdateien, die Pflege der Kennwortdateien der Online-Benutzer und gegebenenfalls die Datenbankadministration, z.B. die Pflege des Datenverzeichnisses (Data Dictionary) und der Datenbankdefinitionstabellen.

Die folgenden Unterstützungs- und Entwicklungsfunktionen können für den Bereich *Anwendungen* vorliegen:

o Anwendungsentwicklung - übernimmt die Analyse, den Entwurf und die Programmierung von DV-Anwendungssystemen, die die Anforderungen in kaufmännisch-betriebswirtschaftlicher Hinsicht des Unternehmens erfüllen; die Anforderungen drücken ihrerseits die Informationsbedürfnisse der Benutzer aus.

o Wartung von Anwendungen - beinhaltet die Problemerkennung und -behebung von Fehlersituationen sowie die Durchführung von Erweiterungen, die zur Verbesserung der Systemeffektivität beitragen.

o Benutzergruppe - stellt das Bindeglied zwischen dem technischen DV-Bereich (z.B. Systemanalytiker, Designer und Programmierer) und den Fachabteilungen dar. Diese Funktion kann innerhalb der DV-Abteilung angesiedelt oder als selbständige Abteilung mit eigener Weisungsbefugnis eingerichtet sein. Der Benutzergruppe obliegt die Zuständigkeit für die Bearbeitung von Anforderungen der einzelnen Fachabteilungen. Als Ergebnis dieses Vorgangs steht die Beschreibung konkreter Geschäftsvorgänge, die die Entwicklung einer computergestützten Anwendung begründen und dem technischen Bereich als Grundlage für die Umsetzung in ein vollständiges und funktionsfähiges DV-Anwendungssystem dienen. Der Zuständigkeit der Benutzergruppe ist ebenfalls das Projektmanagement und die Projektkontrolle (z.B. Sicherstellen einer planmäßigen und an den Budgetvorgaben orientierten Systementwicklung) zugeordnet.

Produktion

Unter *Produktion* kann der Betrieb eines computergestützten DV-Anwendungssystems zur Bereitstellung der vom Benutzer gewünschten Informationen gefaßt werden. Der DV-Anwendungsbetrieb erfordert - im Hinblick darauf, daß eine Benutzer-/Softwarekombination vorliegt - effektive Schnittstellen zwischen Benutzer und eingesetzter Software, um die erwünschten Ausgaben zu erzeugen.

Die folgenden Produktionsfunktionen können für den Bereich *Umgebung* vorliegen:

- Systemdienst - umfaßt die Funktionen, die für den Aufbau der Schnittstellen zwischen Hardware, Kommunikationseinrichtungen sowie System- und Anwendungssoftware erforderlich sind. Der Systemdienst schließt beispielsweise folgende (Unter-)Funktionen ein:

  Der *Rechnerbetrieb* überwacht die Ausführung verschiedener rechnerinterner Aufgaben, stellt die für den Anwendungsbetrieb notwendigen Ressourcen (z.B. Bänder, Plattenlaufwerke) bereit und veranlaßt geeignete Maßnahmen bei nicht erwarteten Ereignissen während der Anwendungsausführung (z.B. Programmabbruch).

  Die *Datenerfassung* überträgt die Quelldokumente auf computerlesbare Medien (z.B. Banddateien).

  Die *Datenkontrolle* sammelt die für den Betrieb der verschiedenen Anwendungssysteme erforderlichen Daten und ist verantwortlich für die Vollständigkeit der Ausgabeinformationen.

  Der *Netzwerkbetrieb* kontrolliert die Kommunikationseinrichtungen, ergreift präventive Maßnahmen zur Vermeidung von Problemsituationen im Netz und beseitigt bestehende Probleme.

  Die *Produktionskontrolle* übernimmt die Auftragssteuerung und -verteilung sowie die Verwaltung der Speichermedien (z. B. Zuweisen von Plattenspeicherplatz).

- Systemsoftware - bezieht sich auf Software, die für alle Anwendungssysteme generiert ist, und schließt das vom Hersteller gelieferte Betriebssystem, Software für Online-Kommunikationseinrichtungen und Zugriffskontrollsysteme (z.B. RACF) sowie Datenbankmanagementsysteme (z.B. IMS) ein.

Die folgenden Produktionselemente können für den Bereich *Anwendungen* vorliegen:

- Anwendungssoftware - bezieht sich auf Programme für die Verarbeitung sowie Bereitstellung der vom Benutzer gewünschten Informationen.

o Fachabteilungen - übernehmen die Erfassung und Übermittlung von Eingabedaten (entweder Online oder in Form von Quelldokumenten, die an die Datenvorbereitung/-erfassung weitergeleitet werden). Die Fachabteilungen sind auch die Nutzer der durch Anwendungssoftware zur Verfügung gestellten Ausgabeinformationen.

DV-KONTROLLBEREICHE

Physikalische Sicherung

Der Betrieb eines Rechenzentrums (z.B. RZ-Räume bzw. RZ-Gebäude, Großrechner, Peripheriegeräte und Speichermedien) stellt ein bedeutendes finanzielles Investment dar und erfordert daher adäquate physikalische Sicherungsmaßnahmen, die einen hinreichenden Schutz vor den folgenden vier Situationstypen gewähren:

o Temporärer und partieller Verlust - z.B. Verlust eines Plattenlaufwerks aufgrund einer mechanischen Störung.

o Temporärer, aber vollständiger Verlust - z.B. totaler Ausfall der Energieversorgung.

o Dauerhafter und partieller Verlust - z.B. zufällige oder nicht vorsätzlich begangene Zerstörung von Dateien.

o Dauerhafter, aber vollständiger Verlust - z.B. Zerstörung des Rechenzentrums durch Brand.

In diesem Kapitel werden die Bedeutung physikalischer Sicherungsmaßnahmen innerhalb der DV-Kontrollen erörtert und die Beziehung zu anderen Formen der Kontrolle dargestellt (s. Abbildung 2.3).

Organisatorische Kontrollen

Die Einrichtung von DV-Funktionen änderte nicht die Zielsetzung der Rechnungsprüfung. Kontrollverfahren und zahlreiche DV-Aufgaben in einer computergestützten Umgebung unterscheiden sich jedoch von denen für eine manuelle Verarbeitungsumgebung typischen Kontrollmaßnahmen und Funktionen. Ein Programmierer beispielsweise kann aufgrund seiner spezifischen Systemkenntnisse und durch den Zugriff auf Produktionsdaten diese Daten für dolose Handlungen manipulieren.

Abbildung 2.3: DV-Kontrollbereiche

Organisatorische Kontrollen zur physikalischen Sicherung

	Umgebung	Anwendungen
Unterstützung und Entwicklung	Entwicklung: Entwicklungs-kontrollen Wartung: Änderungs-kontrolle Systemdienst: Administrative Verfahren zur Datensicherung, Änderungskontrolle	Anwendungs-entwicklung: Entwicklungs-kontrollen Wartung von Anwendungen: Änderungs-kontrollen Benutzergruppe: Kontrollen für Managementzwecke, Entwicklungs-kontrollen, Änderungskontrollen
Produktion	Systemdienst: Verarbeitungs-kontrollen, Eingabekontrollen, Ausgabekontrollen Systemsoftware: Zugriffskontrollen	Anwendungs-software: Verarbeitungs-kontrollen Fachabteilungen: Eingabekontrollen, Ausgabekontrollen

Abbildung 2.4: Organisationsdiagramm der DV-Abteilung

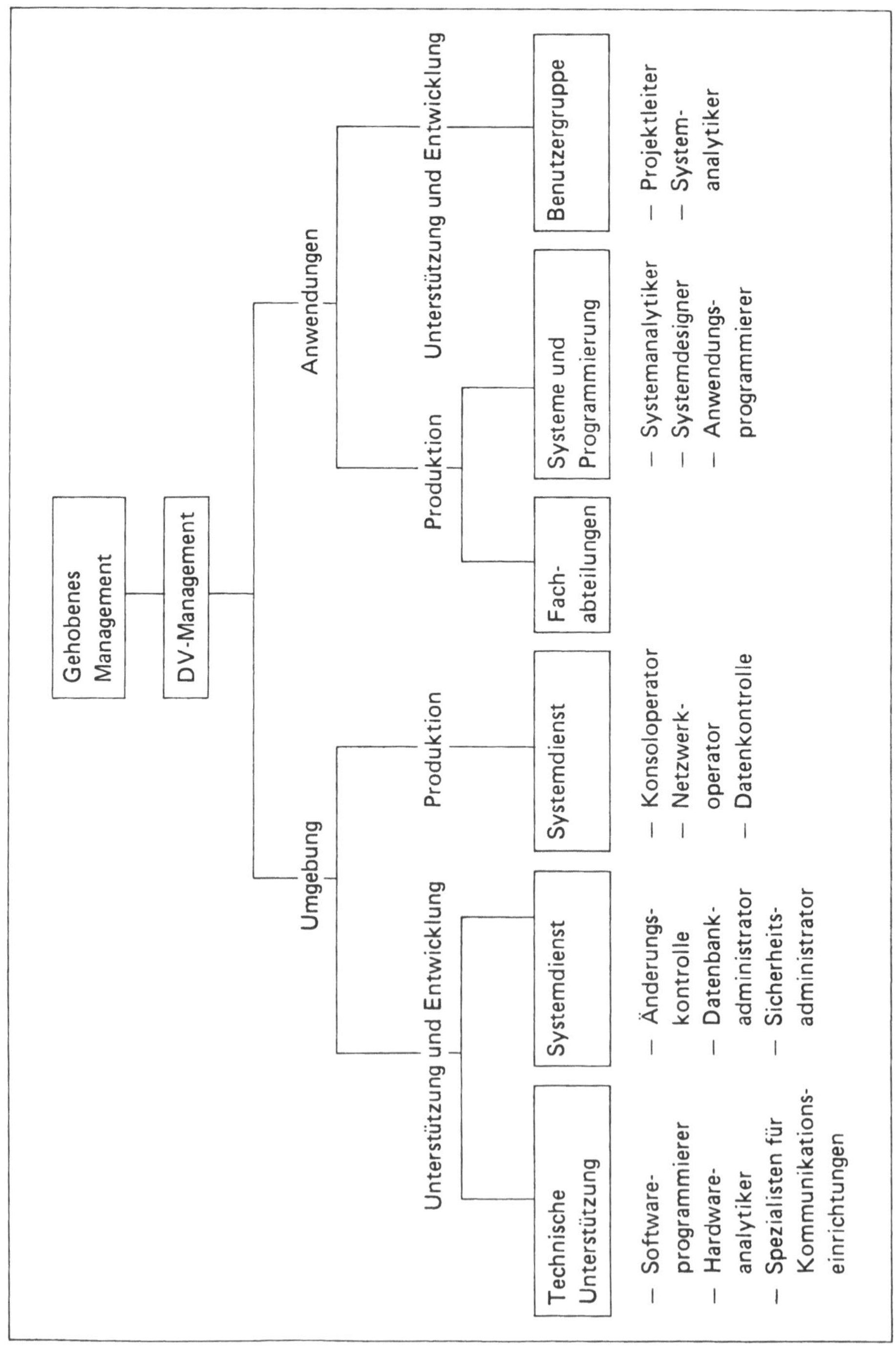

In der Aufbauorganisation der DV-Abteilung lassen sich zwei Bereiche erkennen: *Umgebung* und *Anwendung*. Ein Beispiel für diese Gliederung zeigt das Funktionsdiagramm der Abbildung 2.4 mit der Aufbauorganisation einer typischen DV-Abteilung.

Anwendungen: Unterstützungs- und Entwicklungskontrollen

Die folgenden Kontrollen betreffen die Unterstützung und Entwicklung von DV-Anwendungssystemen:

- o Kontrollen für Managementzwecke;
- o Entwicklungskontrollen;
- o Änderungskontrollen.

Kontrollen für Managementzwecke (management control)

Diese Kontrollen beziehen sich primär auf die Entwicklung neuer computergestützter Anwendungssysteme. Die der Zuständigkeit der Benutzergruppe zugeordneten Kontrollen sollen die Übereinstimmung von Entwicklungsprojekt und Benutzeranforderungen gewährleisten. Der Systemanalytiker in der Benutzergruppe fungiert als Bindeglied zwischen Fachabteilung und Systementwicklung. Er muß die Benutzerbedürfnisse bezogen auf kaufmännisch-betriebswirtschaftliche Vorgänge verstehen und diese Anforderungen als Systemspezifikation formulieren. Voraussetzung für die tatsächliche Umsetzung der Benutzeranforderungen ist die ständige Überwachung des Systementwicklungsprozesses.

Die Benutzergruppe übernimmt mit dem Projektmanagement für sämtliche Systementwicklungen die Koordinierung aller Aktivitäten, um die Verfügbarkeit der geeigneten Ressourcen zu einem bestimmten Zeitpunkt oder für einen bestimmten Zeitraum sicherzustellen. Zu dieser Aufgabe zählt beispielsweise die Bereitstellung eines Programmiererteams, das die für diesen Auftrag erforderlichen qualifikatorischen Voraussetzungen erfüllt und in der Programmierphase zur Verfügung steht, oder der Abschluß von geeigneten Schulungsmaßnahmen in der Fachabteilung zum Zeitpunkt der Systeminbetriebnahme.

Das Vorhandensein einer effektiven Benutzergruppe stellt selbst eine Kontrolle im Sinne einer Führungsfunktion dar. Weitere Kontrollen beziehen sich auf den Projektstatus und Budgetüberprüfungen, um bei der Systementwicklung die Einhaltung von Zeitplänen und Budgetvorgaben zu gewährleisten.

Entwicklungskontrollen

Diese Kontrollen ergänzen die für Managementzwecke eingesetzten Kontrollen. Eine auf diese Weise betriebene Anwendungsentwicklung unterstützt die Durchsetzung definierter Benutzeranforderungen und minimiert das Auftreten nachträglich notwendiger Änderungen (z.B. erforderliche Änderungen zur Anpassung des entwickelten DV-Systems an die ursprünglichen Benutzerspezifikationen). Häufig sind Entwicklungskontrollen in eine Projektmethodologie eingebunden. Die Projektmethodologie definiert die verschiedenen mit jeder Lebenszyklusphase der Systementwicklung verbundenen Aktivitäten. Entwicklungskontrollen umfassen in der Regel folgende Vorgänge:

- o Einholen der Genehmigung vor Beginn der nächsten Entwicklungsphase;
- o Einführen von Dokumentations- und Teststandards;
- o Feststellen der Benutzerfreundlichkeit des DV-Systems und der Kontrollmöglichkeiten innerhalb des DV-Systems durch die Revisionsabteilung;

Änderungskontrollen

Unabhängig von der Güte der Entwicklungs-, Programmierungs- und Testphase eines DV-Systems werden bei Erkennen einer Fehlersituation oder bei Erfordernis einer Erweiterung aufgrund modifizierter Benutzeranforderungen Änderungen notwendig. Kontrollverfahren für Änderungen stellen die Ausführung folgender Vorgänge sicher:

- o Vornahme ausschließlich autorisierter Änderungen im Produktionssystem;
- o Umfassender Testbetrieb der vorgenommenen Änderungen;
- o Einholen der Genehmigung zur Übernahme der Änderung in die Produktionsumgebung;
- o Kontrollierte Übernahme in die Produktionsumgebung (z.B. unter Aufsicht des Systemdienstes der Gruppe Unterstützung und Entwicklung).

Dokumentationsstandards sind ebenfalls ein wesentlicher Bestandteil der Änderungskontrollen, da derartige Standards eine lückenlose Prüfbarkeit aller durchgeführten Änderungen gewährleisten und die Wartungsfreundlichkeit des DV-Systems unterstützen.

Anwendungen: Produktionskontrollen

Es gibt folgende Formen der Kontrolle, die sich auf Produktionsfunktionen von Anwendungssystemen beziehen:

- o Eingabekontrollen;
- o Verarbeitungskontrollen;
- o Ausgabekontrollen.

Eingabekontrollen

Bei diesen Kontrollen kann es sich sowohl um manuelle als auch um programmierte Kontrollen handeln. Manuelle Eingabekontrollen umfassen beispielsweise:

- o Prüfungsverfahren, die die Plausibilität, Gültigkeit und Vollständigkeit der eingegebenen Daten sicherstellen;
- o Autorisierungskontrollen, die die Zulässigkeit der eingereichten Daten gewährleisten;
- o Ablage-, Abheftungs- und Aufzeichnungsverfahren, die eine lückenlose Prüfbarkeit sicherstellen.

Die im Regelfall in den Fachabteilungen durchgeführten Eingabekontrollen verwenden vornumerierte, vorgedruckte Formblätter sowie Prüfziffern.

Überprüfungen der Eingaben, die bereits an der Benutzerschnittstelle der Anwendungssysteme ansetzen, verhindern, daß fehlerhafte oder nicht plausible Daten den Verarbeitungszyklus vollständig durchlaufen. Die in der Regel eingesetzten Arten der Eingabeüberprüfung umfassen folgende Vorgänge:

- o Bilden von Kontroll- oder Zwischensummen bei bestimmten Feldern zu Vergleichszwecken.
- o Vollständigkeitskontrollen - Das Vorhandensein bestimmter Daten wird kontrolliert.
- o Validitätskontrollen - Das Eingabeprogramm prüft, ob jedes Feld den vorgesehenen Informationstyp (z.B. numerische Daten, Daten innerhalb eines bestimmten Wertebereichs oder mit einem bestimmten Wert) enthält. Im Fehlerfall kennzeichnet das Programm die entsprechenden Daten oder weist die Daten zurück.

o Plausibilitätskontrollen - Bestimmte Felder werden zwecks Kontrolle ihrer Plausibilität mit Grenzwerten verglichen. Jede Abweichung von diesen Werten wird registriert und - je nach Systemvorgabe - entsprechend weiter behandelt.

o Prüfziffern - Diese Ziffern können das Vertauschen von Zeichen innerhalb eines Feldes aufdecken und werden beispielsweise im Zusammenhang mit Kontonummern benutzt, da nicht entdeckte Fehler möglicherweise Buchungen auf falschen Konten veranlassen.

Verarbeitungskontrollen

Durch Verarbeitungskontrollen soll die Vollständigkeit, Richtigkeit und Gültigkeit der Verarbeitung von Eingabedaten gewährleistet werden. Die in der Regel eingesetzten Arten der Verarbeitungskontrolle umfassen folgende Vorgänge:

o Kennsätze - Kennsätze stellen in diesem Zusammenhang sicher, daß die Programme die richtigen Dateien benutzen.

o Kontrolldatensätze - Diese Datensätze speichern die Anzahl der in einer Datei enthaltenen Sätze und Akkumulationen spezifischer Felder sämtlicher Datensätze. Update-Programme können mit Hilfe von Kontrolldatensätzen die Eingabedatei (bei Berücksichtigung der Fortschreibung durch die an diesem Tag getätigten Transaktionen) auf Übereinstimmung mit der Ausgabedatei prüfen.

o Fehlerbehandlung - Update-Programme müssen die möglichen Verarbeitungssituationen, einschließlich der im Anwendungskontext nicht zulässigen Fälle (z.B. ein Transaktionsdatensatz zur Fortschreibung eines nicht bestehenden Kontos) handbaben können.

o Restart-/Recovery-Verfahren - Bei Update-Programmen mit längerer Laufzeit (z.B. mehr als 30 Minuten) sollte nach einer Unterbrechung der Programmausführung der Wiederanlauf des Programmes nicht den erneuten Beginn vom Anfangspunkt aus erfordern und ohne Neuaufbau sämtlicher Dateien möglich sein.

o Herstellerimplementierte Kontrollen - Diese Kontrollen sollen beispielsweise fehlerhaft übertragene Daten aufdecken (z.B. Paritätsbitprüfung, Abstimmung der Blockanzahl).

Ausgabekontrollen

Ausgabekontrollen dienen dazu, die Vollständigkeit, Genauigkeit, Termintreue und die richtige Verteilung der Ausgaben entweder in Form von Listenausdrucken oder als Speichermedien sicherzustellen. Die in der Regel eingesetzten Formen der Ausgabekontrolle umfassen:

o Kennsätze - Kennsätze stellen sicher, daß die korrekten Dateien erzeugt oder fortgeschrieben werden.

o Abstimmung - Dieser Vorgang gewährleistet die Verarbeitung und Ausgabe der korrekten Datenbestände. Datenkontrolle und Fachabteilung können anhand von Abstimmungslisten die Vollständigkeit der Eingabe, Verarbeitung und Ausgabe von Daten feststellen.

o Mengenauswertungen - Diese Listen enthalten Angaben zur Art und Seitenzahl der durch ein Report-Programm erzeugten Auswertungen. Datenkontrolle und Fachabteilungen können anhand dieser Informationen die Vollständigkeit der ausgedruckten und eingegangenen Ausgaben ermitteln.

o Verteilungsplanung - Diese Planung unterstützt das Rechenzentrum, die zeitliche Verteilung von Auswertungen/Listen am Benutzerbedarf auszurichten.

o Beidseitige Haftung - Werden wichtige Informationen gedruckt (z.B. aus Sicht des Datenschutzes die Gehaltslisten), kann durch eine zweiseitige Haftungsvereinbarung zwischen Rechenzentrum und Fachabteilung die korrekte Handhabung dieser Informationen gewährleistet werden.

Umgebung: Unterstützungs- und Entwicklungskontrollen

Die folgenden Kontrollen beziehen sich auf die Unterstützung und Entwicklung der Umgebung:

o Entwicklungskontrollen;
o Änderungskontrollen;
o Funktionen des Systemdienstes.

Entwicklungskontrollen

Im Gegensatz zu den Entwicklungskontrollen bei computergestützten Anwendungssystemen handelt es sich bei den Kontrollen in Umgebungssystemen in der Regel nicht um Eigenentwicklungen des Unternehmens, sondern um vom Computerhersteller (z.B. Betriebssystem) oder von einem Softwarehaus (z.B. Zugriffskontrollsoftware) erworbene Softwarepakete.

In einigen Fällen handelt es sich bei den Entwicklungskontrollen für Umgebungssysteme um Kontrollverfahren, die auch bei Anwendungssystemen eingesetzt werden:

- o Die Akquisition bestimmter Software bedarf der Genehmigung des zuständigen Managements.
- o Zur Darstellung der möglichen Kosten und Nutzen ist eine Durchführbarkeitsstudie zu erstellen.
- o Das entwickelte System ist sorgfältig zu testen, von der Fachabteilung abzunehmen und unter Aufsicht der Änderungskontrollgruppe des Systemdienstes in die Produktionsumgebung zu übertragen.

Einem umfassenderen Ansatz für die Entwicklung und Übernahme von Kontrollen in Umgebungssysteme stehen neben der hoch spezialisierten und technisch komplexen Natur dieses Gebietes das begrenzte Erfahrungspotential oder Interesse für diesen Kontrollbereich beim technischen Personal entgegen. Hinzu kommt, daß häufig auch die Revision nur in begrenztem Umfang über die fachlichen Spezialkenntnisse verfügt. Es läßt sich jedoch eine langsame, aber stetige Änderung dieser Situation feststellen, da sowohl das Management als auch die Revision die Notwendigkeit einer stärkeren Überprüfung dieses Bereiches erkennen.

Änderungskontrollen

Zwischen Änderungskontrollen bei Anwendungssystemen und Umgebungssystemen bestehen zahlreiche Parallelen. Änderungen bei Umgebungssystemen setzen eine Autorisierung voraus, erfordern einen sorgfältigen Testbetrieb, eine genaue Dokumentation und unterliegen bei der Übertragung in die Produktionsumgebung der Aufsicht der Änderungskontrollgruppe des Systemdienstes. Die Anmerkungen zu den Entwicklungskontrollen bei Umgebungssystemen lassen sich gleichermaßen auf die Kontrolle der Änderungen bei diesen Systemen anwenden. Der Thematik der Änderungskontrollen bei Umgebungssystemen wird inzwischen von der Revision ein zunehmendes Interesse entgegengebracht.

Funktionen des Systemdienstes

Diese Gruppe fungiert als Bindglied zwischen Testbetrieb und Produktionsumgebung und gewährleistet die Übertragung ausschließlich autorisierter Versionen (entweder neue oder verbesserte Versionen) von Umgebungs- und Anwendungssystemen in den Produktionsbereich.

Der Systemdienst nimmt gleichermaßen Aufgaben zwischen dem Managementbereich und den eingesetzten automatisierten Datensicherungsmaßnahmen. Zum Verantwortungsbereich des Systemdienstes gehören auch die Pflege

- o der Zugangskontrolldatei (oder -datenbank), in der festgelegt ist, wer auf welche Dateien zugreifen darf;
- o der Kennwortdatei, in der festgelegt ist, wer zum Zugriff auf welche Rechnerressourcen in welchem Umfang berechtigt ist.

Während die Zuständigkeit für die Spezifikation von Zugriffskriterien dem Management obliegt, übernimmt der Systemdienst die Umsetzung dieser Kriterien in geeignete Computeranweisungen, die Überwachung der Einhaltung und die Berichterstattung gegenüber dem Management bei Auftreten von Ausnahmesituationen.

Umgebung: Produktionskontrollen

Bei den Kontrollen, die sich auf die Produktionsfunktion der Umgebung beziehen, lassen sich folgende Arten unterscheiden:

- o Eingabekontrollen;
- o Verarbeitungskontrollen;
- o Ausgabekontrollen;
- o Zugriffskontrollen.

Eingabekontrollen

Diese Kontrollen beziehen sich auf die im Systemdienstbereich des Rechenzentrums entweder von der Datenerfassungs- oder der Datenkontrollgruppe benutzten manuellen Verfahren. Die im Rahmen der Datenerfassung eingesetzten Programme bieten eine Benutzerführung bei der Verwendung von Datentypen für die verschiedenen Felder (z.B. Abweisen alphabetischer Daten in numerischen Feldern oder Prüfen der Korrektheit von Prüfziffern) und unterstützen das Abstimmen von Stapelsummen. Eine häufig angewandte Kontrolle ist die sequentiell redundante Erfassung von Daten, wobei bei der zweiten Erfassung eine Prüfung auf Gleichheit mit der Ersteingabe erfolgt, um auf diese Weise Ungenauigkeiten aufzudecken.

Die Datenkontrollgruppe sammelt die für ein bestimmtes Anwendungssystem erforderlichen Eingaben und setzt die Produktionskontrollgruppe über die Möglichkeit des Verarbeitungsbeginns in Kenntnis. Für jedes computergestützte Anwendungssystem muß der Datenkontrolle ein geeignetes, fortlaufend aktualisiertes Handbuch zur Verfügung stehen, das über die Quellen der verschiedenen

Eingabeformen, die dabei benutzten Medien und den Zeitrahmen für den Eingang der Eingaben informiert.

Verarbeitungskontrollen

Diese Kontrollen beziehen sich auf das Zusammenspiel von Produktionskontrolle, Computerbetrieb und Umgebung. Derartige Maßnahmen sollen die Vollständigkeit, Genauigkeit und Termintreue der Verarbeitung bei jedem computergestützten Anwendungssystem ebenso gewährleisten wie die effiziente Verwaltung der Computerressourcen. Die in der Regel eingesetzten Kontrollen beziehen sich auf:

- o Bandbibliothek - Diese Funktion übernimmt die Bestandsaufzeichnung sowie die Ausgabe und die Speicherung von Banddateien.
- o Externe Kennsätze - Als Ergänzung zur softwaretechnisch realisierten Überprüfung interner Kennsätze sollten sämtliche Bänder und Platten mit externen Kennschildern ausgezeichnet sein.
- o Dokumentation - Für jedes computergestützte Anwendungssystem sollte ein Operatorhandbuch existieren, das den Job-Ablauf anhand der folgenden Angaben beschreibt:

  Benötigte Dateien;
  Benötigter Hauptspeicher;
  Für die Druckausgabe benötigte Hardware-Masken;
  An der Systemkonsole einzuleitende Maßnahmen bei Erscheinen von Fehlerhinweisen;
  Angaben zu Restart-Verfahren;
  Sonstige Informationen, die den Betrieb des Anwendungssystems erleichtern.
- o Zeit- und Arbeitsplanung - Diese Funktion wird entweder manuell oder mit Hilfe eines computergestützten Planungspaketes durchgeführt. Eine effektive Planung, der insbesondere dann eine wesentliche Bedeutung beizumessen ist, wenn es gilt, die Computerressourcen mit maximaler Effizienz zu nutzen, bietet ebenfalls eine Unterstützung bei der Entdeckung von zur Verarbeitung vorgelegten unautorisierten Jobs.
- o Überwachung der Serviceleistungen - Dieser Vorgang stellt den Betrieb der Rechnerressourcen gemäß den Serviceanforderungen sicher. Neben der Aufdeckung einer ineffizienten Nutzung bereits vorhandener Ressourcen kann durch diesen Überwachungsmechanismus ebenfalls ein Bedarf an zusätzlicher Verarbeitungskapazität ermittelt werden.
- o Herstellerkontrollen - Diese Kontrollen setzen den Operator über jede Störung der Hardware und Software sowie über jeden fehlerbehafteten Vorgang in Kenntnis.

Ausgabekontrollen

Die manuellen Überprüfungsfunktionen der Datenkontrollgruppe stellen auf die Vollständigkeit, Genauigkeit, Termintreue und die geeignete Verteilung der Ausgaben ab. Die am häufigsten eingesetzten Ausgabekontrollen wurden bereits im Rahmen der Produktionskontrollen bei Anwendungen behandelt. Der Datenkontrollgruppe muß für jede computergestützte Anwendung ein geeignetes, fortlaufend aktualisiertes Datenkontrollhandbuch zur Verfügung stehen. Das Handbuch muß die von jedem Programm erzeugten verschiedenen Ausgabelisten, jede erforderliche Abstimmung oder die Abstimmsummen, Verfahren der Fehlerbehebung und die Verteilungsplanung für jede Ausgabeliste beschreiben.

Zugriffskontrollen

Diese Kontrollen betreffen logische Sicherungsmaßnahmen (programmtechnisch realisierte Kontrollen) auf Betriebssystemebene, die den unautorisierten Zugriff auf Computerressourcen erkennen und verhindern.

In einer Online-Umgebung kann der Rechnerzugang durch Identifikations- und Authentisierungsverfahren kontrolliert werden. Eine Identifkation erfolgt durch den Benutzer selbst (z.B. Operator, Programmierer), z.B. durch Eingabe einer frei wählbaren, aber innerhalb des Systems eindeutigen Zeichenfolge oder durch einen optischen bzw. magnetischen Strichcode auf einer Ausweiskarte.

Das Authentisierungsverfahren prüft die Identität des Benutzers: Das zusammen mit der Identifikation eingegebene Kennwort wird auf Übereinstimmung mit einem für diesen Benutzer abgespeicherten Kennwort verglichen. Dieses Kennwort sollte einmalig sein und regelmäßig oder bei Verdachtsmomenten in bezug auf die Gefährdung der Sicherheit des Kennworts geändert werden. Die vorliegenden definierten Kontrollen sollten die Zuständigkeit für die Durchführung von Änderungen der Kennwortdatei, die für die Vornahme einer Änderung erforderlichen Voraussetzungen und die einzelnen, anzuwendenden Verfahren zur Änderung der Kennwortdatei definieren. Die Kennwortdatei selbst erfordert spezifische Sicherungsmaßnahmen gegen unautorisierte Modifikationen, Zerstörungen oder Einsichtnahme. Ausdrucke der Kennwortdatei sind gleichermaßen vertraulich zu behandeln.

Der Zugriff auf Dateien sollte ebenfalls strengen Kontrollen unterliegen. Der Umfang der Zugriffskontrolle bei Dateien reicht vom Einsatz eines Zugriffskontrollsoftwarepaketes (z.B. ACF2 und RACF) bis zum Fehlen jeglicher Kontrolle. Selbst in DV-Bereichen mit hochkomplizierter Software und Hardware ist es keineswegs ungewöhnlich, relativ einfache Sicherungsmaßnahmen vorzufinden. Das grundsätzliche Problem bei der Dateizugriffskontrolle betrifft die Definition der zu schützenden Dateien und des dem Benutzer zuzuweisenden Zugriffsumfangs. Eine effektive Zugriffskontrolle setzt neben einer Dateiklassifikation die

Einrichtung einer administrativen Funktion für den Bereich Datensicherung voraus, um die Software zur Dateiklassifikation zu kontrollieren.

Der unautorisierte Zugang zu und Zugriff auf Dateien läßt sich zwar nicht für jeden Fall vollständig ausschließen, die Nutzung des Systems Management Facilities (SMF) ermöglicht jedoch mit der Auswertung von SMF-Dateien ein Erkennen nicht autorisierter Aktivitäten.

REVISION IN EINER DV-UMGEBUNG

Die Revision reagierte auf die mit der Einführung von Computersystemen verbundenen Änderungen der Organisationsplanung und des internen Kontrollsystems sehr schwerfällig. In der Anfangsphase verliefen Prüfungen von DV-Anwendungen "um den Computer herum". Die Existenz des Computers wurde ignoriert, was dazu führte, daß lediglich die Authentizität der im DV-System eingehenden Transaktionen festgestellt und die Ausgaben auf Übereinstimmung mit den Eingaben überprüft wurden. Die Revision konzentrierte sich zunächst mehr auf die Eignung der Benutzerkontrollverfahren als auf Kontrollen (oder das Fehlen dieser Kontrollen) innerhalb des Rechenzentrums oder der Anwendungsprogramme.

Diese Situation bot einen unhaltbaren Zustand. Der traditionelle Revisor verfügte jedoch nicht über das für die Prüfung komplexer DV-Systeme erforderliche technische Spezialwissen. Neben dieser Problematik zeigte sich häufig ein breiter Widerstand innerhalb der DV-Abteilung gegen die DV-Revision.

Es bestand jedoch offensichtlich der Bedarf für eine Gruppe, die sowohl mit internen Kontrollverfahren als auch im Umgang und mit der Konzeption von DV-Systemen vertraut war. Die ersten DV-Revisoren kamen entweder aus den Reihen der DV-Abteilung und wurden in Revisionsprinzipien geschult, oder es handelte sich um Mitarbeiter der Revision, die eine DV-Ausbildung erhielten.

Diese "neuen" Mitarbeiter, die zumindest über ein theoretisches Verständnis der primären Funktionen der DV-Abteilung verfügten und Prüfungsverfahren zur Feststellung der tatsächlichen Erfüllung dieser Funktionen entwickelten, richteten nun ihre Aufmerksamkeit auf die Entwicklungsabteilung. Die computergestützen Anwendungssysteme unterlagen nun auf Benutzerebene der Kontrolle traditioneller interner Prüfungsmethoden und wurden in der DV-Abteilung durch die DV-Revisoren geprüft. Es gab jedoch keinen einheitlichen Prüfungsbericht mit einer Beurteilung der Zuverlässigkeit und Integrität des Gesamtsystems, sondern voneinander unabhängige Berichte zur Eignung der Kontrollen in den Fachabteilungen und der DV-Anwendungen. Ein tatsächliches Bild der Eignung des Gesamtsystems setzt jedoch einen Revisionsansatz voraus, der gleichermaßen *Umgebung* und *Anwendungssysteme* umfaßt.

Revision der Umgebung

Die Eignung der Kontrollen innerhalb der Umgebung läßt sich anhand von drei separaten Tests beurteilen, wobei das Gesamtergebnis die Eignung des internen Kontrollsystems in der Umgebung aufzeigt.

Systemdienstbetrieb

In der Regel als Revision des Rechenzentrums bezeichnet, stellt diese Untersuchung ein Beispiel für eine typische Prüfung auf Übereinstimmung dar, die sich in diesem Fall auf die Grundsätze, Richtlinien und Verfahren des RZ-Handbuchs bezieht. Diese Prüfung setzt in allen Abteilungen und Funktionen an, die den Systemdienst bilden. Ebenso sollte eine Feststellung der im Rechenzentrum angewandten organisatorischen Kontrollen und der physikalischen Sicherungsmaßnahmen erfolgen.

Die Zielsetzungen der Revision des Rechenzentrums beziehen sich beispielsweise auf die Sicherstellung folgender Aktivitäten und Vorgänge:

- o Vorhandensein einer geeigneten Funktionstrennung innerhalb der RZ-Organisationsstruktur;
- o Geeigneter und richtiger Einsatz physikalischer Sicherungsmaßnahmen, um einen fortlaufenden Betrieb zu gewährleisten;
- o Termintreue, Vollständigkeit und Genauigkeit der Datenverarbeitung;
- o Sichere Verarbeitung und Handhabung von Dateien durch Kontrollen der Datenerfassung, Verarbeitung und Verteilung der Ausgaben.
- o Bereitstellen geeigneter Informationen zur effektiven Führung des Rechenzentrums durch das DV-Management.

Prüfungen im RZ-Bereich werden in der Regel jährlich durchgeführt. Die Effektivität und der Geltungsbereich dieser Prüfungen kann durch den Ansatz zusätzlicher Untersuchungen im Rahmen anwendungsspezifischer Prüfungen ergänzt werden.

Änderungskontrollen

Die Kontrolle von Systemänderungen erhält sowohl in der traditionellen als auch in der DV-Revision eine wesentliche Bedeutung, da sich Änderungen auf die Eignung des internen Kontrollsystems auswirken können. Der Revisor muß sich deshalb sowohl der positiven (verstärkenden) als auch der negativen (schwächenden) Einflußnahme von Änderungen auf das interne Kontrollsystem bewußt sein. Bei einer Verstärkung bzw. Erweiterung des internen Kontrollsystems kann der Revisor möglicherweise den Umfang der Untersuchungen einschränken. Im Gegensatz dazu wird bei einer Schwächung des internen Kontrollsystems eine Ausweitung des Testumfangs oder die Implementierung kompensatorischer Kontrollen notwendig sein.

Der Revisor muß sicherstellen, daß die Autorisierung einer Änderung von einer dazu berechtigten Managementebene erfolgt, die Änderung gegebenenfalls ausgetestet und die Einführung in die Produktionsumgebung einer entsprechenden Kontrolle unterliegt. Die fortlaufenden Änderungen in einer DV-Umgebung erschwerten der Revision eine prüfungsabdeckende Erfassung dieses Bereiches.

Der erste Schritt zu einer effektiven Prüfungsabdeckung ist die Durchführung einer Prüfung der Verfahren zur Änderungskontrolle und die Anfertigung eines Berichtes über Schwachstellen oder Versäumnisse. Danach ergeben sich für den Revisor drei Möglichkeiten, die fortlaufende Eignung dieser Verfahren zur Änderungskontrolle und die Auswirkungen der Änderungen auf das interne Kontrollsystem bei jeder Anwendung festzustellen:

- o Zum Zeitpunkt der Durchführung der Änderung - Lassen sich bei einer Änderung Auswirkungen auf das interne Kontrollsystem erkennen bzw. annehmen, sollte der Revisor die Änderung vom Zeitpunkt der Initiierung bis zur Implementierung verfolgen. Diese Vorgehensweise setzt voraus, daß die Revisionsabteilung binnen eines angemessenen Zeitraumes von der Durchführung der Änderungen Kenntnis erhält.

- o Als Bestandteil der fortlaufenden Prüfung von Anwendungen - Der Revisor stellt sicher, daß Änderungen bei diesen Anwendungen den definierten Verfahren entsprechen und ermittelt die Auswirkungen auf das interne Kontrollsystem durch die im Zeitablauf vorgenommenen, nicht individuell geprüften Änderungen.

- o Als Bestandteil im Rahmen der Prüfung einer DV-Gruppe, der die Verantwortung für die Implementierung von Änderungen obliegt - Stichprobenartig durchgeführte Tests bei mehreren Systemen zeigen, inwieweit die Durchführung einer Änderung mit den definierten Verfahren übereinstimmt.

Die traditionelle Berichterstattung über die Eignung der Änderungskontrollverfahren kann jährlich oder gegebenenfalls auf Grundlage der Ergebnisse dieser durchgeführten Untersuchungen aktualisiert werden.

Datensicherung

Eine Prüfung der Datensicherungsmaßnahmen stellt die Eignung der Standards und Verfahren fest, die dem Schutz der Daten vor unautorisierter Einsichtnahme, Modifikation oder Zerstörung dienen. Dieser Bereich, dem gewöhnlich ein besonderes Interesse der Revision gilt, wurde in der Vergangenheit von der DV-Abteilung nicht in zufriedenstellender Weise abgedeckt. Zur Durchführung dieser Prüfung benötigt der Revisor entsprechende Belege für die Ordnungsmäßigkeit der zur Datensicherung gewählten Methode. Diese Methode muß so flexibel sein, daß eine Anpassung an eine sich ständig ändernde Umgebung unterstützt wird, unabhängig davon, ob diese Änderung auf der Anwendungs- oder Umgebungsebene erfolgt.

Die DV-Abteilung muß die zu schützenden Bereiche bzw. Aktivitäten feststellen, die gegenwärtigen Kontrollmaßnahmen dokumentieren sowie den Bedarf an zusätzlichen Kontrollmaßnahmen bestimmen, wobei diese Maßnahmen auf Grundlage einer Gegenüberstellung der Kosten der Sicherungsmaßnahmen und der Werte der geschützten Gegenstände zu rechtfertigen sind. Diese Prüfung setzt unmittelbar bei der Eignung von Zugriffskontrollen der Systemsoftware sowie bei den administrativen Verfahren zur Datensicherung im Systemdienstbereich an.

Revision der Anwendung

Es gibt zwei Formen der Prüfung von Anwendungen:

- o Prüfung einer Anwendung während der Entwicklungsphase und
- o Prüfung einer in Betrieb genommenen Anwendung.

Prüfung einer Anwendung während der Entwicklungsphase

Die zunehmende Komplexität neuer Anwendungssysteme führte zur Vorverlegung des Prüfungszeitpunktes. Die Ex-ante Prüfung arbeitet deshalb projektbegleitend. Die Beteiligung der Revision ist als eine beratende Mitarbeit zu verstehen. Fertiggestellte DV-Systeme lassen sich nur mit hohem Aufwand oder durch eine totale Neuerstellung ändern. Durch die Einbindung der Revision in den Systemplanungs- und Entwicklungsprozeß erkennt der Revisor unmittelbar, ob die Erfordernisse eines betrieblichen Kontrollsystems in hinreichendem Maße Berücksichtigung finden. Die erforderlichen Organisations- und DV-Kenntnisse können in idealer Weise im Rahmen einer drei- bis sechsmonatigen Mitarbeit (z.B. Job Rotation) in der Systemanalyse und Programmierung erworben werden.

Die Komplexität heutiger Systeme und der festgelegte Zeitrahmen ermöglichen dem Revisor nicht in hinreichendem Maß, sich selbständig das für eine Verfahrensverbesserung notwendige tiefgehende Systemverständnis anzueignen. Aus diesem Grund sollte die Revision Angaben über die Lage von Kontrollstellen innerhalb des Systems, den erwarteten Zuverlässigkeitsgrad einzelner Kontrollen und Vorschläge für Testmethoden dieser Kontrolle erhalten. In ähnlicher Weise sollte eine Kennzeichnung der Systemschwachstellen und die Beschreibung möglicher kompensatorischer Kontrollen erfolgen.

Mit der Einbeziehung der Revision in die Anwendungsentwicklung ergeben sich zwei weitere Vorteile. Die Revision erhält die Möglichkeit zur Definition eigener projektspezifischer Anforderungen, die in Form eines "Prüfungssubsystems" in die Anwendung eingebunden werden können. Der Einsatz eines derartigen Subsystems gestattet eine fortlaufende Prüfung des Systems. So kann beispielsweise eine Prüfdatei mit Informationen über Ausnahmebedingungen zu einem beliebigen Zeitpunkt zu Prüfzwecken herangezogen und die Authentizität dieser Punkte verifiziert werden.

Setzt die Prüfung der Anwendung erst unmittelbar vor der Implementierung an, ergeben sich bei der Behebung von Schwachstellen erheblich mehr Schwierigkeiten. Folgende Aktivitäten sollten daher *vor* der Prüfung durch den Revisor abgeschlossen sein:

- Prüfung der in der DV-Abteilung eingesetzten Projektmethodologie im Rahmen der Anwendungsentwicklung sowie schriftliche Aufzeichnung der Schwachstellen und Versäumnisse. Diese Prüfung ist erforderlich, da der Revisor bei seinen späteren Untersuchungen diese Methodologie als Maßstab für die Effektivität und Effizienz der Anwendungsentwicklung annimmt.

- Entwickeln einer Checkliste der Aktivitäten, Anforderungen und Ergebnisse der Revisionsabteilung für jede entsprechend der Methodologie definierte Entwicklungsphase.

- Übergabe eines Prüfungsdokumentes an die DV-Abteilung und Anlage eines Protokolls zwischen beiden Abteilungen, um die Benachrichtigung der Revision von wesentlichen Vorgängen im Rahmen der Entwicklung neuer Anwendungen sicherzustellen.

- Festlegen von Kriterien zur Bestimmung von Anwendungen, die während der Entwicklungsphase Gegenstand einer Prüfung sind.

Prüfung einer in Betrieb genommenen Anwendung

Bei einem in Betrieb genommenen Anwendungssystem identifiziert der Revisor zunächst die Kontrollstellen im System durch eine Dokumentation des Anwendungssystems unter Kontrollaspekten. Bei Einbindungen der Revision in die Anwendungsplanung und -entwicklung steht diese Dokumentation der Revision bereits zur Verfügung; andernfalls muß aus vorhandenen Dokumentationen (z.B. Benutzerhandbuch) eine Kontrolldokumentation erstellt werden. Der Revisor sollte anhand dieser Unterlagen die Eignung des zugrundegelegten Kontrollgrades des Systems beurteilen sowie Umfang und Form der erforderlichen Tests planen können. Die nächste Phase der Prüfung umfaßt das Testen der Kontrollen und die Zusammfassung der Prüfungsergebnisse und Empfehlungen in einem Prüfungsbericht.

Die Zielsetzungen der Prüfung in Betrieb genommener Anwendungssysteme können beispielsweise wie folgt formuliert werden:

- o Feststellen, ob die in der Anwendung benutzten Bilanzierungsgrundsätze sich konsistent zu den allgemein akzeptierten Bilanzierungspraktiken, der Unternehmenspolitik und den gesetzlichen Vorschriften verhalten.
- o Feststellen, ob die Funktionstrennung zwischen nicht miteinander zu vereinbarenden Funktionen den Anforderungen genügt.
- o Feststellen, ob der Umfang der Benutzerbeteiligung an der Gestaltung, Entwicklung und dem Testbetrieb von Anwendungsänderungen den Anforderungen genügt.
- o Feststellen, ob die vom Anwendungssystem akzeptierten Daten und ausgegebenen Informationen autorisiert, vollständig und genau sind.
- o Feststellen, ob die Materialbewertung im Rahmen der Materialwirtschaft korrekt erfolgt und ermittelte Summen an andere Systeme ordnungsgemäß weitergegeben werden.
- o Feststellen, ob das Anwendungssystem mögliche Fehler erkennt und meldet sowie in geeigneter Weise die lückenlose Prüfbarkeit aller eingegangenen oder durchgeführten Transaktionen ermöglicht.
- o Feststellen, ob die Berichtsmechanismen des Anwendungssystems in bezug auf die Benutzerbedürfnisse genaue, vollständige, termintreue und relevante Informationen bereitstellen.
- o Feststellen, ob die Eventualpläne für längere Ausfallzeiten der Hardware, Software und Kommunikationseinrichtungen den Anforderungen genügen.
- o Feststellen, ob die Pflege der Anwendungsdokumentation in hinreichendem Umfang gewährleistet ist und einen erfolgreichen, fortlaufenden Betrieb sicherstellt.

COMPUTERGESTÜTZTE PRÜFUNGSTECHNIKEN

Anwendungssysteme werden in der Regel weniger häufig geprüft als Fachabteilungen. Eine qualifizierte Berichterstattung über die Eignung und Zuverlässigkeit von Anwendungssystemen setzt neben dem Systemverständnis Einblick in das Beziehungsgeflecht der Kontrollen des Anwendungssystembereiches und der Fachabteilungen voraus.

In Anbetracht auch der zeitlichen Prüfungsrestriktionen ermöglichen die Nutzung des Computers als Prüfungsinstrument und computergestützte Prüfungstechniken eine in die Tiefe gehende Prüfungsabdeckung. Die computergestützte Prüfungstechnik umfaßt sowohl programmierte Prüfverfahren der traditionellen Revision als auch die Nutzung interner Kontrollverfahren. Generell lassen sich datenorientierte und prozeßorientierte Prüfungstechniken unterscheiden. Die folgenden Prüfungstechniken unterstützen den Revisor bei der Bewertung des internen Kontrollsystems sowie der Systemintegrität und -eignung.

Regression Testing Facility

Dieses Verfahren erfordert das Einrichten von Testdateien, die alle im Programmkontext auftretenden, bekannten Bedingungen enthalten. Die notwendigen Testfälle werden vom Revisor selbst entwickelt und von dem zu prüfenden Programm verarbeitet. Jeder Testfall wird wie folgt dokumentiert (2):

- Nummer des Testfalls;
- Testfall (z.B. Prüfung ungültiger Schlüssel);
- Eingegebene Daten;
- Erwartetes Ergebnis;
- Testergebnis (Eintrag nur bei Abweichungen vom erwarteten Ergebnis).

Die Testfolge verläuft nach einer bestimmten Standardfolge:

- Neueingabe von Stammdaten;
- Änderung, Löschung und Anzeigen von Stammdaten;
- "Normale", fehlerfreie Geschäftsvorfälle;
- Grenzfälle;
- Fehlerhafte Geschäftsvorfälle;
- Kombinationsfälle mehrerer Belegarten.

Das Testverfahren kann nach Durchführung von Systemänderungen sowie zu jedem beliebigen Zeitpunkt im Rahmen einer Prüfung erneut eingesetzt werden. Anhand vorangegangener und aktueller Ergebnisse lassen sich nicht zu erwartende Diskrepanzen erkennen.

Dieses Verfahren setzt einen hohen Dokumentationsgrad und die Übereinstimmung sowohl der Dokumentation als auch der Dateien mit der tatsächlichen Produktionsumgebung voraus (z.B. tritt eine neue Bedingung in der Produktionsumgebung hinzu, müssen die Testdateien und die Dokumentation entsprechend dieser neuen Bedingung aktualisiert werden).

Integrated Test Facility (ITF)

Die integrierte Testmöglichkeit stellt eine Erweiterung des Testdatenansatzes durch Verwendung fiktiver Geschäftsvorfälle dar. Bei diesem Verfahren werden Testtransaktionen im regulären Prozeßablauf eingegeben und auf Scheinfirmen verbucht. Der normale Verarbeitungszyklus wird nicht unterbrochen. Allerdings muß sorgfältig darauf geachtet werden, daß die ITF-Datensätze nicht mit Originaldaten verwechselt werden. Das Verfälschungsproblem der Dateien und Informationen wird entweder durch eine entsprechende Modifikation des Anwendungsprogramms oder durch Umkehrbuchungen gelöst.

Prüfungssubsystem

Wie bereits an anderer Stelle näher erläutert, ermöglicht ein in ein Anwendungssystem eingebundenes Prüfungssubsystem die Bereitstellung von Daten, die für zukünftige Programmprüfungen genutzt werden können.

Parallele Simulation

Bei diesem Verfahren werden Originaldaten mit Hilfe eines (vom Revisor) getrennt erstellten Programms, das die wesentlichen Aspekte des normalen Verarbeitungsprogramms modelliert, verarbeitet. Die Prüfung mit Hilfe von Parallelprogrammen verlangt vom Revisor überdurchschnittliche Programmiererfahrungen und setzt einen hohen Aufwand an Arbeits- und Rechnerzeit voraus (das gilt insbesondere für den Änderungsdienst von Parallelprogrammen).

ZUSAMMENFASSUNG

Der Anwendungsbereich von DV-Kontrollen umfaßt die Fachabteilungen und alle Funktionen der DV-Abteilung. Für die Prüfung dieser Kontrollen muß ein geeigneter Ansatz gewählt werden, der sämtliche Bereiche abdeckt. Der in diesem Kapitel dargestellte Ansatz geht von einem DV-Bereich als einer einheitlichen Umgebung mit mehreren Anwendungssystemen aus.

Nach Feststellung der Eignung der Umgebungskontrollen kann der Revisor die für jede Anwendung erforderliche Kontrollintensität und den im Rahmen der Prüfung erforderlichen Testumfang bestimmen. Darüber hinaus muß der Revisor das Beziehungsgeflecht zwischen den Kontrollen der Fachabteilungen und des Anwendungssystembereiches kennen, um die Gesamteignung der Kontrollen für die einzelne Anwendung und den DV-Bereich in einem aussagefähigen Prüfungsbericht zusammenzufassend beurteilen zu können.

Quellenangaben:

1. N.N.: "Allgemeines Internes Kontrollsystem" in: Handwörterbuch der Revision, hrsg. v. Adolf G. Coenenberg und Klaus v. Wysocki, Stuttgart 1983, Spalte 628 - 642, hier Spalte 629.

2. Grupp, Bruno: "Interne Revision - Moderne Verfahren und Arbeitstechniken", Kiehl Verlag, Ludwigshafen (Rhein) 1986, S. 196.

Literaturhinweise:

Horvath, Peter; Schäfer, Hans-Thomas: "Prüfung bei automatisierter Datenverarbeitung", 2. Auflage, Verlag Neue Wirtschaftsbriefe, Herne; Berlin 1983.

Nagl, Kurt: "Programmprüfung", in: Handwörterbuch der Revision, hrsg. v. Adolf G. Coenenberg und Klaus v. Wysocki, Stuttgart 1983, Spalte 1115-1131.

Will, Hartmut J.: "Computergestützte Prüfungstechnik", in: Handwörterbuch der Revision, hrsg. v. Adolf G. Coenenberg und Klaus v. Wysocki, Stuttgart 1983, Spalte 211 - 218.

3 DAS SCHREIBEN VON DV-PRÜFUNGSBERICHTEN

EINLEITUNG

Das Schreiben von DV-Prüfungsberichten wirft für den Revisor drei Probleme auf:

- o Prüfungsberichte beziehen sich gewöhnlich sowohl auf die Benutzeranwendung als auch auf das DV-System und wenden sich somit an zwei Adressatenkreise.
- o In den Prüfungsberichten verwendete Akronyme und Fachtermini sind zwar dem DV-Revisor geläufig, das gehobene Management oder andere Adressaten werden bis auf Ausnahmefälle nicht über das notwendige Fachwissen verfügen.
- o Empfehlungen sind die kreative Komponente des Prüfungsberichts. Ihre Abgabe verlangt vom jeweiligen Revisor unter Umständen ein hohes Fachwissen. Trotz eines allgemein hohen fachlichen Niveaus verfügt der betriebswirtschaftlich orientierte Revisor insbesondere bei technischen und EDV-Problemstellungen nur in begrenztem Umfang über das erforderliche Spezialwissen. Die Empfehlungen zeigen einen Lösungsrahmen auf, beinhalten jedoch keine konkreten Lösungen und Maßnahmen.

Spezifische Kritikpunkte, die gegen DV-Prüfungsberichte vorgebracht werden, beziehen sich in der Regel auf

- o den intensiven Gebrauch von Fachtermini - DV-Prüfungsberichte sind aufgrund DV-technischer und unternehmensinterner Fachausdrücke für den DV-Laien häufig unverständlich. Bei intensiver Verwendung derartiger Termini läuft die Revision Gefahr, bestimmte Adressaten im Niveau der sprachlichen Darstellung zu überfordern. Dies führt zwangsläufig zur mangelhaften Beachtung und damit zur Entwertung der Prüfungsergebnisse.

- o die Mehrdeutigkeit der sprachlichen Ergebnisformulierung - Aufgrund der Interpretationsmöglichkeiten sprachlicher Formulierungen und der unterschiedlichen fachlichen Vorbildung kann nicht zwangsläufig von einer allgemeingültigen Begriffsidentität ausgegangen werden. Die Mehrdeutigkeit sprachlicher Ausdrücke kann zu Fehlentscheidungen, Fehlplanungen oder einer nicht problemadäquaten Realisation von Empfehlungen führen.

- o die Verallgemeinerung bzw. fehlende Konkretisierung von Feststellungen und Empfehlungen - Der Bericht weist beispielsweise auf Mängel im Rahmen der Eingabekontrollen hin, ohne jedoch die spezifischen Schwachstellenbereiche genau zu nennen. Derartige Feststellungen lassen sich nur schwer nachvollziehen und führen daher zwangsläufig zu Fehlinterpretationen und nicht problemadäquaten Lösungen. Der Prüfungsbericht muß eindeutige Angaben machen, wenn es um die Spezifizierung von Schwachstellen in komplexen Systemen geht.

- o die fehlende Angabe von Seiteneffekten bei Empfehlungen - Änderungen in einer Datei oder einem Anwendungssystem können zu einer Serie von Änderungen in anderen Programmen oder Systemen führen. Die mit der Änderung tatsächlich verbundenen Kosten und der zeitliche Aufwand liegen in derartigen Fällen oftmals über den Angaben des Prüfungsberichtes. Häufig sind auch negative Auswirkungen auf das Kosten-/Nutzenverhältnis festzustellen.

- o die fehlende Angabe von weniger kostenintensiven Alternativen - Bei vielen Empfehlungen der Revision handelt es sich um "Alles oder Nichts"-Empfehlungen. Zeigen Empfehlungen statt konkreter Lösungen und Maßnahmen einen Lösungsrahmen auf, der die für eine problemadäquate Lösung geeigneten Ziele und Bedingungen aufzählt, kann die DV-Abteilung die konkrete Ausfüllung selbst übernehmen. Die Akzeptanzwahrscheinlichkeit der Revisionsempfehlung liegt bei dieser Vorgehensweise wesentlich höher als bei einer starren Vorgabe.

Derartige Kritikpunkte an DV-Prüfungsberichten deuten die Notwendigkeit an, den Vorgang der Berichterstellung als auch die inhaltliche Konzeption von Prüfungsberichten neu zu bewerten. In diesem Kapitel werden verschiedene Arten von Prüfungsberichten beschrieben und Möglichkeiten vorgestellt, die Effektivität von Prüfungsberichten zu erhöhen.

ARTEN VON DV-PRÜFUNGSBERICHTEN

Der Revisor muß die verschiedenen Berichtsarten mit ihren charakteristischen Merkmalen kennen. Die allgemeine Annahme, daß sich Revisionsberichte z.B. hinsichtlich Aufbau und Stil nicht unterscheiden müssen, führt zu Akzeptanzproblemen der Revisionsempfehlungen.

Von der Revision werden folgende Prüfungen im DV-Bereich durchgeführt:

- Prüfung computergestützter Anwendungssysteme;
- Prüfung von Systementwicklungen;
- Prüfung nach der Installation;
- Prüfung des Rechenzentrums;
- Verfahrenstechnische Prüfungen.

Die Art der durchgeführten Prüfung bestimmt Stil und Ziel des Prüfungsberichtes. Die Prüfung eines betrieblichen Anwendungssystems dient beispielsweise der Aufdeckung, Feststellung und Behebung von anwendungsspezifischen Schwachstellen. Dieser Prüfungsbericht sollte ohne Rücksicht auf unternehmenspolitische Umfelder direkt die Schwere des Problems und den Handlungsbedarf herausstellen.

Bei der Prüfung einer Systementwicklung arbeitet der Revisor in einem Projektteam an der Entwicklung von Kontrollösungen mit. Dieser Bericht muß in seiner Formulierung sehr sorgfältig sein und auch psychologische Momente berücksichtigen, um eine Belastung auch der künftigen Zusammenarbeit zwischen Systemanalyse und Revision zu vermeiden.

Die Schlußbesprechung

In der Schlußbesprechung erhält die geprüfte Stelle zum ersten Mal offiziell das vollständige Gesamtergebnis der Prüfung. Die Schlußbesprechung wird daher zu einem besonders bedeutsamen Faktor im Hinblick auf die Akzeptanz des Prüfungsberichts und seiner Inhalte, denn Ideen und neue Verfahrensweisen rufen bei den Betroffenen in der Regel Widerstände hervor. Für die Revision bietet sich mit der sorgfältigen Vorbereitung und Durchführung der Schlußbesprechung einerseits die Möglichkeit, nicht korrekte Sachverhalte zu erfassen, andererseits kann die Revision durch Einbeziehung psychologischer Momente Akzeptanzwiderstände bei den geprüften Stellen abbauen.

Die geprüfte Stelle wird im Rahmen der Schlußbesprechung zuerst über wesentliche Feststellungen, Urteile und Empfehlungen in Kenntnis gesetzt. Mit der Klärung inhaltlicher Fragen können aus Sicht der geprüften Stelle nicht korrekte Informationen aufgezeigt und erhellt werden. Unter Umständen kann eine derartige Klarstellung neue und/oder zusätzliche Informationen bringen und zu einer Revidierung des Urteils führen. Die Schlußbesprechung bietet der geprüften Stelle Gelegenheit zur Kritik an den Revisionsempfehlung.

Für die Revision ergibt sich mit der Schlußbesprechung die Möglichkeit, die Bedeutung der Empfehlung noch einmal herauszustellen, um mögliche Akzeptanzbarrieren, die auf Mißverständnissen beruhen oder sich durch Zugeständnisse ausräumen lassen, zu beseitigen. Läßt sich kein für beide Parteien geeigneter Kompromiß erzielen, sind die gegenteiligen Standpunkte in den Prüfungsbericht aufzunehmen.

Unproblematisch ist der Fall, wenn der geprüften Stelle bereits vor der Schlußbesprechung das Ergebnis übermittelt wurde und gegen eine Empfehlung bzw. das Prüfungsergebnis keine Einwände bestehen.

Elemente eines erfolgreichen DV-Prüfungsberichtes

Die folgenden vier allgemeingültigen Richtlinien für das Schreiben effektiver DV-Prüfungsberichte beziehen sich auf jeden Berichtstyp. Prüfungsberichte sollen

- o Urteile und Empfehlungen deutlich darstellen - Umfang und Vorgehensweise der durchgeführten Nachforschungen sollten so gewählt sein, daß die abgegebenen Urteile und Empfehlungen eine allgemeine Verständigungsgrundlage zwischen Revision und geprüfter Stelle bieten. In vielen Fällen ergibt sich die Notwendigkeit zusätzlicher Rücksprachen zwischen Revisor und tangierten DV-Stellen (z.B. der Systemanalyse), um Problemlösungen genau festzulegen.

- o abgesicherte Urteile und Empfehlungen enthalten - Der Revisor muß Urteile und Empfehlungen durch Beweismaterial stützen; nicht belegte Urteile mindern die Glaubwürdigkeit. Komplexe Prüfungsobjekte erfordern oft ein hohes Maß an Gründlichkeit der Untersuchungen, um die vollständige Absicherung der Urteile und Empfehlungen zu erreichen.

- o Hinweise auf Kosteneffektivität der Lösungen geben - Revisoren sollten Empfehlungen nur im Anschluß an die Prüfung der Kosteneffektivität aussprechen. Viele der abgelehnten Vorschläge, bei denen Angaben zur Kosteneffektivität fehlen, könnten bei genauer Kenntnis der Kosten Befürwortung finden.

- o akzeptable Empfehlungen darstellen - Nicht jede Empfehlung findet beim Benutzer Akzeptanz. Eine ständige Auseinandersetzung zwischen Revision und geprüften Stellen wirkt sich jedoch negativ auf das Ansehen und die Glaubwürdigkeit der Revision aus. Ein Revisor, der sich nicht nur sorgfältig in die Prüfungsthematik einarbeitet, sondern auch das Prüfungsergebnis überzeugend "verkauft" und Widerstände gegen Änderungen durch gezielte

Argumente ausräumt, hat eine größere Glaubwürdigkeit und gewinnt die Betroffenen leichter für seine Empfehlungen. Auf die Abgabe von Empfehlungen, die unter Revisionsaspekten von kritischer Bedeutung sind, sollte nicht im Hinblick auf zu erwartende Widerstände der geprüften Stelle verzichtet werden. Gleichermaßen sollte der Revisor jedoch auch nicht an der "optimalen Lösung" festhalten, wenn die "akzeptable Lösung" sofort von den geprüften Stellen aufgegriffen wird.

Checkliste für den Prüfungsbericht

In diesem Kapitel werden für die verschiedenen Berichtsarten Checklisten vorgestellt. Diese Checklisten sollen Anregungen für den Aufbau eigener, umfassender Checklisten geben. Darüber hinaus gibt es eine allgemeine Checkliste, die für alle Berichtsarten gilt (siehe Abbildung 3.1).

Der Einsatz von Checklisten bereits in der Anfangsphase der Berichtsanfertigung stellt eine geeignete Strukturierung und die Vollständigkeit des Berichtes sicher.

PRÜFUNG VON COMPUTERGESTÜTZTEN ANWENDUNGSSYSTEMEN

Die Prüfung computergestützter Anwendungssysteme ist eine der Hauptaufgaben des DV-Revisors. Der DV-Revisor prüft die Genauigkeit, Vollständigkeit und Ordnungsmäßigkeit der Transaktionsverarbeitung sowie der zur Verarbeitungssteuerung eingesetzten Kontrollinstrumente.

Der Bericht kann sich sowohl auf die manuellen als auch auf die automatisierten Bereiche der Anwendung beziehen. Viele Unternehmen begrenzen die Prüfung auf die computergestützten Anwendungssegmente. Es empfiehlt sich jedoch eine einheitliche Prüfung und Berichterstattung über die Integrität beider Segmente. Die in Abbildung 3.2 aufgeführten Fragen dienen als Leitfaden für das Schreiben eines Prüfungsberichtes über computergestützte Anwendungen.

Zielsetzungen des Prüfungsberichtes

Der Prüfungsbericht über computergestützte Anwendungssysteme bezieht sich auf Benutzeraktivitäten und die Eignung der anwendungsspezifschen Kontrollen. Der Bericht wendet sich daher an den Benutzer sowie an das für die Anwendung zuständige Wartungsteam. Identifizierte Schwachstellen müssen eindeutig einem Verantwortlichkeitsbereich zugeordnet werden.

Abbildung 3.1: Allgemeine Checkliste für DV-Prüfungsberichte

Frage	Antwort			Bemerkungen
	Ja	Nein	Offen	
Steht der Adressatenkreis des Berichtes fest?				
Wurden die Revisionsurteile und -empfehlungen mit den geprüften Stellen besprochen, um die Richtigkeit der zugrunde liegenden Sachverhalte festzustellen? (Falls nicht, geben Sie die Gründe dafür an.)				
Erlaubt die Darstellung der Revisionsurteile und -empfehlungen ein unmittelbares Tätigwerden der geprüften Stellen?				
Belegen überzeugende Berichtsanlagen und Arbeitsunterlagen die Revisionsurteile und -empfehlungen?				
Werden die Revisionsempfehlungen auch im Hinblick auf die Kosteneffektivität bewertet? Falls die Empfehlungen nicht kosteneffektiv sind: Gibt es andere Gründe, die für die Durchführung dieser Empfehlungen sprechen?				
Gewährleistet der Zeitpunkt der Berichtsübermittlung eine maximale Nutzenrealisierung?				
Berücksichtigt die sprachliche Darstellung (z. B. Verwendung von Fachtermini) das sprachlich-fachliche Niveau der Berichtsadressaten?				

Änderungen einer fertiggestellten computergestützten Anwendung verursachen wesentlich mehr Aufwand als die gleichen Änderungsmaßnahmen bei einem System während der Entwicklungsphase. Aus diesem Grund sollte der Prüfungsbericht die kostengünstigste Installationsmethode der Änderung feststellen.

Beim Schreiben von Prüfungsberichten über computergestützte Anwendungssysteme sollte der Revisor folgende Aspekte berücksichtigen:

o Überprüfung der Datenintegrität - Stützen sich Urteile der Revision auf Informationen aus Dateien/Datenbanken, muß der Revisor die Datenintegrität nachweisen. Der Prüfungsbericht sollte eine explizite Anmerkung enthalten, wenn auf eine Prüfung der Datenintegrität verzichtet wurde. Die Überprüfung der Datenintegrität braucht nicht vorgenommen werden, wenn im Rahmen einer anderen Prüfung die Integrität der entsprechenden Dateien/Datenbanken bereits festgestellt wurde. Der Leser (Berichtsadressat) muß jedoch eindeutig über den Status der Datenintegrität bei Urteilen informiert sein.

o Auswirkungen von Urteilen - Der Prüfungsbericht sollte die quantitativen und qualitativen Effekte der im Bericht abgegebenen Urteile für das Unternehmen aufführen. Es darf nicht Angelegenheit der geprüften Stelle oder des gehobenen Managements sein, zu entscheiden, ob den Urteilen hinsichtlich ihrer Auswirkungen eine geringe oder eine wesentliche Bedeutung beizumessen ist. Treten bei der quantitativen Erfassung Schwierigkeiten auf, sollte nicht auf die Herausstellung der Wichtigkeit von Auswirkungen verzichtet werden, sondern eine qualitative Darstellung erfolgen.

Abbildung 3.2: Checkliste für den Prüfungsbericht bei computergestützten Anwendungssystemen

Frage	Antwort			Bemerkungen
	Ja	Nein	Offen	
Enthält der Bericht bei Revisionsurteilen, die sich auf Informationen aus Dateien/ Datenbanken stützen, Angaben zur Datenintegrität?				
Werden die Auswirkungen der Revisionsurteile und -empfehlungen auf das Gesamtsystem beschrieben?				
Werden mögliche Seiteneffekte der Revisionsurteile und -empfehlungen auf andere computergestützte Anwendungssysteme identifiziert und aufgeführt?				
Stimmen die geprüften Stellen mit den von der Revision aufgeführten Auswirkungen der Revisionsurteile und -empfehlungen überein?				
Werden bei Einsatz der Datenbanktechnologie die Auswirkungen der Revisionsurteile und -empfehlungen auf andere Datenbankbenutzer identifiziert und aufgeführt?				
Werden bei Einsatz der Datenbanktechnologie die Auswirkungen der Revisionsurteile und -empfehlungen auf die Datenbankstruktur identifiziert und aufgeführt?				

o Seiteneffekte auf andere computergestützte Anwendungssysteme - Der Revisor muß mögliche Auswirkungen der Urteile und Empfehlungen auf andere computergestützte Anwendungssysteme untersuchen. Eine Empfehlung, die beispielsweise das Einfügen von Kontrollinformationen bei Datensätzen beinhaltet, tangiert unter Umständen alle anderen Anwendungen, die auf diese Datensätze zugreifen.

o Multi-User-Systeme - Nutzen mehrere Abteilungen die gleichen computergestützten Anwendungssysteme, gehen die Urteile und Empfehlungen allen tangierten Stellen zu. Die Akzeptanz der Empfehlungen muß durch einen allgemeinen Konsens mit den Benutzern erreicht werden, die die primäre Verantwortung für die Anwendung tragen.

o Datenbankaspekte - Sowohl aktuelle als auch zukünftige Auswirkungen der Revisionsurteile erfordern in einer Datenbankumgebung eine sorgfältige Bewertung. Die Nutzung und Kontrolle von Datenbanken muß für das Gesamtunternehmen und nicht nur für eine einzelne computergestützte Anwendung optimiert werden. Darüber hinaus greifen zukünftige computergestützte Anwendungen über Schnittstellen auf die Datenbank(en) zu. Empfohlene Anwendungsänderungen mit Auswirkungen auf die Datenbank müssen gemeinsam mit dem Datenbankadministrator geprüft werden. Empfehlungen im Rahmen einer Datenbankprüfung sind aus der Perspektive jeder einzelnen computergestützten Anwendung, die auf diese Datenbank zugreift, zu betrachten.

PRÜFUNG VON SYSTEMENTWICKLUNGEN

Fertiggestellte Anwendungen lassen sich nur mit großem Aufwand oder durch eine Neuerstellung ändern. Die Beteiligung der Revision am Systementwicklungsprozeß ermöglicht die Berücksichtigung revisionsspezifischer Anforderungen sowie Erfordernisse bezüglich Sicherheit, Sicherung, Ordnungsmäßigkeit und Dokumentation bereits bei der Planung und Entwicklung. Das computergestützte Anwendungssystem wird somit als ein prüfungsgerechtes System konzipiert, das sich durch Benutzerfreundlichkeit gegenüber der Revision auszeichnet. Spätere Prüfungen lassen sich auf kritische Teilbereiche begrenzen.

Der Zweck dieses Prüfungsberichtes ist prognostischer Natur. Der Revisor schätzt die Eignung der Kontrollen für einen späteren Zeitraum, wobei dieser Schätzung die Eignung beabsichtigter oder teilweise entwickelter Kontrollen zum Zeitpunkt der Prüfung zugrundeliegt. Abbildung 3.3 zeigt eine Checkliste für das Schreiben eines Prüfungsberichtes über eine Systementwicklung.

Zielsetzungen des Prüfungsberichtes

Der Prüfungsbericht über die Systementwicklung richtet sich in erster Linie an die für die Systementwicklung verantwortliche Projektgruppe. Der Bericht gibt eine Beurteilung der anwendungsspezifischen Kontrollverfahren. In der Regel werden keine Empfehlungen für zusätzliche Kontrollen abgegeben, sondern Schwachstellen aufgedeckt und die Entwicklung von Lösungen dem Projektteam überlassen.

Die Übermittlung der Prüfungsberichte bei Systementwicklungen sollte sofort nach Abschluß der Prüfung erfolgen. Je früher die Berücksichtigung der Empfehlungen in der Entwicklungsphase erfolgt, desto wirtschaftlicher und einfacher läßt sich eine Lösung realisieren.

Abbildung 3.3: Checkliste für den Prüfungsbericht bei Systementwicklungen

Frage	Antwort			Bemerkungen
	Ja	Nein	Offen	
Gewährleistet der Zeitpunkt der Berichtsübermittlung die kosteneffektivste Realisierung der Empfehlungen?				
Wird für die Umsetzung der Kontrollempfehlungen ein Verantwortungsträger benannt?				
Sind die im Rahmen der Prüfung empfohlenen Kontrollen, Standards und Richtlinien auch in der Betriebsphase des Systems anwendbar?				
Werden bei Inbetriebnahme des Systems Kontrollen, Standards oder Richtlinien erforderlich, für die zum gegenwärtigen Zeitpunkt keine Notwendigkeit besteht?				
Wird das gehobene Management über die im Prüfungsbericht aufgeführten Revisionsurteile und -empfehlungen hinreichend informiert (z. B. über den Grad der Zuverlässigkeit der Revisionsdarstellung)?				
Werden in den Revisionsurteilen und -empfehlungen die technischen Kontrollmaßnahmen von den anwendungsspezifischen Kontrollen getrennt?				
Wurde die Eignung der erforderlichen technischen Kontrollmaßnahmen von einem Revisor mit dem dafür notwendigen technischen Spezialwissen bewertet?				

Beim Schreiben des Prüfungsberichtes einer Systementwicklung sollte der Revisor folgende Aspekte berücksichtigen:

- Herkunft der Empfehlungen - Die Systementwicklung ist ein kreativer Prozeß, in dem Mitarbeiter mit unterschiedlichem Hintergrundwissen und aus unterschiedlichen Unternehmensbereichen zur Lösung eines Problems beitragen. Der Bericht wird daher nicht nur eigene Empfehlungen des Revisors enthalten, sondern auch auf Diskussionsergebnissen des Projektteams beruhen. Entsteht der Anschein, daß der Revisor von den in der Projektgruppe erarbeiteten Ergebnissen einseitig profitiert, werden Teammitglieder möglicherweise auf einen Ausschluß der Revision drängen oder Ideen nicht mehr an den Revisor weitergeben. Der Revisor sollte daher sicherstellen, daß auf Lösungsansätze, die vom Projektteam entwickelt wurden, entsprechend verwiesen wird.

- Benennung von Stellen mit Verantwortlichkeit für Kontrollen - Die systematische Entwicklung von Kontrollverfahren ist für die meisten Unternehmen relativ neu. Die Bedeutung der Kontrollen wird daher häufig unterschätzt. Der Prüfungsbericht sollte für die empfohlenen Kontrollverfahren verantwortliche Stellen benennen.

- Zuverlässigkeit der Revisionsdarstellung - Die meisten Prüfungsberichte basieren auf historischen Daten und weisen somit einen hohen Zuverlässigkeitsgrad aus. Die Prüfung einer Systementwicklung ist jedoch eine Stellungnahme mit Prognosecharakter. Das gehobene Management darf nicht zu der Annahme verleitet werden, daß bei dem Prüfungsbericht einer Systementwicklung der gleiche Zuverlässigkeitsgrad unterstellt werden kann wie bei Berichten, die sich vorwiegend auf historische Ereignisse stützen.

- Technische Kontrollen - Kontrollerfordernisse an computergestützte Anwendungssysteme können vielfach über betriebssystemnahe Software implementiert werden. Da Kontrollen auf Betriebssystemebene sowie Kontrollen zwischen dem computergestützten Anwendungssystem und der betriebssystemnahen Software eine hohe technische Komplexität aufweisen können, erfordert die Beurteilung derartiger Kontrollen und die Identifikation von Schwachstellen ein umfangreiches Spezialwissen.

PRÜFUNG NACH DER INSTALLATION

Diese einmalige Prüfung stellt in einem Vergleich Abweichungen der computergestützten Anwendung mit der Benutzerspezifikation fest und setzt unmittelbar nach der Inbetriebnahme des Systems ein. Abbildung 3.4 zeigt einen möglichen Fragenkatalog für den Prüfungsbericht nach der Installation.

Abbildung 3.4: Checkliste für den Prüfungsbericht nach der Installation

Frage	Antwort			Bemerkungen
	Ja	Nein	Offen	
Werden die Zielsetzungen der Fachabteilungen durch die Installation des computergestützten Anwendungssystems erreicht?				
Liegt der DV-Abteilung die richtige (aktuelle) Spezifikation des Anwendungssystems vor?				
Deckt der Prüfungsbericht die Zielsetzungen der Nachprüfung ab?				
Stand vor der Prüfung ein angemessener Zeitraum für Nachbesserungsarbeiten zur Verfügung?				
Quantifiziert der Bericht die Gesamtheit der Abweichungen des Systems?				
Weist der Bericht Benutzeranforderungen aus, die zwar im Rahmen der Spezifikation aufgeführt sind, nicht aber beim installierten System zur Verfügung stehen?				

Zielsetzungen des Prüfungsberichtes

Durch die vergleichende Beurteilung von computergestützter Anwendung und Spezifikation zeigt der Prüfungsbericht nach der Installation Benutzern und gehobenem Management Bereiche mit Abweichungen von den Vorgaben der Systemspezifikation. Der Prüfungsschwerpunkt liegt zwar auf der Ermittlung dieser Abweichungen, es können jedoch auch andere Probleme bzw. Schwachstellen Gegenstand des Berichtes sein.

Beim Schreiben des Prüfungsberichtes über eine installierte Anwendung sollte der Revisor folgende Aspekte berücksichtigen:

o Anwendbarkeit der Systemspezifikation - Da sich eine Systementwicklung in der Regel über einen längeren Zeitraum erstreckt, kann aufgrund geänderter Rahmenbedingungen eine aktualisierte Bedarfsanalyse zu anderen Ergebnissen kommen und demzufolge die Gültigkeit der Spezifikation in Frage stellen. Gründe dafür können personelle Wechsel in den Fachabteilungen, Änderungen der Unternehmenssituation oder die Entwicklung einer geeigneten Problemlösung sein.

- Systemanforderungen - Vor Durchführung der eigentlichen Prüfung sollte der Revisor mit den Fachabteilungen die zu prüfenden Systemanforderungen besprechen. Es wäre ein ungerechtfertigter Aufwand, die Anwendung auf Abweichungen mit der Spezifikation zu untersuchen, wenn bestimmte Systemanforderungen in der ursprünglich geplanten Form nicht mehr erwünscht sind.

- Anwendungstest - Bei neuen computergestützten Anwendungssystemen ist in der Einführungsphase mit einer Reihe von Problemen zu rechnen, z.B Abweichungen von Spezifikationsvorgaben. Dem Anwendungsteam sollte ein angemessener Zeitraum zugebilligt werden, um das System in der Produktionsumgebung auszutesten und notwendige Anpassungskorrekturen durchzuführen.

PRÜFUNG DES RECHENZENTRUMS

Das Rechenzentrum ist für den Betrieb der computergestützten Anwendungen verantwortlich. Es handelt sich bei einem Rechenzentrum in der Regel nicht nur um einen einzelnen mit Computern und Peripherie ausgestatteten Raum, sondern um eine Vielzahl durch ein Kommunikationssystem verbundener Einzelkomponenten. Dem Rechenzentrum obliegt in der Regel auch die Zuständigkeit für die Gewährleistung der Datensicherung.

Die Durchführung derartiger Aufgaben erfordert die Einrichtung verschiedener Funktionen, wie:

- Datenbibliotheken,
- Produktionsplanung und -kontrolle und
- Job Accounting.

Eine Prüfung kann sich auf eine oder mehrere solcher Aktivitäten beziehen. Abbildung 3.5 spricht verschiedene Aspekte an, die bei der Anfertigung eines Prüfungsberichtes als Leitfaden dienen können.

Zielsetzungen des Prüfungsberichtes

Der Prüfungsbericht über das Rechenzentrum beurteilt die allgemeinen Kontrollmaßnahmen in bezug auf Abweichungen und Effektivität. Die Berichtspunkte reichen von kaufmännisch-betriebswirtschaftlichen Themen wie beispielsweise die Genauigkeit der Verrechnungssätze für Benutzer bis hin zu technischen Punkten wie Kontrollen bei der Benutzung von Programmbibliotheken.

Abbildung 3.5: Checkliste für den Prüfungsbericht im Rechenzentrum

Frage	Antwort			Bemerkungen
	Ja	Nein	Offen	
Definiert der Prüfungsbericht den Bereich der Prüfung?				
Weist der Prüfungsbericht die fachliche Qualifikation der für die Durchführung der Prüfung zuständigen Revisoren aus?				
Enthält der Prüfungsbericht Angaben, welche Kontrollfunktionen im Rechenzentrum *nicht* untersucht wurden?				
Weist der Bericht bei Fremdprodukten Schwachstellen der Kontrollverfahren aus?				
Werden die für die Behebung von Schwachstellen bei Fremdprodukten verantwortlichen Personen genannt?				
Besteht bei den Beteiligten Kenntnis über das Vorliegen von Schwachstellen bei Kontrollfunktionen im Rechenzentrum?				

Beim Schreiben des Prüfungsberichtes über das Rechenzentrum sollte der Revisor folgende Aspekte berücksichtigen:

o Prüfungsbereich - Der Revisor sollte genau die RZ-Aktivitäten festlegen, die Gegenstand der Prüfung sind.

o Qualifikation des Revisors - Der Prüfungsbericht sollte die Qualifikationen des Revisors angeben, die ihn zur Durchführung der Prüfung berechtigen. Bei der Prüfung technisch komplizierter Gebiete, die ein umfangreiches Spezialwissen erfordern, sollte die fachliche Kompetenz des Revisors definiert werden. Diese wichtige Information hilft einerseits dem gehobenen Management, die Zuverlässigkeit der Urteile und Empfehlungen der Revision zu bewerten und ermöglicht andererseits der Revision, den Prüfungsbereich im Hinblick auf die Erfahrungen und Qualifikationen des Revisionsteams genau abzustimmen.

- Kontrollfunktionen - Viele Kontrollen im Rechenzentrum dienen der Verhinderung oder Aufdeckung schwerwiegender Probleme. Die Katastrophenplanung beinhaltet beispielsweise die Entwicklung von Verfahren und die Bereitstellung notwendiger Werkzeuge zur Behebung kritischer Situationen, die das reibungslose Fortführen der RZ-Aktivitäten beeinträchtigen. Derartige Pläne werden möglicherweise erst nach Eintritt einer Katastrophe geprüft.

- Probleme bei Fremdentwicklungen - Treten bei gekaufter, gemieteter oder geleaster Hardware und/oder Software im Rahmen der eingesetzten Kontrollen Mängel auf, ist der Verkäufer (Vermieter, Leasinggeber) im Bericht anzugeben. Der Verweis auf die für die Behebung derartiger Mängel verantwortliche Gruppe vereinfacht die Mängelbeseitigung. Es befreit ebenfalls das RZ-Management von einer möglichen Schuldzuweisung für derartige Mängel.

VERFAHRENSTECHNISCHE PRÜFUNGEN

Die System- und Programmierabteilung implementiert Verfahren für Entwicklungs- und Wartungsaktivitäten. Diese Verfahren kombinieren Standards und Richtlinien, die die Uniformität der Systementwicklungsprozesse und die einfache Handhabung der Systemwartung sicherstellen. Abbildung 3.6 stellt eine Checkliste für das Schreiben von verfahrenstechnischen Prüfungsberichten dar.

Zielsetzungen des Prüfungsberichtes

Das Ziel verfahrenstechnischer Prüfungen ist die Bewertung von Standards und Richtlinien für die Systementwicklung. Schwachstellen in diesen Verfahren führen zu ineffektiven, unwirtschaftlichen oder schlecht kontrollierten Anwendungssystemen. Der Bericht wendet sich an das DV-Management und identifiziert Mängel der allgemeinen Kontrollen, deren Behebung durch das DV-Management veranlaßt werden muß.

Verfahrenstechnische Prüfungen bewerten daher mittelbar auch das DV-Management. Die Prüfung wird aus diesem Grund gewöhnlich von erfahrenen DV-Revisoren mit Kenntnissen in der Systementwicklung sowie in den organisatorischen Grundsätzen und Verfahren durchgeführt.

Beim Schreiben verfahrenstechnischer Prüfungsberichte sollte der Revisor folgende Aspekte berücksichtigen:

Abbildung 3.6: Checkliste für den Prüfungsbericht bei einer verfahrenstechnischen Prüfung

Frage	Antwort			Bemerkungen
	Ja	Nein	Offen	
Ist der Urheber des mit Mängeln behafteten Verfahrens aufgeführt?				
Werden bei sprachlichen Formulierungen der verfahrenstechnischen Empfehlungen psychologische Momente berücksichtigt, so daß die Unterstützung des gehobenen Managements zu erwarten ist?				
Werden die Auswirkungen des neuen Verfahrens herausgestellt?				
Erfordert das neue Verfahren Änderungen bei bereits installierten computergestützten Anwendungssystemen?				
Sind die Kosten für die Durchsetzung und Einhaltung des neuen Verfahrens für die alten und neuen Systeme aufgeführt?				
Werden die Effekte eines verfahrenstechnischen Mangels auf andere Verfahren ermittelt und bewertet?				
Werden alle von der verfahrenstechnischen Empfehlung tangierten Anwendungssysteme und Aktivitäten identifiziert?				
Ist eine Methode zur Durchsetzung des neuen Verfahrens festgelegt?				

- **Beteiligung der Gruppe "Verfahrensentwicklungen" - Bei dem Adressaten des Prüfungsberichtes handelt es sich möglicherweise um dieselbe Person oder Gruppe, die diese Verfahren entwickelt oder eingeführt hat. In derartigen Fällen empfiehlt sich die Wahl einer diplomatischen Darstellung und Formulierung der Empfehlungen, um auf diese Weise Akzeptanz zu erreichen. Diese Überlegung basiert auf praktischen Erfahrungen; der Revisor sollte jedoch nicht durch unklare Formulierungen oder Darstellungen in einem Bericht das gehobene Management täuschen.**

o Auswirkungen verfahrenstechnischer Urteile/Empfehlungen - Viele Verfahren basieren ausschließlich auf persönlichen Ansichten und sind nicht Ergebnis eines umfassenden objektiv nachvollziehbaren Prozesses. Die Revision sollte bei Ablehnung der Empfehlung(en) die quantitativen oder qualitativen Auswirkungen darstellen.

o Seiteneffekte auf bestehende Systeme - Bei Änderung eines Verfahrens muß die Notwendigkeit von Änderungen bei bestehenden Anwendungen festgestellt werden, um die Übereinstimmung mit dem neuen Verfahren zu gewährleisten.

ZUSAMMENFASSUNG

Das Schreiben effektiver DV-Prüfungsberichte unterstützt die Durchsetzung von Revisionsempfehlungen. Um die Effektivität der Revision zu erhöhen und die im Zusammenhang mit der Erstellung des Berichtes entstehenden Kosten zu minimieren, sollten Richtlinien für das Schreiben von DV-Prüfungsberichten entwickelt werden. Diese Richtlinien stecken den Rahmen eines Aktivitätenplans zur Verbesserung von DV-Prüfungsberichten ab und beinhalten folgende Punkte:

o Identifizieren des Berichttyps vor Anfertigung des Berichtes;

o Entwerfen eines Berichtes, der die für diesen Berichtstyp interessanten Aktivitäten in geeigneter Weise erfaßt;

o Nutzen einer Checkliste für das Schreiben von Prüfungsberichten als Maßstab der Eignung und Vollständigkeit des Berichtes.

Diese Maßnahmen unterstützen die Herausgabe von Prüfungsberichten, die sich um eine eindeutige und sachliche Ergebnisformulierung sowie Darstellung bemühen und beim gehobenen Management Unterstützung finden.

Literaturhinweis:

Lubos, Günter: "Die Berichterstattung der internen Revision im Großunternehmen", V. Florentz Verlag, München 1986.

4 PRÜFUNGSGEBIET DV-STANDARDS

EINLEITUNG

Die Einordnung der Prüfung von DV-Standards innerhalb des Aufgabenbereiches der DV-Revision stellt das erste der vier in diesem Kapitel angesprochenen Probleme dar, gefolgt von:

- o DV-Standards als Prüfgegenstand;
- o Vorgehensweise bei der Prüfung;
- o Spezielle Überlegungen zu den Auswirkungen von Unternehmensgröße und branchenspezifischen DV-Verfahrensweisen auf DV-Standards.

EINORDNUNG DER PRÜFUNG VON DV-STANDARDS

DV-Standards unterstützen als Arbeitsstandards die Management Control Funktion. Als ein Bestandteil der Datenverarbeitung werden DV-Standards im Rahmen von DV-Prüfungen untersucht.

Das American Institute of Certified Public Accountants (AICPA) ordnet die DV-Revision wie folgt in die Allgemeine Revision des betrieblichen Rechnungswesens ein:

> Ein datenverarbeitendes System kann entweder ausschließlich durch manuelle Tätigkeiten betrieben werden oder neben der manuellen auch eine mechanische oder elektronische Vorgangsbearbeitung einsetzen. Bei einigen datenverarbeitenden Systemen übernehmen Mitarbeiter einer oder verschie-

dener Abteilungen Rechnungsprüfungsaufgaben. Bei EDV-Systemen werden einzelne oder die Mehrzahl dieser Kontrollverfahren im Rahmen des eigentlichen EDV-Prozesses ausgeführt. Der Revisor muß insbesondere dann EDV-gestützte Vorgänge in seine Untersuchungen einbeziehen und die eingesetzten Methoden der Rechnungsprüfung bewerten, wenn wesentliche Teilaufgaben des betrieblichen Rechnungswesens EDV-gestützt erfolgen.

Der folgende DV-Revisionsansatz baut auf diesen Empfehlungen auf und unterscheidet zwei Formen der DP Accounting Controls:

- Allgemeine Kontrollen und
- Anwendungsspezifische Kontrollen.

Allgemeine Kontrollen beziehen sich auf den DV-Betrieb in seiner Gesamtheit (z.B. auf alle Programme und Anwendungen im Bereich des betrieblichen Rechnungswesens), während *Anwendungsspezifische Kontrollen* jeweils bei einem bestimmten DV-Anwendungssystem ansetzen. So dient beispielsweise bei einem Programm der Lohn- und Gehaltsabrechnung eine Plausibilitätskontrolle dem Erkennen nicht zulässiger Dateneingaben: die Werte im Datenfeld "Stundenlohn" werden mit dem zulässigen Grenzwert ("maximaler Stundenlohn") verglichen. Dieser Plausibilitätstest berührt ausschließlich dieses Programm.

Im Gegensatz dazu beziehen sich beispielsweise Programmierungs- und Dokumentationsstandards auf alle DV-Anwendungen. DV-Standards werden daher in der Kategorie *Allgemeine Kontrollen* zugeordnet.

DV-STANDARDS ALS PRÜFGEGENSTAND

Die organisatorische Einordnung von DV-Standards hängt im wesentlichen vom Unternehmen bzw. von der Unternehmensgröße ab. Große Softwarehäuser unterhalten eine eigene Abteilung Softwarequalitätskontrolle oder DV-Standards, die für die Entwicklung eines formalen DV-Standardhandbuchs zuständig ist. In einigen Unternehmen übernimmt diese Abteilung auch Aufgaben der internen DV-Revision (z.B. DV-Prüfung im Sinne des Management Audit).

In mittleren oder kleinen Unternehmen beschränkt man sich häufig auf die Beachtung einfacher Richtliniensysteme, die vom DV-Management oder Angestellten in leitender Position erarbeitet und mit der DV-Revision sowie dem betrieblichen Rechnungswesen abgestimmt werden.

Im folgenden Abschnitt wird eine aus der Sicht der DV-Abteilung entwickelte (verkürzte) Zusammenstellung möglicher DV-Standards vorgestellt.

Mögliche DV-Standards aus Sicht der DV-Abteilung

Das typische Denkschema der Mitarbeiter einer DV-Abteilung orientiert sich an den allgemeinen DV-Funktionen wie beispielsweise Programmierung, Datenerfassung, Rechenzentrumsbetrieb, Hardware, System- und Anwendungssoftware, Daten und Personal. Diese Kategorien geben den Rahmen für die Entwicklung von DV-Standards vor. Beispielhaft sollen an dieser Stelle die Kategorien *Softwarestandards*, *Datenstandards* und *Dokumentationsstandards* verwendet werden.

Softwarestandards

o Entwurfsstandards, z.B.:

  Ablauf des Entwurfprozesses;
  Formblätter für den Softwareentwurfsantrag;
  Genehmigungsverfahren;
  Formblätter für strukturierte Entwurfsspezifikationen;
  Prüfpunkte für eine Durchsicht des Entwurfs.

o Anwendungsstandards, z.B.:

  Allgemeine Kontrollen;
  Anwendungsspezifische Kontrollen.

o Codierstandards, z.B.:

  Programmierstil (z.B. Fehlerbehandlung, Aufbau der Fehlermeldungen);
  Optische und inhaltliche Satzstruktur (z.B. Einrückungen, Verwendung bestimmter Verknüpfungsbedingungen).

o Teststandards, z.B.:

  Ausweis der für den Testbetrieb verantwortlichen Personen, des für die Testphase angenommenen Zeitraums und der Testmethode;
  Einsatz von Testdatengeneratoren;
  Handhabung der Testergebnisse;
  Erstellen von Testdokumentationen;
  Unabhängiger (zusätzlicher) Test durch die Gruppe "Qualitätssicherung".

- o Standards für den Änderungsdienst, z.B.:

  Ablauf der Verfahren;
  Formblätter für die Umsetzung in die Produktionsumgebung;
  Berichterstattung bei Produktionsproblemen;
  Formblätter für Programmänderungsanträge;
  Genehmigungsverfahren;
  Formblätter für die wiederholte Durchführung von Tests.

Datenstandards

- o Standards für die Namensvergabe bei Dateien und Variablen, z.B.:

  Verbindliche, unzulässige und optionale Verwendung von Dateinamen durch den Programmierer;
  Verwendung von Namen bei programminternen Variablen (Ein-, Ausgabe- und Arbeitsspeichervariablen).

- o Dateistandards, z.B:

  Verbindliche, unzulässige und optionale Verwendung von Dateimedien;
  Methoden, Formate und Kennsätze der Dateiorganisation;
  Kriterien für die Dateiaufbewahrung.

- o Bibliotheksstandards, z.B.:

  Back-Up-Verfahren;
  Zugriffs- und Kennwortverwaltung.

Dokumentationsstandards

- o Aufbau der Dokumentationsbibliothek, z.B.:

  Anforderungen an die Dokumentationsbibliothek;
  Ausweis der für die einzelnen Positionen/Bereiche verantwortlichen Mitarbeiter;
  Prüfverfahren.

- o **Vorgänge und Ereignisse, die eine Dokumentation erfordern, z.B.:**

  Vorgeschriebene, unzulässige oder optionale Dokumentation;
  Ausweis der jeweiligen Dokumentationsmethode und der für die Dokumentation zuständigen Person(en);
  Zeitanforderungen.

- o Formblätter und Formate, z.B.:

  Standardformblätter;
  Notwendige oder optionale Informationen;
  Art der Zustellung.

- o Aufbewahrungskriterien, z.B.:

  Vorgeschriebene und optionale Aufbewahrungszeiträume;
  Aktualisierungskriterien.

Diese aus Sicht der DV-Abteilung entwickelte Aufstellung von DV-Standards kann durchaus mit den DV-Standards des betrieblichen Rechnungswesens (oder anderer Fachbereiche) und der Hauptrevision übereinstimmen.

Eine mehr an der Terminologie der Hauptrevision orientierte Klassifikation der DV-Standards wird im folgenden vorgestellt.

Mögliche DV-Standards aus Sicht der Hauptrevision

Die Hauptrevision unterscheidet Allgemeine und Anwendungsspezifische Kontrollen. In Anlehnung an AICPA lassen sich bei den *Allgemeinen Kontrollen* sechs Kontrollbereiche festlegen:

Organisation, z.B.:

Arbeitsabläufe;
Zuständigkeiten;
DV-Arbeitsplatzbeschreibungen.

DV-Betrieb, z.B.:

Zugangskontrollen für den Rechnerraum;
Spezifikation der Programmausführungsprotokolle;
Anforderungen an das Operatorhandbuch.

Dokumentation, z.B.:

Aufstellung der erforderlichen Dokumentationen;
Aufbewahrungskriterien;
Zugriffsbeschränkungen.

System- und Programmentwicklung, z.B.:

Formblätter und Verfahren für Softwareanträge;
Formblätter für das Genehmigungsverfahren im Rahmen des Softwareentwurfs;
Prüfpunkte für eine Durchsicht des Entwurfs;
Akzeptanztests;
Kontrollverfahren bei Softwareänderungen.

Hardware und Systemsoftware, z.B.:

Einrichtungen zur Aufdeckung und Behebung von maschinenbedingten Fehlern;
Zugriffsbeschränkungen für interne Vorgänge;
Wartung der Hardware;
Pflege der Systemsoftware.

Bibliotheken, z.B.:

Zugriffskontrollen für Bibliotheken;
Kriterien zur Vergabe von Dateinamen, Kennsätzen und Sicherungsstufen;
Zugriffsprotokolle für physikalische Medien;
Systemprotokolle für Dateizugriffe.

Die Aufstellung der DV-Standards aus Sicht der DV-Abteilung kann mit den genannten Kategorien der Allgemeinen Kontrollen der Hauptrevision verbunden werden. So fällt beispielsweise der Großteil der Softwarestandards in die Kategorie für System- und Programmentwicklung der Hauptrevision. Die verbleibenden Positionen (die sich auf Softwareinterna beziehen) lassen sich der Kategorie Hardware und Systemsoftware zuordnen.

Abbildung 4.1: Vorgehensweise bei der Prüfung

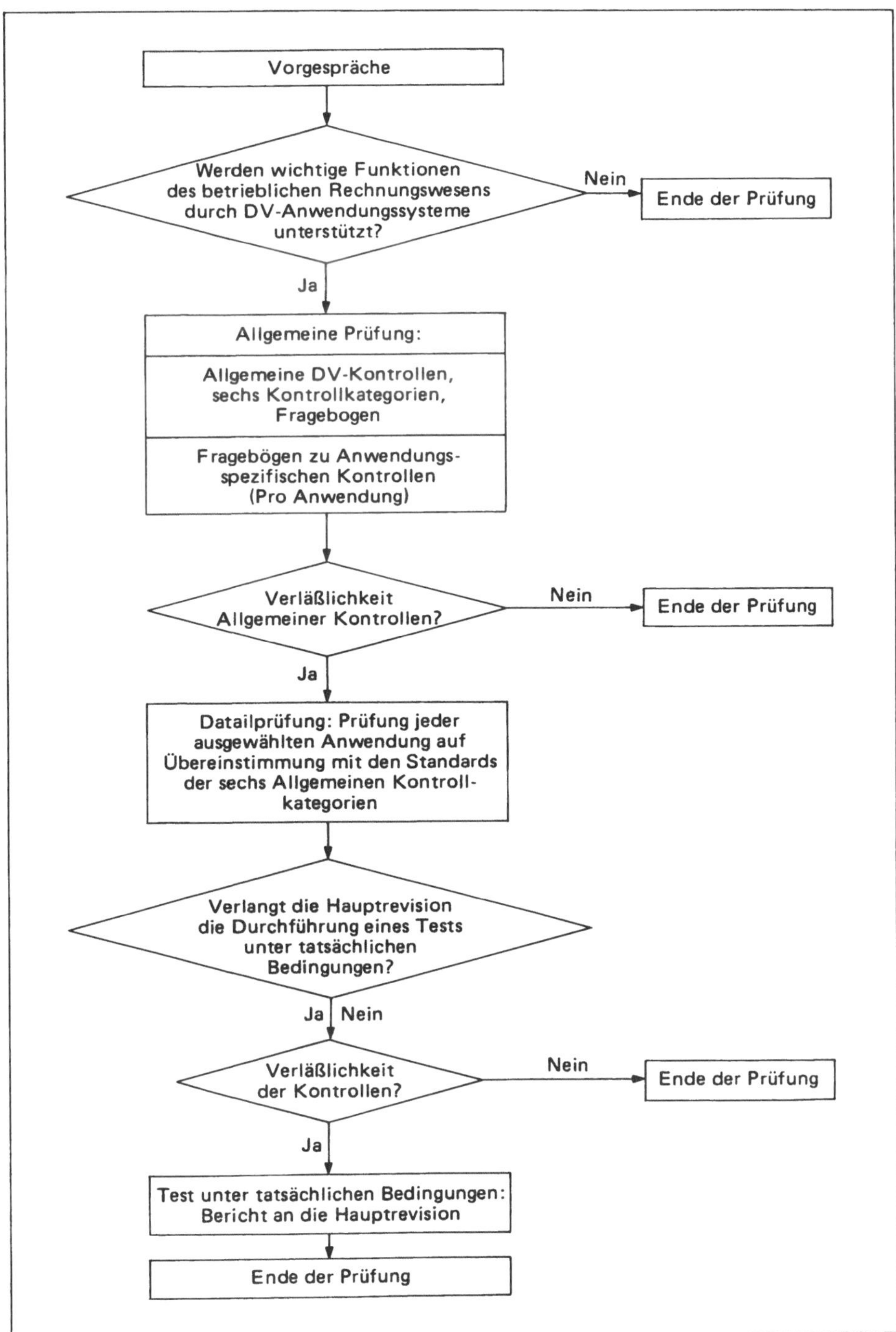

Die DV-Standards der Kategorie Datenstandards können wie folgt den Kategorien der Hauptrevision zugewiesen werden:

- o Standards für die Namensvergaben bei Daten und Variablen lassen sich der Kategorie System- und Programmentwicklung zuordnen;
- o Dateistandards können der Kategorie Bibliotheken zugeordnet werden;
- o Bibliothekstandards lassen sich ebenfalls der Kategorie Bibliotheken zuordnen.

Die DV-Standards im Rahmen der Dokumentationsstandards fallen in die Kategorie Dokumentation.

In einigen Fällen bestehen sicherlich verschiedene Kombinationsmöglichkeiten. Übliche Back-Up-Anweisungen lassen sich problemlos dem DV-Betrieb zuordnen, während Back-Up-Rechenzentren (für den Katastrophenfall) auch unter "Organisation" aufgeführt werden können. Es ist die Aufgabe des Revisionsleiters, in derartigen Fällen eine Entscheidung über die inhaltliche Einordnung zu treffen.

Die Zuordnung spezifischer DV-Standards der DV-Abteilung zu den Kontrollbereichen der Hauptrevision stellt eine übereinstimmende Vorgehensweise zwischen DV- und Hauptrevision sicher. Erst mit Abschluß dieser Zuordnung ist der DV-Prüfungsablauf implementiert.

VORGEHENSWEISE BEI DER PRÜFUNG

Der Prüfungsablauf gliedert sich in vier Schritte (s. Abbildung 4.1):

- o Vorgespräche;
- o Allgemeine Prüfung;
- o Detailprüfung;
- o Test unter tatsächlichen Bedingungen.

Jeder Schritt verfolgt eine individuelle, in sich abgeschlossene Aufgabe. Nach Beendigung eines Schrittes ist über die Fortsetzung bzw. den Abschluß der Prüfung zu entscheiden.

Vorgespräche

Ziel der Vorgespräche ist

- o eine Orientierung über die im betrieblichen Rechnungswesen eingesetzten computergestützten Anwendungen mit materiellen Auswirkungen auf die Finanz- und Vermögenssituation des Unternehmens und

- o die (endgültige) Festlegung der zu prüfenden Anwendungen.

Zu diesem Zweck wird ein Fragebogen eingesetzt, der dem Controller, dem DV-Management oder einem anderen fachlich kompetenten Mitarbeiter zur Beantwortung vorgelegt wird.

Die Vorgespräche haben im wesentlichen ermittelnden Charakter; zu diesem Zeitpunkt erfolgen keine Überprüfungen durch den Revisor. Es werden Informationen über Organisation, Arbeitsplatzbeschreibungen, wesentliche DV-Einsatzbereiche, Anzahl der DV-Einsatzorte sowie vorliegende Hardware- und Softwarekonfigurationen gesammelt. Anhand dieser Informationen ermitteln Haupt- und DV-Revision, welche wichtigen Anwendungen des betrieblichen Rechnungswesens auf DV-Verfahren zurückgreifen.

Abbildung 4.2 zeigt beispielhaft einen Fragebogen, der im Rahmen eines Vorgespräches eingesetzt werden kann. In größeren Unternehmen gehört die Darstellung und Durchsetzung von DV-Standards entweder zu den Aufgaben der DV-Revisionsabteilung oder sie liegen in der Zuständigkeit einer DV-Standardgruppe, während mittlere oder kleinere Unternehmen diese Funktionen innerhalb der DV-Abteilung ansiedeln.

Werden keine formalen DV-Standards gefordert, endet die Prüfung der DV-Standards mit Abschluß dieses Schrittes (es sei denn, daß eine Prüfung des DV-Bereiches auch aus anderen Gründen vorgesehen ist).

Als Ergebnis der Vorgespräche steht die Feststellung, welche wichtigen Funktionen des betrieblichen Rechnungswesens auf DV-Verfahren zurückgreifen.

Die Prüfung wird mit dem nächsten Schritt, der Allgemeinen Prüfung der DV-Standards, fortgesetzt.

Allgemeine Prüfung

Ziel der Allgemeinen Prüfung ist es, die Verläßlichkeit von DV-Kontrollen als Bestandteil der Rechnungsprüfung festzustellen. Der Revisor muß zunächst ermitteln, welche DV-Standards vorliegen und in welchem Umfang diese Standards implementiert sind.

Die erforderlichen Informationen werden mit Hilfe verschiedener Fragebögen ermittelt. Für jede Kategorie der Allgemeinen DV-Kontrollen sowie für jede im Rahmen der Vorgespräche als wichtig eingestufte Anwendung ist ein Fragebogen einzusetzen.

Da die Allgemeine Prüfung zuerst die aus den Fragebögen ermittelten Informationen heranzieht, sollte es sich bei dem Beantworter um eine fachlich kompetente Person handeln. Während der Allgemeinen Prüfung bietet sich dem Revisor die Gelegenheit durch persönliche Beobachtungen den Gehalt der Fragebogenergebnisse zu bestätigen.

Abbildung 4.2: Fragebogen für das Vorgespräch

Fragebogen für das Vorgespräch

Allgemeine Informationen

1. Name des Revisors: ______________________ Datum: ______________
2. Prüfungsbereich: ______________________
3. Name und Titel der Person, der diese Fragen zur Beantwortung vorgelegt werden:
   ____
4. Aufgaben zur DV-Organisation und -Installation:
   a) Aufbauorganisation der DV-Abteilung: (Organigramm oder Skizze als Anlage)
   b) Geldmittel: ____________
      Budget der DV-Abteilung: ____________
      Erhaltene Beträge durch zahlungspflichtige Benutzer: ____________
   c) Personal (insgesamt): ______
   d) Datenerfassung: ____________ zentralisiert in der DV-Abteilung
      ____________ verteilt
      ____________ interaktiv
      ____________ im Batch-Betrieb
   e) Programmierung: ____________ zentralisiert in der DV-Abteilung
      ____________ durch Fach- und DV-Abteilung
      hauptsächlich eingesetzte Programmiersprachen: ______________
      ____
   f) Verarbeitung: ____________ Anzahl der Orte mit CPU
      ____________ Anzahl der Orte mit dezentraler E/A
   g) Ausgabe: ____________ Lokale Drucker
      ____________ Remote Anlagen
      ____________ Kontrolle der Ausgaben durch die DV-Abteilung
      ____________ Kontrolle der Ausgaben durch andere Abteilungen
   h) Wurde bereits zu einem früheren Zeitpunkt eine DV-Prüfung durchgeführt?
      ______ Ja ______ Nein ____________ Datum
      Liegt eine Kopie des damaligen Abschlußberichtes vor?
      ______ Ja ______ Nein

Abbildung 4.2 (Forts.)

5. Personal-Anzahl Mitarbeiter für jede DV-Funktion

	Daten-erfassung	Daten-kontrolle	Systeme und Programmie-rung	RZ-Planung	Softwarequalitäts-kontrolle DV-Revision DV-Standards
Management/Lei-tende Angestellte					
Revisor/Qualitäts-kontrolle					
Systemanalytiker					
Programmierer					
Operator					
Terminaloperator					
Datenerfasser					
Bibliotheks-administrator					
Administrator für DV-Standards					
Andere (bitte angeben)					

Die gesammelten Informationen lassen sich drei Bereichen zuordnen:

- o Eingabe;
- o Verarbeitung;
- o Ausgabe.

Jede für das betriebliche Rechnungswesen als wichtig eingestufte Anwendung unterliegt durch die eingesetzten Anwendungsprogramme DV-Standards. Untersuchungen sollten sich daher auf das Vorliegen spezifischer DV-Standards in den einzelnen Programmen konzentrieren. Die Prüfung hat jedoch einen allgemeinen Charakter; so sollte der Revisor beispielsweise das Programm zur Lohn- und Gehaltsabrechnung nicht auf die Übereinstimmung mit Standards prüfen, sondern feststellen, welche Standards tatsächlich implementiert sind.

Die im Rahmen der Allgemeinen Prüfung anzuwendenden Formblätter sind entsprechend den sechs Kategorien der Allgemeinen Kontrollen zu organisieren. Mit den in Abbildung 4.3 und 4.4 dargestellten Kategorien "Organisation" und "DV-Betrieb" werden zwei Beispiele herausgegriffen.

Bei den Formblättern handelt es sich um einen Ankreuzfragebogen. Die vorletzte rechte Spalte "Informationsquelle (K, R oder KR)" wird bei externen

Prüfungen vom Kunden (K) oder vom Kunden mit Bestätigung durch den Revisor (KR), bei internen Prüfungen vom Revisor (R) ausgefüllt.

DV-Standards zeigen sich als ein Bestandteil der Allgemeinen Kontrollen in jeder Anwendung. Der Fragebogen für den Bereich der Anwendungsspezifischen Kontrollen sollte aus diesem Grund Fragen zu DV-Standards beinhalten sowie in die Abschnitte Eingabe, Verarbeitung und Ausgabe gegliedert sein (Abbildung 4.5 zeigt einen Fragebogen zur Feststellung und Prüfung der bestehender Eingabekontrollen). Für jede Anwendung sollte ein Fragebogen vorliegen. Individuelle Formblätter zur Prüfung von Anwendungen unterstützen darüber hinaus die spätere Detailprüfung.

Abbildung 4.3: Fragebogen für die Allgemeine Prüfung: Allgemeine Kontrollen

Fragebogen für die Allgemeine Prüfung

Allgemeine Kontrollen (Organisation)

Seite ______ von ______

Kontrollen im Bereich „Organisation“	Angemessen in bezug auf Art und Größe der Installation?			Trägt zur Verläß-lichkeit beit?		Quelle der Information (K, R, oder KR)	Kommentar
	Ja	Unter Umständen	Nein	Ja	Nein		
Autorisierung finan-zieller Transaktionen durch das DV-Personal (Titel und Name der Personen, Trans-aktionen)							
Autorisierung von DV-Transaktionen durch das DV-Personal (Titel und Name der Perso-nen, Transaktionen)							
Art und Umfang der Überwachung des DV-Personals?							
Formale DV-Standards?							

Kommentare:

Ist die Verläßlichkeit der Kontrollen im Bereich „Organisation“ gegeben?

______ Ja ______ Nein

Gibt es allgemein akzeptierte DV-Praktiken für diese RZ-Größenordnung?

______ Ja ______ Nein

Geprüfte Stelle ______________ Datum ____________ Unterschrift ____________

Das Ergebnis der Allgemeinen Prüfung läßt sich in folgenden Punkten zusammenfassen:

- o Die in der Liste der DV-Standards aufgeführten Positionen sind vollständig, teilweise oder gar nicht innerhalb der sechs Kategorien der Allgemeinen DV-Kontrollen erfaßt.
- o Programm- und DV-Verfahren für jede im Rahmen des betrieblichen Rechnungswesens wichtige Anwendung wurden vollständig, teilweise oder nicht unter Beachtung bereits bestehender DV-Standards entwickelt.

Der Revisor beginnt mit der Detailprüfung, wenn die Verläßlichkeit der Allgemeinen DV-Kontrollen (einschließlich DV-Standards) und Anwendungsspezifischer Kontrollen gegeben ist.

Detailprüfung

Die Detailprüfung stellt die visuelle Überprüfung der Einhaltung von DV-Standards dar. Aufgabe der Detailprüfung ist es, das Vorhandensein und die Wirksamkeit der verwendeten Kontrollen zu überprüfen. Die Beweisführung erfolgt sowohl durch Beobachtungen des DV-Revisors bei DV-Vorgängen, als auch durch die Prüfung der nach Implementierung dieser DV-Standards angelegten Dokumentation.

Der Untersuchungsumfang unterliegt jedoch einer Beschränkung: Die Beobachtung eines komplexen und fortlaufenden Prozesses erfolgt nur für einen begrenzten Zeitraum und bildet somit nur einen Ausschnitt des Geschehens ab. So läßt sich beispielsweise das Vorliegen des formalen DV-Standardhandbuches sowie der Dokumentation des Programmtestbetriebs und der Freigabe feststellen, nicht aber der tatsächliche Erstellungszeitpunkt dieser Dokumente (während der Programmentwurfsphase oder zu einem späteren Zeitpunkt). Im Hinblick auf den Umfang der Detailprüfung muß eine faire Perspektive gewahrt werden; die Prüfung beschränkt sich auf die Beobachtung von Vorgängen, um eine Übereinstimmung mit den aufgestellten DV-Standards festzustellen.

Die Detailprüfung sollte bei den bereits aufgeführten DV-Standards ansetzen (sechs Allgemeine DV-Kontrollkategorien). Für jeden spezifischen DV-Standard ist der Beweis einer Übereinstimmung zu erbringen. Die Beweisführung schließt die Beobachtung der aktuellen Arbeitsabläufe und die Prüfung der Dokumentation ein. Der Revisor sollte beispielsweise folgende Vorgänge beobachten:

Abbildung 4.4: Fragebogen für die Allgemeine Prüfung: Allgemeine Kontrollen (DV-Betrieb)

Fragebogen für die Allgemeine Prüfung

Allgemeine Kontrollen

Name der antwortgebenden Person ________________ Seite _____ von _____

Kontrollen im Bereich „DV-Betrieb"	Angemessen in bezug auf Art und Größe der Installation?			Trägt zur Verläßlichkeit beit?		Quelle der Information (K, R, oder KR)	Kommentar
	Ja	Unter Umständen	Nein	Ja	Nein		
Regelmäßige Prüfung von Computertransaktionen (Methode, Titel und Name der Personen)							
Eingesetzte Methoden zur Überwachung von Computeraktivitäten							
Maßnahmen, die die Durchführung und Autorisierung von Transaktionen durch RZ-Personal verhindern							
Zugriffsbeschränkungen des RZ-Personals für System- und Programmdokumentationen							
Logbuch							
Dokumentation von Operatoreingriffen im Logbuch							
Vorhandensein geeigneter Verfahren für Ausnahmebedingungen im Operatorhandbuch							
Physische Zugriffsbeschränkungen für Computer, Peripherie, Dokumentation usw.							

Kommentare:

Ist die Verläßlichkeit der Kontrollen im Bereich „DV-Betrieb" gegeben?

_____ Ja _____ Nein

Gibt es allgemein akzeptierte DV-Praktiken für diese RZ-Größenordnung?

_____ Ja _____ Nein

Geprüfte Stelle ______________ Datum ____________ Unterschrift ____________

Abbildung 4.5: Fragebogen für die Allgemeine Prüfung: Anwendungsspezifische Kontrollen (Eingabe)

Fragebogen für die Allgemeine Prüfung

Anwendungsspezifische Kontrolle für die Anwendung ________________

Name der antwortgebenden Person ________________ Seite _____ von _____

Kontrollen im Bereich „Batch-Eingabe"	Angemessen in bezug auf Art und Größe der Installation?			Trägt zur Verläßlichkeit beit?		Quelle der Information (K, R, oder KR)	Kommentar
	Ja	Unter Umständen	Nein	Ja	Nein		
Unterschrift einer autorisierten Person als Vorbedingung für die Eingabe von Daten							
Übermittlung von Eingabedaten auf einem Standardformblatt							
Verwendung vornumerierter Übergabeformblätter							
Verwendung vornumerierter Standardformblätter für Quelldokumente							
Verwendung kleiner Batch-Stapel							
Bilden von Zwischensummen pro Stapel/ Kontrollsummen							
Erfassung der Anzahl Datensätze							
Sofortige Entwertung von Quelldokumenten und Übergabeformblättern nach Gebrauch							

Kommentare:

Ist die Verläßlichkeit der Kontrollen im Bereich „Batch-Eingabe" gegeben?

_____ Ja _____ Nein

Gibt es allgemein akzeptierte DV-Praktiken für diese RZ-Größenordnung?

_____ Ja _____ Nein

Geprüfte Stelle ______________ Datum __________ Unterschrift __________

- o Welche Personen halten sich im Rechenzentrum auf?
- o Hat der Operator Zugriff auf Programmdokumentationen?
- o Gehört die An- und Abmeldung der Bänder und Platten zu den Aufgaben des Operator?
- o Beachtet der Programmierer die für die Codeerstellung geltenden Vorgaben?

Neben der Beobachtung von Arbeitsabläufen kann der Revisor eine Prüfung der Dokumentationsbibliothek vornehmen.

Da die Detailprüfung eine visuelle Prüfung einschließt, können die im Rahmen der Allgemeinen Prüfung bereits verwendeten Fragebögen genutzt werden. Für jede Position sind zwei Antwortfelder vorgesehen, um differierende "K"- und "R"-Antworten zu erfassen. Die Detailprüfung ist mit der vollständigen Beantwortung der Fragen abgeschlossen. Dieser Schritt erfordert für die Ermittlung, Beobachtung und Dokumentation unter Umständen einen hohen Zeitaufwand.

Bei Vorliegen einer Übereinstimmung mit den DV-Standards ist zu prüfen, ob sich daraus die Verläßlichkeit der Allgemeinen DV-Kontrollen ableiten läßt. Die Hauptrevision stellt im Rahmen einer abschließenden Entscheidung die hinreichende Verläßlichkeit der beobachteten DV-Standards fest. Verlangt die Hauptrevision jedoch weitere Nachweise für die Verläßlichkeit, setzt sich die Prüfung mit der Durchführung eines Tests unter tatsächlichen Bedingungen fort.

Test unter tatsächlichen Bedingungen

Im Gegensatz zu den ersten drei Schritten des Prüfungsprozesses basiert dieser Test nicht auf Fragebogenantworten, sondern auf eigenen Untersuchungen des Revisors mittels computergestützter Prüfungstechniken.

Eine Prüfung kann beispielsweise bei der Programmlogik ansetzen. Das aktuelle Programm wird dabei mit Ablaufplanprogrammen und Überwachungsprogrammen auf seine Vollständigkeit, Richtigkeit und Identität geprüft.

Die Prüfung durch Prüfdatenzusammenstellung erfolgt durch Einsatz spezieller Software. Dienstprogramme beispielsweise können nach dem Zufallsprinzip ermittelte Datensätze und Programmsegmente extrahieren, um durch einen Vergleich mit bestimmten Standards Abweichungen aufzuzeigen. Neben der Installation von anwendungs- und problembezogenen Prüfprogrammen (spezielle Prüfsoftware) kann der Revisor auch Standardprüfprogramme nutzen. Bei diesen Programmen steht die Kompatibilität zu verschiedenen DV-Systemen im Vordergrund. Generelle Prüfprogrammpakete fassen die vielfältigen Funktionen der speziellen Prüfprogramme zusammen und ermöglichen somit einen umfassenderen Einsatz. Für die Durchführung einfacher Prüfungshandlungen benötigen Prüfprogrammpakete Funktionen von (1)

- o Datenverwaltungssystemen (File Management Systems), z.B. Vergleich zweier Dateien;

- o Berichtsgeneratoren (Report Generators), z.B. Erstellen von Berichten nach Prüferkriterien;
- o Abfragesystemen (Data Retrieval Systems), z.B. Abfrage nach verschiedenen Auswahlkriterien;
- o Dienstprogrammen (Utility Programs), z.B. zur Durchführung von Sortier- und Kopieraufgaben.

Abbildung 4.6 zeigt das Leistungsprofil von Prüfprogrammpaketen.

Daten über das Verarbeitungs- und Systemverhalten im tatsächlichen Ablauf stehen durch den Einsatz folgender Instrumente zur Verfügung:

- o Überwachungseinrichtungen (Monitoring Facilities);
- o Systemaktivitätsuntersuchungen (Job Accounting Facilities);
- o Minitestsystemen (Integrated Test Facilities).

Im folgenden soll die Verwendung von Minitestsystemen dargestellt werden. Bei dieser Methode werden fiktive Geschäftsvorfälle zusammen mit realen Geschäftsvorfällen durch das zu prüfende Programm im normalen Produktionsbetrieb verarbeitet. Es gibt nur graduelle Unterschiede zu einer Programmprüfung mittels Testfälle. (Diese Methode arbeitet separat in einem Testlauf die vom Revisor konzipierten Testfälle ab.) Die Programmprüfung ist eine direkte Prüfung und verfolgt im wesentlichen die (2)

- o Feststellung der Einhaltung von Programmierungs- und Dokumentationsrichtlinien;
- o Untersuchung auf sachliche und rechnerische Richtigkeit des Programms;
- o Überprüfung der Programmidentität.

WEITERE FAKTOREN

Die Übernahme der dargestellten Vorgehensweise der Prüfung von DV-Standards und die Anwendung der Musterformulare erfordert eine vorangehende unternehmensspezifische Betrachtung verschiedener weiterer Einflußfaktoren, z.B.:

- o Sicherungsinteressen, die beispielsweise durch Tätigkeiten externer Personen in der DV-Umgebung berührt werden;
- o Auslagerung der Datenverarbeitung an Service-Rechenzentren;

- o **Weitere Gründe für eine DV-Prüfung, die sich durch die traditionelle Allgemeine Prüfung des betrieblichen Rechnungswesens ergeben und neue Gesichtspunkte für eine DV-Prüfung zeigen;**
- o **Unternehmensgröße und Branchenpraktiken, die aufgrund ökonomischer Beschränkungen bestimmte erwünschte Vorgehensweisen aussschließen.**

Abbildung 4.6: Leistungsprofil von Prüfprogrammpaketen

Umsetzen
In bestimmte Formatierungen

Ordnen
Nach inhaltlichen Kriterien
Nach Größenordnungen
Nach formalen Gesichtspunkten

Testen
Der Bewegungshäufigkeit
Der Reihenfolge
Der Erfüllung bestimmter Normen

Auswählen
Nach gezielten Kriterien
Nach zufälligen Kriterien (Zufallsgenerator)
Nach systematischen Kriterien

Verarbeiten
Zwischen- und Endsummenbildung
Verwendung mathematischer Funktionen
Gleichzeitige Verarbeitung mehrerer Dateien

Vergleichen
Abstimmen von Ergebnissen (Abgleich)
Vergleich zweier Dateien (Identitätsprüfung)
Vergleich von Daten zweier Dateien

Auswerten
Altersschichtung
Korrelations- und Regressionsanalysen
Stichprobenauswertung

Ausgaben
Formatierung
Auswahl von Ausgabemedien

Sicherung

Der Revisor stellt wie jeder (externe) Berater ein potentielles Sicherheitsrisiko dar. Er erhält einen weitergehenden Einblick und Zugriff auf Rechnersysteme als der Großteil der Mitarbeiter des Unternehmens und der DV-Abteilung selbst. Dies gilt in verstärktem Maße für die Durchführung von Programmprüfungen (der letzte Prüfungsschritt). Ein Unternehmen sollte aus diesem Grund zwar nicht auf eine Prüfung verzichten, aber Sensibilität für diesen Risikofaktor muß hier zu größerer Sorgfalt bei der Planung des Prüfungsprozesses führen.

Die Datensicherung wird ebenfalls durch den Einsatz von Datenfernübertragung und Datenbankanwendungen im Rahmen der Prüfung berührt. Kommerzielle Daten werden teilweise durch nicht abhörsichere Telefonnetze und nur in seltenen Fällen auch verschlüsselt übermittelt. Unter diesen Umständen können RZ-Sicherungsmaßnahmen durch das Kommunikationsnetz unterlaufen werden.

Auslagerung der Datenverarbeitung an Service-Rechenzentren

Die Nutzung von Service-Rechenzentren impliziert die Einbeziehung eines unabhängigen Dritten in den Prüfungsablauf. Diese Rechenzentren haben eigene Sicherungs- und Allgemeine DV-Standards, die für alle Benutzer verbindlich sind. Die Prüfung von DV-Standards obliegt daher maßgeblich der Revision des Service-Rechenzentrums.

Weitere Gründe für die Prüfung von DV-Standards

Die Durchführung eines Tests unter tatsächlichen Bedingungen (Programmprüfung) gibt Aufschluß, in welchem Umfang ungeeignete DV-Standards die übliche Rechnungsprüfung behindern oder umgehen (können). Das Fehlen angemessener DV-Standards erlaubt dem Programmierer und Systemanalytiker eine weitgehend individuelle Anwendungsgestaltung. In Anbetracht der Möglichkeiten, mit Hilfe des Computers konventionelle Rechnungsprüfungen außer Kraft zu setzen, gefährdet das Fehlen von DV-Kontrollen (insbesondere DV-Standards) das Unternehmen in zweifacher Hinsicht:

- o keine Unterstützung der Verläßlichkeit von Kontrollen durch die Datenverarbeitung;
- o Fehlen zuverlässiger, traditioneller manueller Kontrollen.

Die AICPA-Kommission führt in einem Bericht zwei weitere Gründe für die Durchführung von DV-Prüfungen an:

Abbildung 4.7: DV-Standards - Prüfungsinteressen

	Ja/Nein-Antwort		Nicht anwendbar	Implementierung erforderlich	Verbesserung erforderlich	Zufriedenstellend
	Durch den DV-Manager	Durch den Controller				
1. Weist das Organigramm eine DV-Standardabteilung oder -Gruppe aus?						
2. Gibt es formale, veröffentlichte DV-Standards für: a. Systemsoftware und Hardware? b. Dokumentation? c. Anwendungsprogramme? d. DV-Betrieb? e. Zugriffe und Bibliothek?						
3. Falls Frage 1 mit „Nein" beantwortet wurde: a. Gibt es Stellen, deren Arbeitsplatzbeschreibung die Entwicklung von DV-Standards beinhaltet? b. Falls nein, sollte eine derartige Stelle eingerichtet werden?						
4. Gibt es eine interne DV-Revisionsabteilung oder -gruppe?						
5. Falls Frage 4 mit „Nein" beantwortet wurde: a. Gibt es Vorgänge, die eine interne Prüfung der DV-Standards erfordern? b. Falls nein, sollte die Durchführung von Zufallsstichproben einer Person oder einer Gruppe als Zusatzaufgabe zugeordnet werden?						
6. Jährliches DV-Budget (in DM) __________						
7. DV-Kontrollausgaben (in DM) __________						

- o dolose Handlungen (und die Notwendigkeit, DV-Systeme insbesondere diesbezüglich zu überprüfen);
- o die fortlaufende DV-Prüfung.

Im Hinblick auf dolose Handlungen setzt die Revision an den Stellen an, wo durch Einsatz der computergestützten Datenverarbeitung traditionelle Kontrollen umgangen werden können. Hierbei zeigen sich Bereiche, die für

Delikte geeignet sind. Häufig ermöglicht erst das Fehlen von DV-Standards eine dolose Handlung.

Die fortlaufende Prüfung von DV-Standards kann eine Antwort auf die zuvor angesprochene Beschränkung der herkömmlichen Prüfung (die als eine Momentaufnahme konzipierte Prüfung eines fortlaufenden DV-Prozesses) sein. Eine interne DV-Revisionsabteilung kann die Einrichtung einer fortlaufenden Prüfung bis zu dem Punkt unterstützen, an dem die Hauptrevision an der Prüfungsplanung mitwirkt und die Ergebnisse akzeptiert.

Unternehmensgröße und Branchenpraxis

Größere Unternehmen verfügen über die notwendigen finanziellen Ressourcen zum Aufbau einer separaten DV-Standard- und DV-Revisionsabteilung. Während bei mittelgroßen Unternehmen verschiedene Lösungen denkbar sind, verzichten kleine Unternehmen auf die Einrichtung einer derartigen Abteilung. Großunternehmen verfügen in der Regel auch über entsprechende Personalkapazitäten, so daß sich die Zuweisung miteinander unvereinbarer Funktionen vermeiden läßt, eine Aufgabenrotation möglich ist und die Inanspruchnahme von Urlaub zu keinen personellen Engpässen führt. Kleinere Unternehmen befinden sich in dieser Hinsicht häufig in einer schlechten Situation.

ZUSAMMENFASSUNG

DV-Standard- und DV-Revisionsabteilungen arbeiten oftmals dem Produktionsprozeß, den sie zu kontrollieren vorgeben, hinterher.

Dieses Kapitel kann nicht den gesamten Bereich der DV-Standard-Prüfung erfassen, die kurzen Checklisten für allgemeine Fragestellungen, wie in Abbildung 4.7 und 4.8, sprechen jedoch die für den Revisor grundlegenden Aspekte für die Prüfung von DV-Standards an. Abbildung 4.7 zeigt einen Fragenkatalog zu direkten Prüfungsbelangen, die sowohl dem Controller als auch dem DV-Manager zur Beantwortung vorgelegt werden können. Diese Methode setzt bei Positionen an, die sich sowohl aus der Sicht des betrieblichen Rechnungswesens als auch der Sicht der DV-Abteilung als notwendige Bestandteile darstellen. Die Aufstellung in Abbildung 4.8 spricht Vorgänge an, die eine Klärung mit der Hauptrevision vor Durchführung der nächsten Prüfung erfordern.

Abbildung 4.8: Checkliste für die Besprechung mit der Hauptrevision vor Durchführung der nächsten Prüfung

1. Wie ist im Branchenvergleich mit anderen Unternehmen ähnlicher Größenordnung das jährliche DV-Budget zu bewerten?
2. In welchem Verhältnis steht das jährliche DV-Budget zu den jährlichen DV-Kontrollausgaben (einschließlich aller Ausgaben für das Personal der DV-Standardabteilung, inderne DV-Resision, Sicherheitsabteilung usw.)?
3. Welcher Prozentsatz des Budgets des betrieblichen Rechnungswesens wird für Kontrollmaßnahmen aufgewendet? Wie stellt sich diese Situation im Vergleich zu Frage 2 dar?
4. Mit welchem Gesamtwert sind die im DV-System gespeicherten Vermögensgegenstände und Transaktionen anzusetzen?
5. Welcher Prozentsatz dieses Wertes sollte sinnvollerweise in Kontrollen investiert werden (d. h. für DV-Standards und interne DV-Revision)?
6. Sollten unangekündigte, stichprobenartig durchgeführte Tests unter tatsächlichen Bedingungen in bezug auf DV-Standards und Datenbestände eingeführt werden, als präventive Maßnahme gegen dolose Handlungen?
7. Besteht unter Berücksichtigung der Ergebnisse vorangegangener Prüfungen die Möglichkeit, daß ungeeignete oder unzuverlässige DV-Standards und -Kontrolle die sonst effektiven traditionellen Kontrollen im Rahmen des betrieblichen Rechnungswesens negativ beeinflussen (können)?
8. In welchem Umfang kann ein Katastrophenfall den DV-Bereich während und nach der Notsituation einschränken?
9. Weiteres?

Quellenangaben:

1. **Horvath, Peter; Schäfer, Hans-Thomas: "Prüfung bei automatisierter Datenverarbeitung", 2. Auflage, Verlag Neue Wirtschaftsbriefe, Herne, Berlin 1983, S.142.**

2. **Nagl, Kurt: "Programmprüfung", in: Handwörterbuch der Revision, hrsg. von Adolf G. Coenenberg und Klaus v. Wysocki, Stuttgart 1983, Spalte 1115-1131, hier Spalte 1116-1117.**

5 CHECKLISTE FÜR SYSTEMENTWICKLUNG UND BETRIEB

KONTROLLEN IM RAHMEN DER SYSTEMENTWICKLUNG

Zur Entwicklung und Implementierung von computergestützten Anwendungssystemen werden verschiedene Methoden eingesetzt:

- o Eigenentwicklungen;
- o Schlüsselfertige Fremdentwicklungen;
- o Kombination von eigen- und fremdentwickelten Produkten.

Es empfiehlt sich, bei allen Projekten eine konsistente administrative Vorgehensweise anzuwenden. Der Einsatz von Richtlinien ermöglicht eine Standardisierung der Ereignisse und Aktivitäten der einzelnen Entwicklungsphasen. Dem Projektleiter steht somit in jeder Entwicklungsphase eine standardisierte Berichtsumgebung zur Verfügung. Für den Leiter der Anwendungsentwicklung ergeben sich mit der Konzentration auf den Projektfortschritt wesentlicher Ereignisse gezieltere Möglichkeiten, die Leistung einzelner Projektleiter zu beurteilen.

Jede Phase - vom Vorschlag bis zur Implementierung - erfordert die Akquisition und Aufbereitung spezifischer Fakten. Die Kontrollen im Rahmen der Systementwicklung stellen die Erfassung und geeignete Dokumentation der Fakten sicher.

Die Richtlinien für die Systementwicklung müssen die erforderlichen administrativen Aufgaben vollständig abdecken, z.B.:

- o Aufgabenbeschreibung;
- o Organisation und Zusammenstellung des Mitarbeiterstabs;
- o Aufwandschätzung (Zeit und Kosten);
- o Zerlegung komplexer Aufgaben in Teilaufgaben und Zuweisung dieser Teilaufgaben auf einzelne Mitarbeiter;
- o Durchführungsverfahren für erforderliche Änderungen;
- o Definition von Akzeptanzkriterien;
- o Mindestanforderungen an ein Berichtswesen.

Die Prüfung der Kontrollen im Rahmen der Systementwicklung verlangt vom Revisor ein ausgeprägtes Urteilsvermögen, um die geeignete Methode und den richtigen Zeitpunkt einer Prüfung als Reaktion auf ein aufgetretenes Problem festzulegen. Der Zeitpunkt der Berichterstattung bei Ausnahmebedingungen ist aufgrund der Schnelligkeit, mit der sich Rahmenbedingungen einer Problemsituation ändern, von besonderer Bedeutung. Der Revisor muß unmittelbar mit den Nachforschungen beginnen und das DV-Management über das Vorhandensein des Problems in Kenntnis setzen. Ein Problem, das bereits zu einem sehr frühen Zeitpunkt des Systementwicklungsprozesses erkannt wird, beansprucht zur Behebung weitaus weniger Aufwand (Zeit und Kosten) als in einer späteren Systemlebenszyklusphase (z.B. in der Betriebsphase).

Im folgenden werden mögliche Kontrollziele in Form einer Checkliste vorgestellt, die eine Überwachung des Systementwicklungsprozesses in geeigneter Weise unterstützen.

(1)
Kontrollziel

Sicherstellen, daß die Antragsbegründung des neuen Anwendungssystems durch Vorhandensein relevanter Informationen gesichert ist, unter Mitwirkung aller betroffenen Gruppen in geeigneter Weise formuliert und die Kosteneffektivität des fortlaufenden Projekts bis zur Durchführbarkeitsphase geprüft wird.

Revisionsziel

Es muß die Vollständigkeit und Richtigkeit aller relevanten Daten bei der inhaltlichen Begründung des neuen Anwendungssystems festgestellt werden.

Prüfung

Die Begründung des Antrags ist anhand folgender Positionen zu prüfen:

- o Definition des Systemeinsatzbereiches und -zweckes;
- o Globale Definition der Benutzeranforderungen;

- o Darstellung und Nachweis erwarteter Verbesserungen und Nutzen des neuen Systems;
- o Darstellung der in Betracht zu ziehenden Alternativen unter Berücksichtigung der jeweiligen Kosten-/Nutzenverhältnisse;
- o Aufstellung der Größenordnungen der Kosten, Einsparungen, Gewinnverbesserungen und anderer Vorteile;
- o Realistische Schätzung der Systementwicklungszeit;
- o Offenlegung aller bestehenden und zu erwartenden Probleme während des Systementwicklungsprozesses;
- o Definition sämtlicher Projekt- und Systemziele.

Der Revisor sollte ferner ermitteln, ob

- o alle relevanten Gruppen an der Erarbeitung des Vorschlags beteiligt sind und
- o der Einsatz des vorgeschlagenen Systems zu Schwachstellen im Rahmen der Kontrollen anderer Bereiche führt.

(2)
Kontrollziel

Sicherstellen, daß eine angemessene Untersuchung die Durchführbarkeit der vorgeschlagenen Systementwicklung nachweist.

Revisionsziel

Es muß die Richtigkeit der Durchführbarkeitsstudie festgestellt werden. Die Untersuchungen sollen die Entwicklungslogik des gewählten Ansatzes aufzeigen und eine detaillierte Prüfung der Dokumentation der Durchführbarkeitsstudie gestatten.

Prüfung

Die Durchführbarkeitsstudie sollte anhand folgender Punkte geprüft werden:

- o Definition der Ein-/Ausgabeanforderungen;
- o Ausführliche und logische Darstellung der Systemabläufe;
- o Vergleichende Aufstellung und Nachweis der zu erwartenden Kosten und Nutzen der in die engere Wahl gezogenen Alternativen;

o Offenlegung aller bestehenden und zu erwartenden Projektprobleme und Aufzeigen von Lösungsalternativen;

o Beschreibung von Interdependenzen der Projektzeitplanung mit anderen Projekten;

o Zusammenfassende Darstellung der Durchführbarkeitsstudie, die in geeigneter Weise die Aspekte der Studie aufzeigt;

o Erstellung eines vorläufigen Implementierungsplans, der Anfangs- und Zieldaten sowie den zu erwartenden Zeitaufwand für folgende Phasen beinhaltet:

- Aufbereiten der Benutzeranforderungen;
- Entwurfspezifikation bzw. Paketbewertung;
- Funktionale Spezifikation bzw. Modifikationsspezifikation des Paketes;
- Programmierung;
- Testbetrieb.

Der vorläufige Implementierungsplan sollte ebenfalls über folgende Positionen informieren:

- Projekterwartungen;
- Wesentliche Ereignisse (Meilensteine);
- Personalaufwand.

Der Revisor sollte ferner beurteilen, ob

o die abschließenden Empfehlungen der Durchführbarkeitsstudie angemessen und durch nachprüfbare Fakten belegt sind;

o die Benutzeranforderungen durch Einsatz des vorgeschlagenen Systems vollständig abgedeckt sind;

o die vorgeschlagenen DV-Anlagen, Peripheriegeräte und Software den Verarbeitungsanforderungen des neuen Systems entsprechen.

(3)
Kontrollziel

Sicherstellen, daß die Benutzeranforderungen (als Grundlage für den Systementwurf oder die Bewertung des Softwarepaketes) vollständig erfaßt und dokumentiert sind.

Revisionsziel

Es muß festgestellt werden, ob die Benutzeranforderungen detailliert erfaßt sind und die für die Systemverarbeitung und -kontrolle erforderlichen Angaben beinhalten.

Prüfung

Die Benutzeranforderungen sind anhand folgender Punkte zu beurteilen:

- o Hinreichende Detaillierung der Benutzeranforderungen, um als primäre Auswahlkriterien bei der Anschaffung eines Softwarepaketes bzw. als Entwurfsvorgabe bei Eigenentwicklungen zu dienen;
- o Darstellung der Informationen, die in der Betriebsphase durch Computerberichte/-listen zur Verfügung stehen sollen, in detaillierter, genauer und sinnvoller Form;
- o Beschreibung der vorgesehenen Eingabekontrollverfahren und der Eingabedatenaufbereitung für Computerberichte/-listen;
- o Beachtung aller relevanten außerbetrieblichen (z.B. gesetzlichen) Regelungen durch das System;
- o Definition von Systemkontrollen (z.B. Abstimmkreise, Prüfpunkte);
- o Beschreibung aller für den Systembetrieb erforderlichen Vordrucke, Formblätter usw.;
- o Definition von Verfahren zur Fehlerbehebung;
- o Vorhandensein eines (vorläufigen) Umstellungsplans (d.h. Umstellung vom alten, z.B. manuellen oder batch-orientierten DV-Verfahren, auf das neue System);
- o Vollständigkeit aller erforderlichen Dokumentationen und Übereinstimmung mit unternehmensspezifischen Standards;
- o Übereinstimmung der systeminternen Verarbeitungsvorgänge (z.B. Algorithmen) mit den Benutzerbedürfnissen;
- o Überprüfung der Anforderungen, Abnahme und formelle Zustimmung zur Projektfortsetzung durch den Benutzer.

(4)
Kontrollziel

Sicherstellen, daß ein vollständiger Grobentwurf des vorgeschlagenen Systems vorliegt.

Revisionsziel

Es muß festgestellt werden, ob der Grobentwurf auf den Benutzeranforderungen basiert, die im Vorschlag aufgeführten Erwartungen vollständig aufgreift und die Elemente der Durchführbarkeitsstudie berücksichtigt. Darüber hinaus ist zu ermitteln, inwieweit der Entwurf möglicherweise Ineffizienzen des bestehenden Systems oder Verfahrens übernimmt.

Prüfung

Folgende Punkte können für eine Beurteilung herangezogen werden:

o Berücksichtigung der im Vorschlag und in der Durchführbarkeitsstudie formulierten sowie der vom Benutzer vorgetragenen Anforderungen;

o Definition und Dokumentation der Ein-/Ausgabeanforderungen;

o Dokumentation der Datei- und Datenbankstrukturdefinitionen;

o Übereinstimmung der Systemverarbeitungsspezifikation mit den Standards und Verfahren der tangierten Fachabteilungen;

o Definition und Dokumentation der Anforderungen an Hardware, Software sowie Zeit- und Personalplanung;

o Dokumentation der Kosten-/Nutzenschätzungen für DV- und Fachabteilungen; die Kostenschätzung bezieht sich auf folgende Bereiche:

  - Systementwicklung;
  - Testbetrieb;
  - Schulungen für Programmierer, Systemanalytiker und Benutzer;
  - Betriebskosten;
  - Wartungskosten;
  - Kosten in Zusammenhang mit Hardware-/Softwareerweiterungen;
  - (anteilige) Betriebsmittelkosten.

o Entwicklung und Dokumentation von Verfahren für die Sicherung und Integrität sensitiver Datenelemente;

o Definition und Dokumentation der Schnittstellenanforderungen in bezug auf andere Systeme;

- o Überprüfung und Genehmigung des Grobentwurfs durch das zuständige Management; der Entwicklungsprozeß ist erst bei Vorlage dieser Genehmigung fortzusetzen.

Beim Kauf neuer Hardware und/oder Systemsoftware sollte der Revisor darüber hinaus folgende Positionen berücksichtigen:

- o Lieferzeiten;
- o Kosten- und Nutzenvergleiche;
- o Notwendige Erweiterungen;
- o Genehmigung des DV-Managements zur Neuanschaffung;
- o Planungsanforderungen.

(5)
Kontrollziel

Sicherstellen, daß das (die) in Betracht gezogene(n) Softwarepaket(e) den unternehmensspezifischen Bedürfnissen entspricht (entsprechen).

Revisionsziel

Es muß festgestellt werden, ob das Bewertungsverfahren sorgfältig und vollständig durchgeführt wird und die Anforderungen der Durchführbarkeitsstudie und der Benutzerspezifikation erfüllt.

Prüfung

Folgende Positionen kommen für die Prüfung in Betracht:

- o Kompatibilität des Paketes mit vorhandener oder vorgeschlagener Hardware;
- o Erfüllung der Zielsetzungen der Durchführbarkeitsstudie;
- o Benutzeranforderungen sind ein wesentlicher Bestandteil der Bewertungskriterien;
- o Erfüllung der im Vorschlag genannten Zielsetzungen und Nutzen;
- o Berücksichtigung von mehreren (z.B. drei) Lieferanten im Auswahlprozeß;
- o Kompatibilität der Datenspeicherungs- und Zugriffsmethoden des Paketes mit den bereits eingesetzten Methoden;

- o Eignung des Paketes zur Ausführung der erforderlichen Verarbeitungsfälle;
- o Anwendung aktueller Programmiertechniken, leichte Verständlichkeit und Modifizierbarkeit (Wartungsfreundlichkeit) des Paketes;
- o Einsatz einer Programmiersprache, die bereits in der Programmierabteilung benutzt wird (andernfalls ist ein Plan für die Programmierunterstützung zu entwickeln und zu dokumentieren);
- o Verfügbarkeit des Anbieterkundendienstes für einen Mindestzeitraum von 30 Tagen nach Abschluß der Implementierung als ein wesentlicher Bestandteil der Vertragsbedingungen; es empfiehlt sich, eine ständige Unterstützung durch den Anbieterkundendienst in Anspruch zu nehmen;
- o Vorhandensein von Referenzadressen zur Überprüfung der Zuverlässigkeit des Systembetriebs, wobei eine vergleichbare DV-Umgebung vorliegen sollte;
- o Genehmigung der gesamten Implementierungskosten durch das zuständige Management;
- o Erfassung der Abweichungen von Benutzeranforderungen und Dokumentation der erforderlichen Modifikationen sowie Ermittlung der mit der Durchführung der Modifikationen verbundenen Kosten;
- o Vorlage und Genehmigung der Durchführungskosten der Modifikation durch das zuständige Management.

(6)
Kontrollziel

Sicherstellen, daß ein sorgfältiger Testbetrieb und geeignete Testmethoden die Einsatzfähigkeit des Paketes nachweisen.

Revisionsziel

Es muß die Eignung der durchgeführten Tests festgestellt werden.

Prüfung

Testplanung und -ergebnisse sollten anhand folgender Punkte beurteilt werden:

- o Dokumentation der Testfälle; der Revisor sollte anhand der Testfälle bestimmen können, ob die Benutzeranforderungen bei Einsatz des Paketes erfüllt werden;
- o Berücksichtigung aller Aspekte der Systemverarbeitung durch die Testfälle;

- o Dokumentation der Akzeptanzkriterien und Abstimmung dieser Kriterien mit der DV- und den Fachabteilungen;
- o Übereinstimmung der Ein-/Ausgabeanforderungen mit den Benutzerbedürfnissen;
- o Kompatibilität des Paketes mit der vorhandenen und/oder vorgeschlagenen Hardware und Systemsoftware;
- o Eignung des Paketes hinsichtlich der vom Benutzer geforderten Verarbeitungsmöglichkeiten;
- o Verfügbarkeit von Schnittstellen zu anderen DV-Systemen oder leichte Modifizierbarkeit, so daß eine Schnittstelle aufgebaut werden kann.

(7)
Kontrollziel

Sicherstellen, daß erforderliche Modifikationen des Paketes in geeigneter Weise definiert sind.

Revisionsziel

Es muß festgestellt werden, ob die Modifikationsspezifikationen in adäquater Weise erstellt werden.

Prüfung

Die Spezifikationen der erforderlichen Modifikationen sollten anhand folgender Punkte geprüft werden:

- o Vorhandensein einer detaillierten Aufstellung aller erforderlichen Modifikationen;
- o Definition der Modifikationen durch Fachabteilungen und Systemanalyse;
- o Formelle Genehmigung der Modifikationen sowie der damit verbundenen Kosten durch die DV- und Fachabteilungen;
- o Feststellen der mit der Durchführung der Modifikationen beauftragten Stelle (eigene Programmierabteilung, Lieferant);
- o Formelle Genehmigung jeder selbst durchgeführten Modifikation bzw. der Kosten bei Beauftragung des Lieferanten durch das DV-Management;

- o Überprüfung und formelle Genehmigung aller Modifikationen durch den Benutzer, wobei auch Modifikationen, die erst nach der Gesamtinstallation fertiggestellt werden können, einzubeziehen sind;
- o Orientierung der Modifikationen an den Benutzeranforderungen, Systemnutzen und Systemzielsetzungen;
- o Übereinstimmung mit den Fachabteilungen in bezug auf die festgestellten Mängel und deren Effekte auf die Systemkontrolle und -effizienz.

Ferner sollte der Plan für die Durchführung der Modifikationen als Dokumentation vorliegen; folgende Punkte sind hierbei von besonderem Interesse:

- o Personalaufwandschätzung,
- o Zeitaufwandschätzung und
- o Vorgabe der frühesten, spätesten und planmäßigen Start- und Endtermine.

(8)
Kontrollziel

Sicherstellen, daß ein vorläufiger Implementierungsplan vorliegt, der den verbleibenden Systementwicklungszyklus genau darstellt.

Revisionsziel

Es muß die Genauigkeit der Planung der verbleibenden Projektschritte festgestellt werden.

Prüfung

Die Eignung des vorläufigen Implementierungsplans sollte anhand folgender Punkte geprüft werden:

- o Ausweisen aller wesentlichen Ereignisse der nachfolgenden Phasen;
- o Aufgabenbezogene Zeitaufwandschätzung sowie aufgabenbezogene Festlegung der Start- und Endtermine;
- o Festlegung der Anforderungen an den Gesamtpersonalbedarf;
- o Einrichten einer formellen Organisationsstruktur und Ernennen eines Projektleiters, der über die erforderliche Autorität zur Erledigung der zugewiesenen Aufgaben verfügt;

o Zeitlich befristete Zuweisung von Mitarbeitern einzelner Fachabteilungen und anderen geeigneten Personen zum Projektteam, wobei diese Personen von ihren eigentlichen Aufgaben in entsprechendem Umfang freigestellt werden;

o Dokumentation eines Implementierungsplans, der die Start- und Endtermine wichtiger Aktivitäten enthält.

(9)
Kontrollziel

Sicherstellen, daß das gehobene Management eine sorgfältig erarbeitete Empfehlung erhält, die auf den bisherigen Projektergebnissen basiert und eine Bewertung des Nutzens des vorgeschlagenen Systems ermöglicht.

Revisionsziel

Es muß die Genauigkeit und Vollständigkeit der Empfehlung festgestellt werden.

Prüfung

Die Eignung der Empfehlungen an das Management sollte anhand folgender Punkte festgestellt werden:

o Beschreibung, in welcher Weise die in der Durchführbarkeitsstudie genannten Systemzielsetzungen und -nutzen erfüllt werden;

o Skizzieren aller realisierbaren Nutzen nach ihrer Fristigkeit;

o Aufführung aller Kostenpositionen in konsistenter Form;

o Offenlegung aller Zeitbeschränkungen sowie der daraus resultierenden Effekte auf die Implementierungsplanung;

o Formelle Genehmigung oder Ablehnung der Fortführung des Projektes durch das gehobene Management.

Schließlich sollte die Vollständigkeit der Empfehlung nachgewiesen werden. Die Empfehlung sollte zumindest folgende Positionen enthalten:

o Übersicht der Benutzeranforderungen;

o Übersicht der Ergebnisse der durchgeführten Tests;

o Bei Softwarekauf: Erfassung der erforderlichen Modifikationen und der damit verbundenen Kosten;

- o Vorläufiger Implementierungsplan;
- o Zeit- und Personalaufwand sowie Kosten der Implementierung.

(10)
Kontrollziel

Sicherstellen, daß der Detailentwurf (bezieht sich auf Eigenentwicklungen) vollständig ist.

Revisionsziel

Es muß festgestellt werden, ob der Detailentwurf alle Systemaspekte und betrieblichen Prozesse berücksichtigt.

Prüfung

Die Entwurfsdokumentation sollte auf das Vorliegen folgender erforderlicher Dokumente und Angaben geprüft werden:

- o Logische Korrektheit des Entwurfs;
- o Vollständige Beschreibung und Dokumentation aller Platten- und Banddateien;
- o Übereinstimmung des Dateientwurfs mit unternehmensspezifischen Standards;
- o Einrichten von Verfahren, die zukünftige Prüfungen unterstützen;
- o Vorhandensein der erforderlichen Zugriffskontrollen;
- o Ausführliche Dokumentation aller Eingabeformate;
- o Übereinstimmung der Eingabeformate mit den unternehmensspezifischen Standards;
- o Ausführliche Definition aller Quelldokumente;
- o Dokumentation der Kontrollverfahren, die zur laufenden Überwachung der Verwendung von Quelldokumenten und der Datenerfassung (z.B. Abstimmung) eingesetzt werden;
- o Dokumentation der Verfahren zur Umsetzung von Eingabedaten in ein maschinenlesbares Format (z.B. über die Datenerfassung);

- o Vollständigkeit der Dokumentation der Datenherkunft und -erfassung;
- o Entwicklung wesentlicher Bestandteile der Testplanung bereits während der Entwurfsphase;
- o Entwicklung des (endgültigen) Umstellungsplans;
- o Dokumentation der Eingabe-, Verarbeitungs-, Ausgabe- und laufenden Kontrollen;
- o Orientierung des Detailentwurfs an den unternehmensspezifischen Richtlinien;
- o Formelle Genehmigung des Detailentwurfs durch die DV- und Fachabteilungen sowie das gehobene Management.

(11)
Kontrollziel

Sicherstellen, daß das Projektteam personell adäquat zusammengesetzt ist.

Revisionsziel

Es muß festgestellt werden, ob die einzelnen Projektmitarbeiter über hinreichende Erfahrungen und die erforderliche Autorität verfügen, um die zugewiesenen Projektaufgaben in geeigneter Weise wahrzunehmen.

Prüfung

Die Eignung der Organisation und personellen Zusammensetzung des Projektteams sollte anhand folgender Punkte bestimmt werden:

- o Einrichten einer Projektumgebung, in der sich alle Beteiligten mit den Projektzielen identifizieren;
- o Zusammensetzung des Projektteams aus qualifizierten Mitarbeitern der tangierten Abteilungen (z.B. Controlling, partizipierende Fachabteilungen, DV-Abteilung, Revision);
- o Definition der Verantwortlichkeiten eines jeden Projektmitarbeiters;
- o Ernennen eines geeigneten Projektleiters mit Führungserfahrung;
- o Organisation des Projektteams nach wesentlichen betrieblichen Funktionen;

- o Ernennen einer offiziellen Entscheidungsinstanz bei Mehrfachnutzung des Systems durch verschiedene Fachabteilungen;
- o Festlegen von Meilensteinen, um die Erledigung von Aktivitäten festzuhalten und regelmäßige Überprüfungen zu unterstützen.

(12)
Kontrollziel

Sicherstellen, daß die Dokumentation eines ausführlichen Implementierungsplans vorliegt, der die einzelnen Projektmitarbeiter in der Durchführung ihrer Aktivitäten anleitet.

Revisionsziel

Es muß festgestellt werden, ob alle erforderlichen Aufgaben erfaßt und die aufgabenbezogenen Zeitvorgaben Ergebnis einer realistischen Schätzung sind.

Prüfung

Die Vollständigkeit der Implementierungsplanung und die Genauigkeit der Aufwandschätzungen sind anhand folgender Punkte zu bestimmen:

- o Zerlegen aller wesentlichen Aktivitäten des vorläufigen Implementierungsplans in einzelne, operationale (Teil-)Aufgaben;
- o Aufgabenbezogene Zuweisung von Start- und Endterminen sowie der Anzahl benötigter Stunden für die Aufgabenerledigung;
- o Zuweisung spezifischer im Implementierungsplan dokumentierter Aktivitätenaufträge an einzelne Projektmitarbeiter;
- o Klärung von Verständnisfragen oder -schwierigkeiten bezüglich der zugewiesenen Aufträge und Beurteilung der jeweiligen Mitarbeiter im Hinblick auf die erforderliche Qualifikation zur Ausführung ihres Auftrags;
- o Kennzeichnen von Ereignissen, die die Einholung einer Genehmigung oder eine Vorlage zur Ansicht erfordern.

Schließlich ist sicherzustellen, daß sämtliche Projektphasen im Plan erfaßt sind und eine geeignete Aufgabenverteilung zwischen den einzelnen DV-Gruppen (z.B. Programmierung, Systemanalyse, DV-Betrieb) und den tangierten Fachabteilungen vorliegt. Folgende Projektphasen sind zu unterscheiden:

- o Funktionale Spezifikationen bei Eigenentwicklungen oder Modifikationsspezifikationen bei Fremdentwicklungen;
- o Programmierung, Testbetrieb und Umstellung;
- o Schulung und Dokumentation;
- o Erforderliche Modifikationen bei Hardware und des Betriebssystem;
- o Terminalinstallationen.

(13)
Kontrollziel

Sicherstellen, daß die Anweisungen der Systemanalyse vollständig dokumentiert sind und sich auf die erforderlichen Systemelemente beziehen.

Revisionsziel

Die Eignung der Programmspezifikationen muß festgestellt werden, wobei insbesondere die Übereinstimmung der Spezifikationen mit vorgegebenen Standards zu prüfen ist.

Prüfung

Folgende Punkte können zur Prüfung herangezogen werden:

- o Vorhandensein von Programmspezifikationen für jedes Programm, wobei das gewählte Spezifikationsformat den unternehmensspezifischen Standards entsprechen muß;
- o Deutlichkeit und Knappheit der Spezifikationsdokumentation, um eine effiziente Codierung zu ermöglichen;
- o Formelle Information der Fachabteilungen, daß alle bis zu diesem Zeitpunkt nicht vorliegenden Spezifikationen erst nach der Systemimplementierung berücksichtigt werden.

(14)
Kontrollziel

Sicherstellen, daß eine ordnungsgemäße Ausführung der Programmierarbeiten gegeben ist und die Mitarbeiterführung den Situationsanforderungen entspricht.

Revisionsziel

Es muß die Eignung der Führungs- und Kontrollmethoden im Programmierbereich festgestellt werden.

Prüfung

Die Prüfung der Programmierungsphase sollte die Eignung der Führungsmethoden sicherstellen. In diesem Zusammenhang ist es wichtig, sich an die eigentliche Funktion der Revision zu erinnern: Beobachtung bzw. Überwachung des Projektfortschritts und Aufzeigen von Schwachstellen durch Einleitung geeigneter Maßnahmen. Folgende Punkte können geprüft werden:

- o Überprüfung der Codierung auf Übereinstimmung mit Standards durch die für den Entwurf und die Programmspezifikationen verantwortlichen Mitarbeiter;
- o Zuweisung einer hinreichenden Anzahl erfahrener Programmierer für die Projektarbeit, um die Einhaltung des Zeitrahmens bei der Fertigstellung der Programmieraufgaben zu gewährleisten;
- o Durchführung einer Zeitaufwandschätzung für jede Programmieraufgabe;
- o Zerlegung der Programmierarbeiten in Teilaufgaben mit einer Durchführungsdauer von weniger als 80 Stunden;
- o Einrichten eines Systems zur Berichterstattung und Überwachung der Aufgabenerfüllung; Projektmitarbeiter mit Vorgesetztenfunktion erhalten zumindest wöchentlich einen Zustandsbericht;
- o Entwicklung eines standardisierten Ansatzes für die Behandlung von Änderungen der ursprünglichen Spezifikationen; dieser Ansatz soll zu einer Reduzierung von Budgetüberschreitungen (Kosten, Personal) und Budgetverzögerungen (Zeit) beitragen.

Schließlich sollte auch die Eignung der Definitionen von Programmieraufgaben festgestellt werden; folgende Angaben können hierzu herangezogen werden:

- o Beschreibung der durchzuführenden Aktivitäten mit Ausweis des Beginns, der Dauer und der Zielsetzung;
- o Erforderliche Ressourcen mit Ausweis des Bedarfszeitpunktes und -raumes;
- o Beschreibung des Endergebnisses.

(15)
Kontrollziel

Sicherstellen, daß geeignete Tests zur Prüfung der Übereinstimmung mit den Spezifikationen durchgeführt werden. Der Testschwerpunkt liegt in dieser Phase auf Einzelprogrammen und Moduln.

Revisionsziel

Es muß festgestellt werden, ob die Einzelprogramme in geeigneter Weise getestet werden.

Prüfung

Eine Überprüfung der Ergebnisse der Programmtests sollte die Eignung der durchgeführten Tests bestimmen:

o Erstellen eines Plans zur Durchführung von Programmtests, für den folgende Richtlinien eine Mindestanforderung darstellen:

  - Testzielsetzungen;
  - Testbereich;
  - Verfahren für die Zusammenfassung von Testergebnissen;
  - Verfahren für die Fehlererkennung und -behebung.

o Feststellen, ob jedes Programmodul getestet und erkannte Fehler behoben wurden;

o Aufbewahren aller erfolgreich compilierten und getesteten Programme an einem zentralen Ort;

o Überprüfung und formelle Genehmigung der Testergebnisse durch die Fachabteilungen und die Abteilung Systemanalyse.

(16)
Kontrollziel

Sicherstellen, daß die Handbücher (z.B. für den RZ-Betrieb oder den Benutzer) hinreichende Erläuterungen zu Programmen und zum Systemverarbeitungsprozeß enthalten.

Revisionsziel

Es muß festgestellt werden, ob die Systemdokumentation die Systemfunktionen in geeigneter Weise (dem Analytiker, Programmierer, Benutzer) darstellt.

Prüfung

Die Eignung der Systemdokumentation sollte anhand folgender Punkte bewertet werden:

- o Erstellen eines Benutzerhandbuchs mit folgenden Bestandteilen:

  - Ablaufplan des Gesamtsystems;
  - Transaktionsbeschreibungen, Eingabeformate und Eingabeverfahren;
  - Batch-Programme;
  - Kontrollverfahren;
  - Beschreibung der Ausgaben und der Verwendung einzelner Ausgabelisten.

- o Erstellen eines Systemhandbuchs mit folgenden Bestandteilen:

  - System- und Programmablaufpläne;
  - Anweisungen für den Rechnerstart;
  - Satzstruktur der einzelnen Dateien;
  - Set-Up-Verfahren;
  - Verzeichnis der Ausgabelisten;
  - Definition der Transaktionscodes;
  - Interne und externe Kontrollen.

(17)
Kontrollziel

Sicherstellen, daß vor Übernahme in die Produktionsumgebung sämtliche Systemfunktionen einem umfassenden Test (Integrationstest) unterzogen werden.

Revisionsziel

Es muß festgestellt werden, ob alle Programme den logischen und organisatorischen Testanforderungen entsprechen.

Prüfung

Die Eignung der Testverfahren sollte anhand folgender Punkte geprüft werden:

- o Dokumentation der Testzielsetzungen und formelle Genehmigung durch DV- und Fachabteilungen;

- o Dokumentation der zu testenden Programmfunktionen und diesbezügliche Absprache mit DV- und Fachabteilung(en);

- o Orientierung der Testverfahren an praktischen Gesichtspunkten;

- o Beurteilung von Testergebnissen durch bestimmte Personen;
- o Festlegen einer Methodologie für die Dokumentation und Verifizierung von Testergebnissen; dieser Ansatz sollte ein leichtes Erkennen der während der Testphase aufgedeckten Systemprobleme ermöglichen;
- o Führen eines Protokolls, das die während der Testphase aufgedeckten Probleme festhält;
- o Entwickeln eines formellen Problemmeldeverfahrens, um die Unterrichtung aller betroffenen Personen sicherzustellen;
- o Genehmigung von Akzeptanzkriterien für die einzelnen Testfälle durch DV- und Fachabteilungen vor Beginn der Testphase; die Annahme einer erfolgreichen Durchführung der Testphase hängt vom Vorliegen dieser Genehmigung ab;
- o Verwendung sowohl gültiger als auch ungültiger Transaktionen als Testdaten, um die Gesamtheit potentieller Verarbeitungsbedingungen, die sich durch die Eingabe von Daten ergeben, zu erfassen;
- o Verwendung mengenorientierter Testmethoden, um durch Simulation des in einer Produktionsumgebung zu erwartenden Verarbeitungsvolumens die Verarbeitungseffizienz zu ermitteln;
- o Einbezug aller Systemaspekte sowie manueller Verfahren während der letzten Testphase;
- o Überprüfung und formelle Genehmigung der Testergebnisse durch die zuständigen Abteilungen.

(18)
Kontrollziel

Sicherstellen, daß die Systemimplementierung kontrolliert erfolgt (mit der Möglichkeit zur Inbetriebnahme des alten Systems bei fehlgeschlagener Umstellung) und die betroffenen Stellen über das Know-How für die Bedienung des neuen Systems verfügen.

Revisionsziel

Die Eignung der während des Umstellungsprozesses eingesetzten Kontrollen im Hinblick auf die Vermeidung von Datenverlusten muß festgestellt werden.

Prüfung

Es muß festgestellt werden, inwieweit der Umstellungsprozeß einer Kontrolle unterliegt und die zuständigen Mitarbeiter mit der Systembedienung vertraut sind:

- o Dokumentation des Umstellungsplans und formelle Genehmigung durch Fachabteilungen und DV-Management;
- o Festlegen der Anforderungen an Zeit- und Personalbedarf;
- o Schulung der jeweiligen Mitarbeiter in der Systembedienung und in den Erfordernissen manueller Vorgänge, die dem computergestützten Verarbeitungszyklus vor- und nachgelagert sind bzw. diesen begleiten;
- o Schriftliche Genehmigung zur Systemumstellung durch das Management;
- o Aufbewahren der Stamm- und Transaktionsdateien des alten Systems für Sicherungszwecke;
- o Entwickeln und Dokumentieren von Verfahren für den Fall, daß die Umstellung fehlschlägt;
- o Abstimmen der Datenbestände des alten Systems mit den Saldenlisten unmittelbar (z.B. ein Tag) vor der Systemumstellung;

Schließlich ist die Vollständigkeit der Dokumentationen festzustellen:

- o Systemhandbuch;
- o Operatorhandbuch;
- o Benutzerhandbuch;
- o Zusammenstellung der Kompilierungslisten.

(19)
Kontrollziel

Sicherstellen, daß die Ausführung von Wartungs- und Änderungsarbeiten durch fachlich kompetente Programmierer erfolgt.

Revisionsziel

Es muß festgestellt werden, ob geeignete Wartungs- und Modifikationspläne für das neue System vorliegen.

Prüfung

Zur Prüfung der Wartungs- und Modifikationspläne sollten folgende Punkte herangezogenen werden:

- **Zuweisung der Wartungsaufgaben an Programmierer und Systemanalytiker, die im Rahmen des Entwicklungsprojektes mitgearbeitet haben;**
- **Überprüfung der noch nicht erledigten Programmänderungen nach der Systemumstellung, um das Vorhandensein eines geeigneten Implementierungsplans und die adäquate Zuweisung von Prioritäten sicherzustellen;**
- **Aufrechterhalten des Systembetriebs ohne häufige Interventionen durch Operator und Programmierer;**
- **Feststellen der Benutzerzufriedenheit mit dem neuen System; die bei schwerwiegenden Problemen zu veranlassenden Nachforschungen erfolgen in Zusammenarbeit mit der DV-Abteilung und dem gehobenen Management.**

ANALYSE DER SYSTEMKONTROLLEN

Die Revisionszielsetzung besteht darin, festzustellen, ob Eingabe, Verarbeitung und Ausgabe von Daten/Informationen geeigneten Kontrollverfahren (programminterne Kontrollen oder externe Kontrollen) unterliegen. Die Checkliste bietet eine Grundlage, um die eingesetzten Verfahren auf die Erfüllung der Mindestanforderungen zu beurteilen. Die im Rahmen spezieller Systemaktivitäten erforderlichen Kontrollen hängen von der Art der zu verarbeitenden Daten und den Verarbeitungsmethoden ab. Der Revisor sollte das Vorhandensein der notwendigen Kontrollverfahren feststellen.

Diese Überprüfung entspricht weitgehend der Prüfung von Anwendungssystemen. Bei einem System in der Entwicklungsphase stehen dem Revisor jedoch für die Prüfung keine Belege der Verarbeitungsvorgänge zur Verfügung. Der Revisor muß daher selbst Situationen entwickeln, die bei einer Anwendung in der Produktionsumgebung auftreten können.

Die Analyse der Kontrollziele setzt eine umfassende Informationsakquisition voraus. Folgende Informationen sollten zumindest vorliegen:

- o Überblick der allgemeinen Systemfunktionen (z.B. Beschaffen oder Erstellen eines Systemablaufplans, Aufzeigen aller Bereiche mit Schnittstellen zu manuellen Vorgängen, Markieren der Programme, Dateien und Listen mit geeigneten Kennummern);
- o Transaktionscodelisten mit Erklärung der Transaktionsfunktionen; die Listen sind entweder zu beschaffen oder neu zu erstellen;
- o Sämtliche vom Anwendungssystem ausgegebene Listen mit Erklärung der Listenfunktion; die für Kontroll- und Managementinformationszwecke genutzten Listen sind ebenfalls auszuweisen. Die Listen sind entweder zu beschaffen oder neu zu erstellen.

Die gesammelten Daten bilden die Grundlage für die Analyse des Systemverarbeitungsprozesses.

(1)
Kontrollziel

Sicherstellen, daß eine konsistente Transaktionsverarbeitung das Entstehen von Fehlern minimiert und aufgetretene Fehler erfaßt.

Revisionsziel

Es muß festgestellt werden, ob geeignete Kontrollen zur Fehlerminimierung eingesetzt sind.

Prüfung

Die Kontrollen sind anhand folgender Punkte zu prüfen:

- o Vorhandensein manueller oder automatisierter Kontrollen zur Prüfung der Richtigkeit der Datenverarbeitung;
- o Definition und Dokumentation dieser Kontrollpunkte;
- o Berücksichtigung von Ergonomieaspekten bei der Formulargestaltung;
- o Trennung der Funktion zur Quelldatengenerierung von anderen dazu im Konflikt stehenden Funktionen (Problem der Funktionstrennung);
- o Abzeichnen der Quelldokumente durch den Dokumentersteller;
- o Überprüfung der Richtigkeit der Eingabedaten durch eine zweite Person;

- o Dokumentation der Autorisierungs- und Genehmigungsverfahren für Transaktionen;
- o Ausweis aller konfliktären Transaktionstypen, die von der gleichen Person erstellt oder eingegeben werden können, sowie Entwicklung spezieller Verarbeitungs- und Genehmigungsverfahren für derartige Transaktionen;
- o Fortlaufende Numerierung aller eingegebenen Transaktionen zu Identifikationszwecken;
- o Einrichten einer Kontrollfunktion zur Überwachung der Termintreue bei Dateneingängen;
- o Einrichtung von Kontrollfunktionen für die Verarbeitung umfangreicher Datenmengen im Batch-Modus;
- o Beschränkung der Postenzahl eines Stapels auf eine praktikable Größe, um beispielsweise Abstimm- und Suchvorgänge zu vereinfachen;
- o Einrichten von Verfahren zur Kontrolle von Datenverlusten;
- o Erzeugen von Kontrollsummen zur Prüfung der Integrität der Eingabedaten;
- o Protokollieren von Transaktionen oder Stapelverarbeitungsvorgängen, die an andere Abteilungen weitergeleitet werden, durch Sender und Empfänger sowie Durchführen einer Kontrolle anhand des Übergabedokumentes;
- o Kontrollierte Aufbewahrung und Speicherung der Eingabedokumente, um eine Reproduktion bei einem Systemausfall sicherzustellen;
- o Vermerk des Aufbewahrungsdatums (der Sperrfrist) auf den erhaltenen Quelldokumenten;
- o Sicherstellen eines einfachen Wiederauffindens der Quelldokumente durch die Art der gewählten Speicherung;
- o Dokumentation der Fehlerbehandlungsverfahren sowie Definition des Fehlertyps und des fehlertyp spezifischen Behebungsverfahren;
- o Anlegen eines Fehlerprotokolls, um die Problemverfolgung und -behebung zu erleichtern;
- o Meldeverfahren für fehlerbehaftete Quelldokumente;
- o Vorhandensein von Querverbindungen zwischen den in Dateien gespeicherten Transaktionen und den Quelldokumenten;
- o Überwachen der Termintreue bei der Fehlerbehebung und Wiedervorlage von Quelldokumenten;

- o Durchführen einer Fehleranalyse, um festzustellen, ob das Entstehen eines Fehlers durch das Vorliegen einer bestimmten Konstellation hervorgerufen wird.

Weiterhin ist sicherzustellen, daß schriftlich fixierte Benutzerverfahren für folgende Vorgänge vorliegen:

- o Erstellung der Dokumente zur Transaktionsbearbeitung;
- o Handhabung von Abschaltzeiten;
- o Kontrolle der Benutzung spezieller Codes;
- o Beschreibung der Erfordernisse bei Eingabetätigkeiten;
- o Eingabeüberprüfungen;
- o Autorisierung der Transaktionen.

Schließlich sind die Quelldokumente auf das Vorliegen folgender Angaben durchzusehen:

- o Vorgedruckte Nummernfolge zur fortlaufenden Kennzeichnung der Dokumente;
- o Transaktionsschlüssel;
- o Für eine ordnungsgemäße Transaktionsverarbeitung erforderliche Daten.

(2)
Kontrollziel

Sicherstellen, daß die Prüfung und Handhabung von Eingabetransaktionen im Batch-Modus Fehler und Datenverluste vermeiden.

Revisionsziel

Die korrekte Eingabe und Überprüfung der eingereichten Transaktionen muß festgestellt werden.

Prüfung

Die Kontrollverfahren im Rahmen der Datenerfassung können anhand folgender Punkte beurteilt werden:

o **Dokumentation der Datenprüfpunkte;**

o **Erläuterung der manuellen Datenerfassungskontrollen in der Benutzerdokumentation und Vorhandensein eines geeigneten Prüfpfads;**

o **Durchsetzung dieser Verfahren und Überwachung der Verfahrensbefolgung;**

o **Die Durchführung von Datenänderungen oder -interpretationen liegt nicht in der Zuständigkeit des Datenerfassers.**

(3)
Kontrollziel

Sicherstellen, daß geeignete externe Eingabekontrollverfahren für Online-Terminals existieren (z.B. automatisches Sperren des Terminals nach einer festgelegten Zahl ungültiger Eingaben von Kennummern).

Revisionsziel

Es muß festgestellt werden, ob geeignete Kontrollverfahren für den Betrieb von Online-Terminals zum Einsatz kommen.

Prüfung

Zur Bewertung der Erfassungskontrollen müssen Datenerfassung, Terminalsicherung sowie Hardware- und Softwarekontrollen geprüft werden:

o **Aufstellen der Terminals an Orten, die Zugriffs- und Zugangsbeschränkung unterliegen;**

o **Einhalten der vom Hersteller vorgegebenen Temperatur- und Luftfeuchtigkeitswerte;**

o **Beschränkung oder Verbot von Einrichtungen, die Fehlerprüfungen außer Kraft setzen; vom Bediener veranlaßte Abweichungen vom normalen Ablauf sind aufzuzeichnen;**

o **Betriebsbereitschaft kritischer Terminals nur während der üblichen Arbeitszeiten;**

o **Verwendung von Kontrollsummen (z.B. DM-Beträge) bei der Saldierung von Eingabetransaktionen (z.B. Zwischensummen und kumulierte Endsummen);**

o **Vorhandensein von Verfahren zur Behebung von Saldenungleichheiten zwischen Kontrollsummen und kumulierten Eingabetransaktionssummen;**

- Bei wichtigen Transaktionen: Protokollieren von Zielterminaladresse, Zeit und Datum bei jeder vom Großrechner gesendeten Nachricht;

- Prüfung des Nachrichtenformats einschließlich Terminaladresse, Kennwort, Nachrichtentyp, Transaktionscode und Bestätigungscodes durch den Großrechner und/oder das Terminal;

- Aufzeichnen der Nachrichten, die im Rahmen dieser Kontrollen durch das System beanstandet werden sowie eine weitergehende Fehlerüberprüfung und -behebung mit Hilfe von Standardverfahren durch eine dafür zuständige Person;

- Protokollieren aller Nachrichten auf einer Band- oder Plattendatei, um ein System-Recovery nach einem Ausfall zu ermöglichen; es sollte in Erwägung gezogen werden, für kritische Daten mehrere Kopien anzulegen;

- Datenverschlüsselung bei Daten, die für den Fall des Abhörens durch unautorisierte Personen eine unmittelbare Schädigung für das Unternehmen bedeuten;

- Eignung der Kommunikationsprotokolle für die vorliegende Hardware- und Softwareinstallation;

- Abschirmen und Sichern der Kommunikationsleitungen je nach gegebener Notwendigkeit;

- Vollständige Dokumentation der Restart-/Recovery-Verfahren;

- Möglichkeit der Wiederherstellung von Online-Dateien in ihren Ursprungszustand einschließlich der zuletzt erhaltenen Transaktion vor dem Systemausfall;

- Automatisches Recovery mit minimaler manueller Dateneingabe;

- Durchführung von Recovery-/Restart-Verfahren, ohne daß die Anwesenheit des Lieferantenkundendienstes oder der Systemanalyse erforderlich ist;

- Routinemäßige Wartung der Terminals, Großrechner sowie Platten- und Bandlaufwerke;

- Lokale Verfügbarkeit von Ersatzteilen für kritische Einrichtungen;

- Verfügbarkeit von Wartungspersonal auf Abruf;

- Einsatz von Ausfallzeitprotokollen für alle Online-Hardwareelemente.

Weiterhin sollte die Eignung des Nachrichtensteuersystems, das die Kontrolle des Online-Systems übernimmt, anhand folgender Leistungsmerkmale festgestellt werden:

- o Kennwortschutz - Kennworte sind beispielsweise während der Eingabe nicht am Bildschirm sichtbar und werden regelmäßig geändert;
- o Automatisches Sperren des Terminals nach einer vordefinierten Anzahl ungültiger Eingaben von Benutzeridentifikationen;
- o Prüfwiederholung bei einem autorisierten Terminalbediener;
- o Zusätzliche Kennworte für den Zugriff auf oder die Änderung von sensitiven Daten;
- o Zuweisung der Zuständigkeit für die Pflege von Kennworten an einen Verantwortungsträger in der Abteilung;
- o Automatisches Beenden der Terminalsitzung nach Ablauf einer vorgegebenen Zeitspanne, in der keine Nachrichtenübermittlung erfolgt ist;
- o Keine Erläuterung der Gründe für die Ungültigkeit eines Codes durch die Terminalantwort; diese Maßnahme verhindert Schlußfolgerungen unautorisierter Personen auf das korrekte Eingabeformat.

Die computergestützten Aufzeichnungen von Terminalaktivitäten sind durch eine unabhängige Gruppe zu überprüfen; die Aufzeichnungen sollten beispielsweise folgende Angaben enthalten:

- o Gültige und ungültige Eingaben der Benutzeridentifikation;
- o Name des Bedieners;
- o Datum, Uhrzeit und Ort des Terminals;
- o Aufgerufene Programme, Dateien und Transaktionen;
- o Computeraktivitäten bei ungültiger Eingabe der Benutzeridentifikation.

(4)
Kontrollziel

Sicherstellen, daß geeignete Bedienungsanleitungen für Benutzer und weiteres Personal vorhanden sind.

Revisionsziel

Die Eignung der Dokumentationen muß festgestellt werden.

Prüfung

Die Dokumentation sollte beispielsweise anhand folgender Punkte bewertet werden:

o Erklärungen zu Terminaloperationen im Benutzerhandbuch:

- Physische Bedienungsmerkmale;
- Eingabeformate;
- Definition der Systemmeldungen;
- Tastenbelegung;
- Codedefinitionen;
- Beschreibung der Fehlermeldungen und Fehlerbehebungsverfahren;
- Restart-/Recovery-Verfahren.

o Erklärungen zur Systembedienung im Systemhandbuch:

- System-/Programmablaufdiagramme;
- Online-Systemkonfiguration;
- Set-Up-Anweisungen;
- Dateistrukturen;
- Verfahren für die Bandbibliothek;
- Interne und externe Kontrollverfahren;
- Beschreibung der Transaktionscodes;
- Restart-/Recovery-Verfahren.

o Schulung der Terminalbediener vor Einsatz am System.

(5)
Kontrollziel

Sicherstellen, daß inhaltliche Prüfungen der Eingabetransaktionen zu einer Verringerung von Fehlern und Auslassungen beitragen.

Revisionsziel

Die Eignung der Verfahren zur Gültigkeitsprüfung von Transaktionen muß festgestellt werden.

Prüfung

Programminterne und -externe Gültigkeitsprüfungen sollten anhand folgender Punkte bewertet werden:

- o **Überprüfung kritischer Daten, die über Tastatur eingegeben werden;**
- o **Nutzung vorprogrammierter Tastaturformate und programmgesteuerter Eingabeprüfungen, wenn die Geräteintelligenz diese Möglichkeit unterstützt;**
- o **Programmierung von Prüfziffernroutinen, um Buchhaltungs-, Lieferanten- und sonstige kritische Daten auf ihre Gültigkeit zu prüfen;**
- o Verwendung von Verarbeitungszeitplänen, um den Erhalt und die termingerechte Eingabe von Transaktionen festzustellen;
- o Unterrichtung des Operator bzw. des Benutzers durch die Terminalsoftware bei Erkennen einer Fehlersituation;
- o Erzeugen einer Fehlerliste, die erkannte Fehler aufzeigt und ungültige Daten der Transaktion isoliert;

Folgende Verfahren erlauben beispielsweise die Durchführung von Gültigkeitsprüfungen:

- o **Zeichenprüfung (Prüfung von Vorzeichen, numerischen Daten, alphanumerischen Daten, Leerzeichen);**
- o **Feldwertprüfung (Bereich, Datenkonsistenz, Gültigkeit, Grenzwert, Plausibilitätstest);**
- o **Datumsprüfung.**

(6)
Kontrollziel

Sicherstellen, daß die Datenverarbeitung korrekt erfolgt und die Wiedergabe der Verarbeitungsergebnisse ebenfalls korrekt ist.

Revisionsziel

Das Vorhandensein adäquater Kontrollen zur Prüfung der Verarbeitungsintegrität muß festgestellt werden.

Prüfung

Bei der Bewertung der Integrität computergestützter Datenverarbeitung sind Transaktionsschlüssel, Berechnungen und Logik, Dateipflege, Rechnerbetrieb, Behandlung von Verarbeitungsfehlern, Listenausgaben und Korrekturen zu berücksichtigen:

- o Eindeutige Identifizierung jeder Transaktion durch einen Code;
- o Dokumentation der Transaktionscodes mit ausführlicher Funktionserklärung im System- und Benutzerhandbuch;
- o Feststellen der Entsprechung von tatsächlicher und dokumentierter Transaktionsfunktion;
- o Dokumentation intern erzeugter Transaktionen;
- o Erzeugen von Kontrollsummen für intern erzeugte Transaktionen;
- o Löschen nicht mehr benötigter Dateien nach Beendigung der Verarbeitung je nach Erfordernis der Situation durch die System- oder Anwendungssoftware, um beispielsweise den Zugriff durch unautorisierte Programme zu vermeiden;
- o Durchführen manueller oder programmgesteuerter Saldenbildung, um die Eröffnungs- und Schlußsalden zu prüfen;
- o Erzeugen von Fehlerlisten durch das Anwendungssystem; jede Liste sollte folgende Angaben enthalten:

  - fehlerhafte Datenfelder;
  - Fehlerbedingungen;
  - Informationen über zurückgewiesene Transaktionen.

Der Revisor sollte weiterhin die Eignung der Rechnerbetriebsanweisungen feststellen. Die Dokumentation sollte über folgende Positionen informieren:

- o Systemstart;
- o Zuweisung von Ausweichterminals;
- o Erklärungen der Fehler- und Systemmeldungen;
- o Verfahren zur Beendigung des Systembetriebs;
- o Systemstatusberichte.

Dem Operating stehen für jede Anwendung folgende Angaben zur Verfügung:

- o Anweisungen zu Konsolmeldungen;
- o Dokumentation der Fehlermeldungen;
- o Restart-Anweisungen;
- o Anweisungen für den Job-Aufruf;
- o Anweisungen für die Verwendung von Formularen.

(7)
Kontrollziel

Sicherstellen, daß Dateizugriffe, Dateipflege und Dateibearbeitung einem angemessenen Schutz unterliegen und ausreichende Sicherungsmaßnahmen in Katastrophenfällen eingeleitet werden können.

Revisionsziel

Das Vorhandensein geeigneter Kontrollverfahren für die Speicherung und das Wiederauffinden von Daten muß festgestellt werden.

Prüfung

Die Kontrollverfahren für die Speicherung und das Wiederauffinden von Daten sollten anhand folgender Punkte bewertet werden:

- o Trennung von Produktions- und Testbibliotheken;
- o Zugriffskontrolle bei bestimmten Dateien oder Datenelementen;
- o Softwarekontrollen zur Verhinderung eines Zugriffs durch unautorisierte Programme oder Unterroutinen;
- o Verwendung von Dateikennsätzen, um die Bearbeitung der richtigen Datei sicherzustellen; ein Dateikennsatz enthält beispielsweise folgende Angaben:

  - Dateiname;
  - Datenträgernummer;
  - Dateierstellungsdatum;
  - Versionsnummer;
  - Notwendige Sicherungsinformationen.

o Verwendung von Postensummen und Kontrollsummen in bestimmten Dateien;

o Protokollieren von Dateizugriffen und Fehlern, wobei der Name des auf die Datei zugreifenden Programms und der Typ des erkannten Fehlers erfaßt wird;

o Regelmäßige Überprüfung der Dateien auf fehlerhafte Daten;

o Übergabe aller kritischen Dateien an einen dezentralen Speicher;

o Dokumentation der Recovery-Verfahren;

o Einordnung der Dateien und Programme entsprechend den Kriterien "kritisch" und "nicht kritisch", um Prioritäten für den Sicherungsbedarf festzulegen;

o Beschreibung der Datei-Recovery und -sicherungsmaßnahmen in einem Katastrophenplan;

o Protokollieren aller Verarbeitungsstopps und operatorveranlaßter Unterbrechungen mit folgenden Angaben:

  - Operatorkennung;
  - Datum;
  - Uhrzeit;
  - Art der Unterbrechung;
  - Dauer der Unterbrechung.

o Protokollieren des vom Operator veranlaßten Wiederanlaufs;

o Anlegen temporärer Arbeitskopien bei der Nutzung von Original- und Sicherungsdateien, um Beschädigungen dieser Dateien zu vermeiden;

Schließlich sollte der Revisor die Eignung der Dokumentation der Dateibibliotheksverfahren jeder Anwendung feststellen; diese Dokumentationen sollten zumindest folgende Angaben enthalten:

o Aufbau der täglichen, wöchentlichen und monatlichen durchgeführten Jobs;

o Aufbewahrungsfristen für sämtliche Dateien;

o Hinweise auf Sicherungskopien.

(8)
Kontrollziel

Sicherstellen, daß eine Auswertung aller Systemaktivitäten und Verarbeitungsergebnisse erfolgt.

Revisionsziel

Die Eignung der Auswertung von Ausgaben, einschließlich der Systemaktivitäten und der Kontrollverfahren für die Saldierung und Abstimmung von Ausgaben muß bewertet werden.

Prüfung

Die Kontrollverfahren für die Ausgabeverarbeitung sollte anhand folgender Punkte bestimmt werden:

- o Überprüfung bestimmter Summen durch eine unabhängige Routine am Ende der Programmverarbeitung;
- o Durchführen einer computergestützten Abstimmung für jeden Programmlauf;
- o Festlegen des Zwecks und der Verwendung von Management-Informationsberichten;
- o Keine Belastung des Operator mit komplizierten Überprüfungsaufgaben (mit Ausnahme der Prüfung auf Vollständigkeit der Verarbeitung) vor der Bearbeitung anderer Vorgänge oder während der Fortsetzung eines längeren Programmlaufs;
- o Überprüfung von Daten, die über eine automatische Schnittstelle an ein anderes System übergeben werden;
- o Vollständige Dokumentation aller Systemschnittstellen;
- o Einrichten einer für die Ausgabekontrolle zuständigen Gruppe im DV-Betrieb, um Verarbeitungs- und Verteilungsaufgaben voneinander zu trennen;
- o Regelmäßige Überprüfung der Konsolprotokolle auf Vorliegen einer überdurchschnittlichen Häufigkeit operatorveranlaßter Unterbrechungen;
- o Überwachung der Anwendungsaufrufe durch den Ein-/Ausgabekoordinator, um die Planmäßigkeit der Jobverarbeitung sicherzustellen;

o Dokumentation der Listenverteilung im Systemhandbuch einschließlich der folgenden Angaben:

- Empfänger;
- Listenkennung;
- Anzahl der Kopien.

o Anlegen eines Kontrollprotokolls, um die Listenausgabe einschließlich der folgenden Angaben zu überwachen:

- Verteilungszeitraum;
- Annahme durch den Empfänger.

o Protokollieren aller Änderungen wichtiger Stammdateien;

o Information des Benutzers von allen Programmänderungen;

o Angabe des Datums der Programmausführung, des Verarbeitungszeitraums und der Programmnummer in allen Auswertungen;

o Erzeugen einer Liste über alle verarbeiteten Transaktionen einschließlich der intern erzeugten Transaktionen;

o Fehleridentifikation durch Art, Ursache und Quelldokument;

o Dokumentation der Verfahren zur Fehlerbehebung und Wiedervorlage im Benutzerhandbuch;

o Zuweisen der Verantwortlichkeit für die Fehlerbehebung an eine einzelne Person oder eine Gruppe;

o Anwendung der gleichen Eingabeprüfverfahren bei Wiedervorlage und Ersteingabe von Daten;

o Überwachung der Wiedervorlage korrigierter Daten, um die Termintreue der Wiedervorlage sicherzustellen.

Schließlich sollte die Vollständigkeit der Anwendungssystemdokumentation festgestellt werden. Folgende Dokumente sollten vorliegen:

o Allgemeines Systemablaufdiagramm;

o Programmablaufdiagramme;

o Set-Up-Anweisungen für den Programmlauf;

o Datensatzaufbau;

o Bandbibliotheksverfahren;

- o Listenverzeichnis;
- o Transaktionscodes und ihre Funktion;
- o Intern erzeugte Transaktionen, ihre Funktionen und Kriterien für das Auftreten interner Transaktionen.

BEWERTUNG DER TESTPHASE

Die Testphase nimmt im Systementwicklungszyklus eine besondere Stellung ein, da die Güte der vorhergehenden Phasen am Erfolg des Testbetriebs geprüft und über die Systeminstallation entschieden wird. Diese Phase liefert die ersten greifbaren Ergebnisbelege des Verarbeitungsprozesses. Der Revisor muß sehr sorgfältig auf die Art und Weise der Durchführung von Entwicklungskontrollen in der Testphase achten, da aus Zeitgründen gewählte Abkürzungen im Endeffekt zu Fehlern im System führen (können). Die Systemkontrollen werden in dieser Phase auf ihre tatsächliche Existenz und Funktionsfähigkeit geprüft. Besondere Aufmerksamkeit sollte der Vollständigkeit des Testbetriebs gelten.

Kontrollziel

Sicherstellen, daß geeignete Tests vor der Umstellung in die Produktionsumgebung durchgeführt werden.

Revisionsziel

Das Vorliegen und die Verfolgung einer geeigneten Testplanung muß festgestellt werden.

Prüfung

Die Testplanung und die tatsächlich durchgeführten Tests sollten anhand folgender Punkte bewertet werden:

- o Täglicher Systembetrieb unter den Bedingungen der Produktionsumgebung;
- o Übergabe aller Ausgaben an die Benutzer zur Überprüfung der Genauigkeit und der Übereinstimmung mit der Spezifikation;
- o Dokumentation der vom Benutzer vorgenommenen Überprüfung als Nachweis der Vollständigkeit der Listen und der Überprüfung aller Daten; liegt eine derartige Dokumentation nicht vor, sollte der Revisor den Einsatz von Verfolgungsroutinen für Beispieltransaktionen in Erwägung ziehen;

- o Ermittlung besonderer Verarbeitungsprobleme (Hardware und Software) sowie Dokumentation dieser Vorgänge und Klärung der Auswirkung auf die Einsatzfähigkeit des neuen Systems;
- o Übereinstimmung der tatsächlich durchgeführten Tests mit der Testplanung und Rechtfertigung von Abweichungen;
- o Vergleich der Testausgaben mit Sollvorgaben oder mit den Ergebnissen eines parallel betriebenen Systems;
- o Abweisen aller ungültigen Testtransaktionen durch die Systemkontrollverfahren;
- o Dokumentation aller während der Testläufe aufgedeckten Abweichungen sowie durchgeführter korrigierender Vorgänge;
- o Durchführung eines umfassenden erneuten Systemtests nach Behebung aller wesentlichen Abweichungen;
- o Überprüfung von Testausgaben, die sich von bereits vorhandenen Ausgaben unterscheiden, durch ein alternatives Verfahren; diese Methode sollte alle materiellen Elemente der neuen Ausgaben bewerten.

BEWERTUNG DER UMSTELLUNG

Das bisherige System wird durch ein neues System ersetzt, das zwar einem umfassenden Testbetrieb unterzogen wurde, aber dennoch mit einem "Restrisiko" in bezug auf das Auftreten von Fehlern behaftet ist. Aus diesem Grund ist es beispielsweise unbedingt erforderlich, Daten in geeigneter Weise vor Beschädigung oder Änderungen zu schützen.

Kontrollziel

Sicherstellen, daß der organisatorische Ablauf der Umstellung, der Systembetrieb und die Erfassung aller relevanten Daten in den neuangelegten Dateien ordnungsgemäß erfolgen sowie geeignete Sicherungsmaßnahmen für die Dateien des alten Systems (für den Eventualfall) existieren.

Revisionsziel

Das Vorliegen und die konsequente Verfolgung eines geeigneten Umstellungsplans muß festgestellt werden.

Prüfung

Die Umstellungsplanung und die tatsächliche Umstellung sollten anhand der folgenden Punkte bewertet werden:

- o Abnahme der Testergebnisse durch die Fachabteilungsleiter und formale Genehmigung durch die Fachabteilungen vor der tatsächlichen Umstellung;
- o Behebung aller in der Testphase aufgedeckten wesentlichen Probleme;
- o Sichern von bestimmten Dateien des alten Systems für den Fall einer fehlgeschlagenen Umstellung;
- o Erzeugen von Datenkontrollsummen bei Dateien des alten und des neuen Systems insbesondere für wichtige monetäre Datenfelder als Nachweis einer korrekten Dateiumstellung;
- o Überprüfung nicht monetärer Daten durch Verwendung und Vergleich von Postenzählern;
- o Vervollständigung bzw. Ergänzung der Benutzerschulung in einem angemessenen Zeitraum nach der Umstellung;
- o Vorhandensein vollständiger System- und Benutzerdokumentationen; andernfalls ist eine formale Planung und eine Zeittabelle für die Vervollständigung zu erstellen;
- o Vertrautheit des RZ-Personals mit allen notwendigen Verfahren;
- o Erfassen aller noch offenstehenden Systemprobleme in einem Behebungsplan, der den normalen Systemwartungsverfahren entspricht.

ZUSAMMENFASSUNG

Die in diesem Kapitel vorgestellten Kontrollziele sowie der sich daraus ergebenden Revisionsziele und -maßnahmen lassen sich bei Berücksichtigung der systemindividuellen Anforderungen bei jedem System anwenden. Neben dieser systemspezifischen Anpassung ist - wie bei jeder Prüfung der Revision - das Urteilsvermögen des Revisors gefordert. Die Anwendung der vorgestellten Maßnahmen trägt dazu bei, ein geeignetes internes Kontrollsystem sicherzustellen.

6 KOSTEN UND NUTZEN BEI ANWENDUNGSPROJEKTEN

EINLEITUNG

In der Datenverarbeitung stehen sinkenden Hardware- und Verarbeitungskosten Kostensteigerungen im Bereich der Anwendungsentwicklung und -installation gegenüber. Diese Situation verlangt vom Management eine sorgfältige Bewertung der Argumente, die

- o für die Installation neuer Anwendungen sprechen oder
- o eine vollständige Prüfung bestehender Anwendungen befürworten, um eine bessere Erfüllung der Benutzerbedürfnisse zu erreichen und/oder die Vorteile neuer Hardwaretechnologien zu nutzen.

Eine derartige Entscheidung kann nur anhand von Studien und Vorschlägen getroffen werden, die einen Überblick über die zu erwartenden Kosten und Nutzen geben. Die Verfügbarkeit eines genauen und adäquaten Datenmaterials ermöglicht dem Management eine Beurteilung der Alternativen *Kauf*, *Leasing* oder *Eigenentwicklung* der vorgeschlagenen Anwendung.

Das DV-Management benötigt während der Anwendungsentwicklungs- oder Akquisitionsphasen ein Kontrollsystem zur Überwachung des Projektfortschritts sowie zur Feststellung des Zielerreichungsgrads. Bedauerlicherweise lassen sich hier häufig Mißstände erkennen. Eine wichtige Revisionszielsetzung bezieht sich daher auf die Eignung des Projektkontrollsystems.

Nach Abschluß des Projektes sollte das gehobene Management den Zielerreichungsgrad einzelner Projektziele bestimmen. Als Instrument dazu dient die Prüfung nach der Installation. Punkte dieser Prüfung beziehen sich insbesondere auf:

- o Entwicklungs- bzw. Akquisitionskosten sowie Installationskosten der Anwendung;
- o Kosten des Betriebs der Anwendung für einen gegebenen Zeitraum (z.B. für einen "typischen" Monat);
- o Bestimmen des Erreichungsgrads von geplanten Nutzen und Zielsetzungen der Anwendung;
- o Bestimmen der Einhaltung der Zeitplanung;
- o Feststellen der Gründe für Kosten-, Zeitplan- und Nutzenabweichungen;
- o Festlegen von Vorgehensweisen, um negative Abweichungen auszugleichen und die Wahrscheinlichkeit für ihr erneutes Auftreten in künftigen Projekten zu minimieren;
- o Feststellen der Vollständigkeit und Eignung der Dokumentation über die Kosten-/Nutzenanalyse;
- o Feststellen der korrekten Funktionsweise anwendungsspezifischer Kontrollmaßnahmen und Aufzeigen von benötigten Kontrollen, die bisher übersehen wurden.

Die Realisierung eines Projektes kann sowohl die Beschaffung von Hardware als auch die Eigenentwicklung bzw. Akquisition von Anwendungssoftware erfordern. In solchen Fällen empfiehlt sich die Durchführung einer Prüfung nach der Installation für Hardware und Software miteinander zu verbinden. Die in diesem Kapitel dargestellten Vorschläge haben sich in der Praxis im Rahmen der Prüfung verschiedener Großprojekte bei Vorliegen einer gegenseitigen Abhängigkeitsbeziehung zwischen Hardware- und Softwareimplementierung bewährt.

BEGINN DER PRÜFUNG

Nicht jedes Anwendungsprojekt sollte Gegenstand einer Prüfung nach der Installation sein. Diese Empfehlung stützt sich auf Kostenüberlegungen. Kosten für die Durchführung einer Prüfung müssen bereits für die zeitliche Inanspruchnahme des internen Revisors angesetzt werden. Aus diesem Grund sollten die erwarteten Kosten und/oder Nutzen eines Anwendungsprojektes die Kosten der Prüfung nach der Implementierung rechtfertigen. Die Festsetzung eines Mindestgeldwerts nimmt Projekte, die diese Grenze unterschreiten, von der Einbeziehung in eine derartige Prüfung aus. Die Festlegung des Wertes ist Aufgabe des gehobenen Managements oder des Revisionsleiters.

Dem Revisionsleiter sollten Kopien aller genehmigten Projektanträge zur Verfügung stehen, so daß die Revision bei der Auswahl von Projekten für eine Prüfung nach der Installation unterstützend mitwirken kann. Sollte es nicht üblich sein, für jedes genehmigte Projekt ein Kostenbudget oder einen Personaletat aufzustellen, sind in Zusammenarbeit mit dem DV-Management Schätzungen zu erarbeiten. Fehlende Kosteninformationen begründen möglicherweise bereits eine Prüfung der Projektgenehmigung. Die Kostenkontrolle gestaltet sich sehr schwierig, wenn ein unbegrenztes - da nicht vorhandenes - Budget vorliegt.

Neben der Projektauswahl muß auch über den Zeitpunkt der Durchführung einer Prüfung nach der Installation entschieden werden. Im Idealfall erfolgt diese Prüfung nach der vollständigen Erfassung aller Kosten und der Erreichung der geplanten Nutzen. Der gewählte Zeitraum zwischen Projektabschluß und Durchführung der Prüfung sollte relativ kurz sein, da mit zunehmenden zeitlichen Abstand die Wahrscheinlichkeit steigt, daß erforderliche Dokumentationen nicht mehr vollständig vorliegen und undokumentierte Vorgänge in Vergessenheit geraten.

Anwendungsprojekte haben oftmals keinen tatsächlichen Abschlußtermin. Es besteht die Tendenz zur fortlaufenden Überarbeitung und Verbesserung. Über die Einordnung als Teil der Entwicklungsphase oder der Wartungsphase läßt sich diskutieren. Der Revisor sollte das DV-Management drängen, einen (imaginären) Abschlußtermin für jedes Projekt festzulegen, ab dem ein Projekt als fertiggestellt zu betrachten ist.

Für eine Softwareimplementierungsplanung ist es keineswegs ungewöhnlich, für das Erreichen aller geplanten Nutzen einen Zeitraum von mehreren Jahren anzunehmen; das gilt insbesondere für das Ziel einer Personalfreisetzung. Eine Prüfung nach der Installation ist bereits vor Ablauf dieses mehrjährigen Zeitraumes anzusetzen, da die Länge der Periode sich negativ auf die Rekonstruktion der Entwicklungskosten auswirkt. Im Idealfall erfolgt die Durchführung einer Prüfung innerhalb eines Jahres nach Projektabschluß. Der Revisor sollte feststellen, ob die für diesen Zeitraum geplanten Nutzen zum Zeitpunkt der Prüfung tatsächlich erreicht werden konnten.

Prüfung der Dokumentationen

Nach der Entscheidung für die Prüfung einer größeren Anwendung sollte der Revisor alle relevanten Planungs(Durchführbarkeits-)studien erhalten. Eine wesentliche Bedeutung hat dabei die Softwareentwicklungsmethode (Eigenentwicklung, Kauf bzw. Leasing der Software). Gibt es ein formales Projektantragsverfahren, sollten die dafür erstellten Formulare und die ergänzenden Dokumente zur Verfügung stehen.

Die Neuplanung eines Anwendungsprojektes stellt keine besondere Ausnahme dar. Mit Fortschreiten des Projektes ergeben sich in der Regel weitere Informationen, die zu Änderungen der Projektorientierung und zu Überprüfungen von Kosten- und Nutzenschätzungen führen können. Die Gesamtheit derartiger Informationen sollte in dieser Prüfung Berücksichtigung finden.

Die in der Planung aufgeführten Kosten, Nutzen und Zeitpläne stellen verbindliche Vorgaben für die Bewertung der tatsächlichen Ausgaben und des Zielerreichungsgrads dar. Die Ursachen für wesentliche Abweichungen sind soweit wie möglich aufzuklären. Häufig ergeben sich derartige Abweichungen letztendlich aus der Ungenauigkeit von Schätzverfahren. Eine derartige Feststellung ist von wesentlicher Bedeutung, da das Management Schätzungen als Entscheidungskriterien nutzt.

Die Planungsdokumente sollten von einem erfahrenen DV-Revisor, der die in die Prüfungsunterlagen aufzunehmenden Daten kennzeichnet, auf ihre Eignung geprüft werden. Bei der ersten Durchsicht empfiehlt es sich, alle Implementierungs- und Betriebskosten sowie quantifizierbare und nicht quantifizierbare Nutzen mit verschiedenen Farben direkt auf den Dokumenten zu markieren. Die überarbeiteten Dokumente sind Teil der Arbeitsunterlagen.

Prüfungsunterlagen

Für die Prüfung sind folgende Übersichten zu erstellen:

- o Implementierungskosten;
- o Betriebskosten;
- o Quantifizierbare Nutzen;
- o Nicht quantifzierbare Nutzen.

Implementierungskosten

Die Übersicht der Implementierungskosten erfaßt die geplanten, einmaligen Kosten, die mit der Entwicklung bzw. Akquisition und der Installation der Anwendung verbunden sind. Die Kosten sollten, wie nachfolgend noch ausführlich dargestellt wird, nach Kostenarten gegliedert sein. Bei über einen längeren Zeitraum anfallenden Kosten ist eine periodengerechte Zuordnung vorzunehmen (z.B. monatlich, vierteljährlich). Solldaten für bestimmte Meilensteine wie Abschluß des Systementwurfs und der Systemtests sowie Übergabe an die Fachabteilungen sollten schriftlich vorliegen.

Terminverschiebungen wirken sich in der Regel auch auf die Implementierungskosten aus und führen zu Änderungen in der Planung und der Kosten. Ursprungsdaten und geänderte Planungs- und Kostendaten sollten in nebeneinanderliegenden Spalten ausgewiesen werden. Bei häufigen Überarbeitungen erweist es sich in der Regel als sinnvoll, nur die Daten von zwei oder drei überarbeiteten Planungen in die Übersicht aufzunehmen. Mit der Eintragung der überarbeiteten Kosten- und Zeitschätzungen erhält der Revisor einen Überblick der während des Projektlebenszyklus aufgetretenen Änderungen. Jede wesentliche Änderung rechtfertigt eine Untersuchung; das gilt insbesondere, wenn die Dokumentation keine zufriedenstellende Erklärung bietet.

Betriebskosten

Die Übersicht der Betriebskosten erfaßt alle geplanten Kosten, die im Rahmen des Anwendungsbetriebs anfallen. Für die Aufzeichnung dieser Kosten empfiehlt sich eine monatliche Erfassung. Auch hier sollten Überarbeitungen der geplanten Betriebskosten dokumentiert und wesentliche Abweichungen untersucht werden.

Quantifizierbare Nutzen

Die Übersicht der quantifizierbaren Nutzen führt die Positionen auf, denen ein numerischer Wert zugewiesen werden konnte oder kann. Die einzelnen Positionen werden entsprechend bestimmter Charakteristika (z.B. direkte monetäre Kosteneinsparungen) in Gruppen zusammengefaßt und summiert. Liegen überarbeitete Planungen vor, werden auch hier die Änderungen in der bereits dargestellten Weise erfaßt.

Nicht quantifizierbare Nutzen

Die Übersicht der nicht quantifizierbaren Nutzen weist die Positionen aus, denen *kein* numerischer Wert zugeordnet werden kann. Die Ermittlung und Bewertung von monetär nicht quantifizierbaren Nutzen (indirekte Wirtschaftlichkeit) bereitet vielfach Schwierigkeiten. Es handelt sich hierbei um Nutzen aus Sekundärwirkungen, der sich beispielsweise in der Gewinnung und Verbesserung von Informationen zeigt:

- Schnelligkeit der Informationsauslieferung;
- Erhöhung der Aktualität;
- Bessere Transparenz über Bewegungen und Bestände;
- Aktuellere Information, raschere und gezieltere Disposition;
- Bessere Entscheidungsgrundlagen.

Bei der Konzeption dieser vier Übersichten ist die Erfassung der tatsächlich erreichten Kosten und Nutzen zu berücksichtigen. Treten zeitliche Verschiebungen auf, beziehen sich die tatsächlichen Kosten und Nutzen auf mehr Perioden bzw. verteilen sich über einen längeren Zeitraum als in der Planung ausgewiesen. Unterschiede in den Bezugszeiträumen müssen in geeigneter Weise vermerkt sein. Für die Eintragung nicht eingeplanter Kosten und Nutzen sollte ein entsprechender Leerraum gelassen werden. Dem Revisor stehen für den Entwurf der Übersichten und die Erfassung der Daten verschiedene Softwarelösungen zur Verfügung (z.B. Tabellenkalkulation, integrierte Softwarepakete).

KOSTENARTEN IM RAHMEN DER IMPLEMENTIERUNG

Implementierungskosten umfassen alle Kosten, die mit der Akquisition bzw. Eigenentwicklung und Installation der Anwendung verbunden sind. Häufig ist eine eindeutige Zuordnung bestimmter Kosten zu den Betriebs- oder Implementierungskosten nicht möglich. In solchen Fällen muß sich der Revisor für den Ausweis in einer der beiden Kategorien entscheiden. Ein Bericht, der sowohl Implementierungs- als auch Betriebskosten aufführt, ist mit großer Sorgfalt zu betrachten, um eine Redundanz bei der Kostenerfassung auszuschließen.

Die mit der Implementierung der Anwendung verbundenen einmaligen Kosten lassen sich in folgenden Bereichen zusammenfassen:

- o Einmalige Zahlungen an den Lieferanten;
- o Systemanalyse und Programmierung;
- o Erforderliche Hardwareerweiterungen bzw. -änderungen;
- o Dateiumstellungen;
- o Formulare und sonstiges Zubehör;
- o Benutzerhandbücher;
- o Einführungsschulungen;
- o Einmalige Personalkosten.

Die Relevanz der angeführten Kostenbereiche ist bei jeder Anwendung gesondert zu beurteilen. Der Revisor kann ebenfalls auf hier nicht ausgewiesene Kostenkategorien stoßen. Alle relevanten Kosten sind in der Übersicht der Implementierungskosten aufzuführen.

Einmalige Zahlungen an den Lieferanten

Diese Kostenart setzt Kauf oder Leasing des Anwendungspaketes voraus und erfaßt beispielsweise folgende Vorgänge:

- o Anschaffungskosten eines Anwendungspakets oder Entrichtung einer einmaligen Gebühr bei einem langfristigen Leasingvertrag - In der Regel kann ein langfristiges Leasingverhältnis nach Ablauf der Vertragsdauer durch eine weitere Zahlung verlängert werden. Mit der Nutzung einer langfristigen Leasingform läßt sich im Gegensatz zum Verkauf die Weitergabe oder der Wiederverkauf der Anwendung durch den Erwerber unterbinden und die Eigentumsrechte des Verkäufers (Herstellers) an der Anwendungssoftware bleiben gewahrt. Aus Sicht der Revision ist ein derartiger Vorgang jedoch als ein Kauf zu behandeln.

- o Einmalige Zahlung für Programmerweiterungen und -pflege - Diese Zahlung kann sich auf einen Zeitraum von bis zu drei Jahren beziehen. Mit Ablauf dieser Frist werden in der Regel monatliche oder jährliche Wartungsgebühren erhoben.

- o Beratungsgebühren für Inanspruchnahme von Dienstleistungen des Softwareverkäufers oder von Dritten für die Durchführung einer kundenspezifischen Softwareanpassung und/oder für Unterstützungsleistungen im Rahmen der Installation.

- o Schulungskosten für die Teilnahme an Seminaren, Lehrgängen und sonstigen Schulungen, die vom Verkäufer oder von Dritten durchgeführt werden. Diese Kategorie umfaßt auch die Ausgaben für Fremdpersonal.

- o Handbücher, Formulare und anderes Zubehör, das vom Softwareverkäufer bezogen wird - Dieser Kategorie ist die für die Systeminbetriebnahme erforderliche Erstausstattung zuzuordnen. Die Übersicht der Implementierungskosten weist nur das für den ersten Monat erforderliche Zubehör aus, das gilt auch wenn im Rahmen der Anwendungsakquisition Zubehör für einen Zeitraum von mehreren Monaten beschafft wurde. Der durchschnittliche monatliche Verbrauch wird durch die Betriebskosten erfaßt.

Systemanalyse und Programmierung

Dieser Bereich stellt den größten Kostenfaktor bei der Anwendungsentwicklung dar. Folgende Kostenkategorien sind hier beispielsweise zu berücksichtigen:

- o Personalkosten im Rahmen der Anwendungsentwicklung und -implementierung - Es empfiehlt sich, die Personalkosten nach der Art ihrer Entstehung zu erfassen (z.B. Systemanalyse, Programmierung, Datenerfassung und Fachabteilungen). Insbesondere die durch die Fachabteilungen verursachten Kosten dürfen nicht übersehen werden. Einzelne Mitarbeiter der Fachabteilungen können in einem Entwurfsgremium vertreten sein, das eine unterstützende Funktion bei der Erarbeitung der Systemspezifikationen wahrnimmt. Zu ihren Aufgaben zählt beispielsweise die Überprüfung von Entwurfsbereichen wie Eingabeformulare, Ausgabelisten oder manuelle papiergebundene Arbeitsabläufe. Die Unterstützung durch die Fachabteilungen kann sich ebenfalls auf den Entwurf von Testdaten und die Überprüfung von Testergebnissen beziehen.

- Mit den aufgeführten Personalkosten verbundene Gemeinkosten.
- Erforderliche Rechnerzeit für Programmcompilation und -test.
- Erforderliche Rechnerzeit, um die neue Anwendung parallel zu anderen Anwendungen zu fahren.

Erforderliche Hardwareänderungen

Einige Anwendungen erfordern nur geringe Änderungen der Hardware und/oder des Kommunikationsnetzwerks (z.B. zusätzliche Datensichtgeräte und Modems). Größere und wesentliche Hardwareänderungen sollten einer eigenen Prüfung nach der Installation unterliegen. Folgende Kosten sind beispielsweise bei erforderlichen Hardwareänderungen zu berücksichtigen:

- Anschaffungskosten der Hardware.
- Transportkosten.
- Anschlußkosten, einschließlich der Kosten für Kabel, Kabelverlegung und Einrichtung der Kommunikationsleitungen.

Dateiumstellungen

Wie die Programmierung kann auch die Dateiumstellung einen Kosteneinflußfaktor von hoher oder geringer Bedeutung darstellen. Befinden sich die umzustellenden Dateien auf magnetischen Medien, beschränkt sich der Umstellungsvorgang auf die Entwicklung eines Programms zur Medien- und/oder Formatumsetzung sowie auf die für die Durchführung erforderliche Rechnerzeit. Stehen die Dateien nur als Ausdruck zur Verfügung, erfordert die Datenzusammenstellung und -erfassung möglicherweise einen erheblichen Zeit- und Personaleinsatz.

Die folgenden Schritte beschreiben den Umstellungsprozeß von manuellen auf magnetische Medien (bei jedem Schritt können Kosten entstehen):

- Zusammenstellen der Listen, die in ein computerlesbares Format umzusetzen sind.
- Überprüfen dieser Dokumente auf Vollständigkeit, Richtigkeit und Redundanzfreiheit.
- Dateneingabe und Eingabeprüfung.

- o Planen der Rechnerzeit zum Lesen und Bearbeiten der eingegebenen Daten sowie zur Erstellung der erforderlichen Dateien und Fehlerlisten.
- o Planen der Rechnerzeit zur Erstellung der Transaktionslisten aller gültigen Eingaben.
- o Korrigieren und Neueingabe der zurückgewiesenen Eingaben (alle Positionen der Fehlerliste).
- o Ausgabe der neuen Dateien und Überprüfen der Transaktionslisten, um die Korrektheit der Dateneingabe sowie die vollständige Erfassung und korrekte Formatierung aller Datenelemente sicherzustellen.

Die Umstellung von computerlesbaren Daten auf andere computerlesbare Formate/Medien umfaßt folgende Schritte:

- o Überprüfung des Dateiausdrucks auf Vollständigkeit, Richtigkeit und Redundanzfreiheit der Datei sowie auf die Erfassung aller erforderlichen Datenelemente.
- o Korrektur aller Fehler, Auslassungen und Redundanzen der alten Datei durch die normale Transaktionsverarbeitung des alten Systems bzw. der alten Systeme.
- o Fehlen erforderliche Datenelemente, entstehen im ungünstigsten Fall dieselben Kosten wie bei der Umstellung von manuellen auf magnetische Medien. Im günstigsten Fall befinden sich die erforderlichen Datenelemente im mehreren Dateien. In diesem Fall sind die Schritte eins und zwei auf alle benötigten Dateien anzuwenden.
- o Entwicklung und Test eines Programms (Berücksichtigung der Arbeits- und Rechnerzeit), das die Datei(en) mit den erforderlichen Datenelementen liest sowie die benötigten Dateien erstellt und ausdruckt.
- o Planen der Rechnerzeit zur Erstellung einer Liste der umgesetzten Dateien.
- o Überprüfung der Dateiausgaben, um die vollständige Erfassung der erforderlichen Datenelemente sowie die korrekte Umsetzung und Formatierung sicherzustellen.

Formulare und sonstiges Zubehör

In der Regel werden Formular- und Zubehörkosten den Betriebskosten zugeordnet. Mit der Erstausstattung einer neuen Anwendung können jedoch einmalige Kosten für Formulare und Zubehör verbunden sein, wobei auch die

Menge dieses einmaligen Einkaufs weit über dem normalen Einkaufsvolumen liegen kann. Folgende Kostenarten sind beispielsweise zu berücksichtigen:

- o Einmalige Kosten für die Erstanschaffung von Plattenlaufwerken, Bändern und Disketten, die für den Anwendungsbetrieb erforderlich sind.
- o Erstausstattung mit anwendungsspezifischen Formularen und Zubehör. Der Revisor kann diese Position auf einen spezifischen Bedarf (z.B. sechs Monate) beschränken.
- o Regale und Schränke zur Ablage von Formularen und Zubehör (falls nicht bereits vorhanden).

Benutzerhandbücher

Benutzerhandbücher beschreiben die Vorgehensweise bei Eingaben, Fehlerkorrekturen und der Nutzung der verschiedenen Listen/Ausgaben. Bei fremdentwickelten Anwendungen ist auf die Mitlieferung der Handbücher für die Datenerfassung und das RZ-Personal zu achten.

Bei Eigentwicklungen werden die Datenerfassungs- und Betriebsanleitungen in der Regel als Bestandteil der System- und Programmierkosten betrachtet. Die Kosten für Benutzerhandbücher setzen sich beispielsweise zusammen aus:

- o Anschaffungskosten für die vom Lieferanten bezogenen Handbücher.
- o Mit der Entwicklung der erforderlichen Verfahren und dem Schreiben der Handbücher entstandene Kosten.
- o Reproduktionskosten der Handbücher, einschließlich Schreibarbeiten, Entwürfe und Druck; die Reproduktionskosten für die Erstellung weiterer Kopien von eigenentwickelten Handbüchern sind ebenfalls einzubeziehen.

Einführungsschulungen

Benutzer und DV-Personal werden in der Regel vor und nach der Installation im Umgang mit der neuen Anwendung geschult. Die Kosten einer durch Personalfluktuation bedingten fortlaufenden Schulung werden in der Betriebskostenübersicht erfaßt. Die Kosten der Erstschulung setzen sich zusammen aus:

- o Schulungsgebühren und Kosten für die Inanspruchnahme von Schulungsangeboten des Lieferanten.
- o Reisekosten und sonstige Kosten für Mitarbeiter, die an Schulungsmaßnahmen teilnehmen.

- Mit der Erarbeitung von Schulungskursen verbundene Personalkosten und Kosten für Schulungsmittel (bei Eigenentwicklungen).
- Löhne und Gehälter sowie Gemeinkosten für Ausbilder und Schulungsteilnehmer (bei Eigenentwicklungen).

Einmalige Personalkosten

Es gibt nur wenige Positionen für einmalige Personalkosten, die mit der Installation einer neuen Anwendung verbunden sind. Folgende Kostenkategorien sollten jedoch nicht übersehen werden:

- Personalbeschaffungskosten, einschließlich der Kosten für Anwerbung und Anreise der Bewerber.
- Einstellungskosten, einschließlich Provisionen und mit dem Umzug des neuen Mitarbeiters verbundene Kosten.

Effekte von Zeitverschiebungen auf die Kostensituation

In der DV-Planung bilden Verschiebungen in der Zeitplanung von Anwendungsimplementierungen eher die Regel- als eine Ausnahmesituation. Derartige Verzögerungen können nicht vorhersehbare Konsequenzen haben.

Verzögert sich die Inbetriebnahme einer Anwendung, die zur Verringerung des Personalbedarfs beitragen soll, bedeutet jeder Tag nach dem eigentlichen Einsatztermin den Wegfall von Kosteneinsparungen, da die Verpflichtung zur Fortzahlung der Löhne und Gehälter (jeweils samt Gemeinkosten) weiter besteht. Ein Ausgleich dieser nicht eingesparten Kosten ist zu keinem späteren Zeitpunkt möglich. Auch andere aufgrund der Zeitplanverzögerung verschobene Kosteneinsparungen sind nicht mehr einzuholen.

Terminverschiebungen haben ebenfalls direkte Auswirkungen auf System- und Programmierungskosten, da ein funktionaler Zusammenhang zwischen Personalaufwand und Projektdauer besteht. Der Personalbedarf bleibt im Projektablauf nicht konstant, sondern steigt bis zu einem Höhepunkt (im Bereich der Systemtestphase) graduell an und fällt dann auf Null ab. Es besteht die Tendenz, den Personaletat bei Projekten mit Zeitplanverzögerungen aufzustocken. Zahlreiche Studien belegen jedoch, daß eine Vergrößerung der Projektgruppe gegen Ende des Projektes nur zu weiteren Verzögerungen führt. Mehrere Faktoren sind dafür ausschlaggebend:

- Einarbeitung der neuen Projektmitarbeiter durch das bestehende Projektteam führt zum Sinken der Produktivität der alten Projektmitarbeiter.

- o Einbringen neuer Ideen durch die neuen Projektmitarbeiter führt in einigen Fällen zu einer Neuorientierung und zum Verwerfen der bisherigen Arbeitsergebnisse.

- o Die Anzahl der Kommunikationswege im Projektteam nimmt zu; jeder Projektmitarbeiter wendet mehr Zeit für Kommunikation auf und demzufolge weniger für die Durchführung seiner eigentlichen Arbeiten. Der Projektfortschritt verlangsamt sich und die Kosten steigen entsprechend.

Ein Vergleich der geplanten mit den tatsächlichen Systemanalyse- und Programmierungskosten verdeutlicht die durch Zeitplanverzögerungen entstandenen Kosten (bzw. die Auswirkungen einer ungeeigneten Planung).

BETRIEBSKOSTENARTEN

Einige Kosten (z.B. jährliche Leasingzahlungen und Kosten für die Programmpflege) werden nicht als Implementierungskosten ausgewiesen. Um ein tatsächliches Bild der mit der neuen Anwendung verbundenen Kosten zu erhalten, sind die Betriebskosten ebenfalls in die Prüfung einzubeziehen. Betriebskosten sind wiederkehrende Kosten (z.B. auf monatlicher oder jährlicher Basis).

Bei der Bestimmung der Betriebskosten sollte der Revisor die Effekte außergewöhnlicher Kostenschwankungen bestimmter Monate durch die Bildung eines Kostendurchschnitts bereinigen. Der bei der Durchschnittsbildung zugrundegelegte Bezugszeitraum sollte mindestens drei Monate umfassen, wobei die ersten zwei Monate des Anwendungsbetriebs in jedem Fall nicht in die Berechnung einzubeziehen sind. In der Regel weisen diese Monate - bedingt durch die Eingewöhnungsphase in die Anwendungsbedienung und durch das Auftreten von in der Testphase nicht aufgedeckten Fehlern - ungewöhnliche Abweichungen auf. Darüber hinaus befinden sich in einigen Fällen noch nicht alle Teile des Systems in einem betriebsbereiten Zustand.

Die mit dem Betrieb einer Anwendung entstehenden wiederkehrenden Kosten lassen sich in folgende Kategorien gliedern:

- o Zahlungen an den Lieferanten;

- o In-House Wartung;

- o Verarbeitungskosten;

- o Benutzerpersonalkosten;

- o Sonstige Kostenänderungen.

Der Revisor sollte nach Möglichkeit sowohl die Kosten als auch die Kostenänderungen jeder Position ermitteln. Die Kostenänderungen beschreiben die Auswirkungen der neuen Anwendung. Eine Kostensenkung ist in der Übersicht der quantifizierbaren Nutzen zu erfassen und zwar unabhängig davon, ob es sich um eine ursprünglich geplante Einsparung handelt oder nicht.

Zahlungen an den Lieferanten

Bei vielen Anwendungspaketen werden nach Ablauf von zwei oder drei Jahren (gerechnet vom Zeitpunkt der Installation) monatlich oder jährlich zu entrichtende Nutzungsgebühren erhoben. Der Revisor sollte eine Kopie des Vertrags erhalten und durch eine sorgfältige Überprüfung derartige Zahlungen ermitteln. Die häufigsten Arten von Zahlungen fallen an für:

- Nutzung - Diese Gebühren sind mit Leasing- oder Mietzahlungen für Hardwareausrüstung zu vergleichen; in einigen Fällen ist die vom Anbieter mitgelieferte Ausrüstung in der Softwaregebühr eingeschlossen.
- Erweiterungen/Verbesserungen - Im Falle von Programmerweiterungen und -verbesserungen erhält der Benutzer gegen Zahlung einer monatlichen oder jährlichen Gebühr die Erlaubnis der Nutzungsmöglichkeit.
- Wartung - Kein Anwendungspaket ist frei von Fehlern. Einige Fehler treten erst bei einem längeren Anwendungseinsatz auf, werden vom Benutzer entdeckt und dem Anbieter mitgeteilt. Der Anbieter übernimmt die Fehlerbehebung und setzt die anderen Benutzer von diesem Fehler in Kenntnis. Für die Durchführung der Fehlerbeseitigung wird eine monatliche oder jährliche Gebühr erhoben.
- Sonderwünsche und Beratung - Ein Benutzer kann die Entwicklung einer speziellen Erweiterung wünschen, für die keine allgemeine Marktnachfrage besteht. Die meisten Anbieter führen diese Leistungen gegen Zahlung einer Beratungsgebühr durch. Das Unternehmen kann jedoch auch andere Beratungsleistungen in Anspruch nehmen oder Unterstützung für die Verbesserung der Systemeffizienz nachfragen. Auch für die Inanspruchnahme dieser Dienstleistungen berechnet der Anbieter entsprechende Gebühren. Derartige Kosten, die nach Inbetriebnahme des Systems anfallen, sind als Bestandteil der Betriebskosten anzusehen.
- Zubehör und Handbücher - In einigen Fällen hat der Anbieter Urheberrechte an Formularen und Handbüchern. Das Material muß beim Anbieter eingekauft werden oder es ist eine Gebühr für die Reproduktion zu entrichten.
- Zusätzliche Schulungen - Personalfluktuation und Anwendungsverbesserungen erfordern zusätzliche Schulungen.

In-House Wartung

Wartungskosten entstehen unabhängig davon, ob es sich um eine eigen- oder fremdentwickelte Anwendung handelt. Programmberichtigungen des Herstellers werden von der Programmierabteilung implementiert. Bestehen Schnittstellen zu Eigenentwicklungen, sind zusätzlich Seiteneffekte der Anbieterprogramme auf eigene Programme zu beachten.

In diesem Bereich können folgende Kosten anfallen:

- o Personalkosten für den (die) Programmierer, der (die) die Problemerforschung sowie die Codierung der Änderungen, den Entwurf der Daten für den Testbetrieb und die Dokumentation der Ergebnisse übernimmt (übernehmen).
- o Rechnerzeit für die Neucompilation und den Test von Programmen.
- o Personalkosten zur Überprüfung der Testergebnisse.
- o In ungünstigen Fällen sind auch bei Verfahren und Handbüchern Änderungen vorzunehmen. Sämtliche damit verbundene Kosten sind ebenfalls zu erfassen.

Verarbeitungskosten

Kostenänderungen haben in diesem Bereich eine entscheidende Bedeutung, da sie hier dem Management in besonderem Maße ein Bild der Kosteneffekte im Vergleich zu den Nutzeneffekten vermitteln. Diese Betrachtung ermöglicht die Beantwortung der Frage nach der Richtigkeit der Entscheidung für die Systeminstallation.

Folgende Kostenkategorien sind zu unterscheiden:

- o Datenerfassung

  Diese Kategorie bezieht sich auf die mit der Erfassung und Überprüfung der Eingabedaten verbundenen Personalkosten, unabhängig von der für die Funktionsausführung zuständigen Stelle (z.B. Benutzerpersonal am Terminal/Datensichtgerät, zentrale Datenerfassungsgruppe, externer Datenerfassungsservice). Bei speziell für diese Anwendung angeschafften Datenerfassungsgeräten (z.B. Datensichtgeräte) sind zudem Mietzahlungen oder Abschreibungen einzubeziehen.

- o Rechnerbetrieb

  Dem Rechnerbetrieb sind neben den Kosten für die Inanspruchnahme von Rechnerzeit Personal- und Gemeinkosten für die Anwendungsausführung unter Produktionsbedingungen zuzuordnen. Die meisten Großrechnerinstallationen setzen Softwarepakete zur Erfassung dieser Kosten ein. Steht eine solche Software nicht zur Verfügung, sollte der Revisor Schätzungen durchführen, die sich an dem Anteil (in %) der Anwendungsverarbeitungszeit an der Gesamtproduktionszeit orientieren.

- o Kommunikationseinrichtungen

  Kommunikationseinrichtungen umfassen Terminals, Modems und für die Datenübertragung der Anwendungen genutzte Leitungen. Wie im Falle des Rechnerbetriebes läßt sich die Erfassung derartiger Kosten entweder softwaretechnisch realisieren oder durch Schätzungen ermitteln.

- o Unterstützungs- und Kontrollpersonal

  Das Unterstützungspersonal übernimmt das Sammeln, Trennen, häufig auch die Zu- und Verteilung der Listen/Ausgaben. In einigen Unternehmen werden diese Kosten als Gemeinkosten dem Rechnerbetrieb zugeordnet und in einem Rechnernutzungssatz einbezogen.

  Das Kontrollpersonal erhält und protokolliert die Eingabedaten, überprüft die Ausgaben auf Plausibilität und stellt die Auswertung und Behebung von Fehlern sicher. Die Kosten für das Kontrollpersonal können in den Rechnerbetriebs- oder Datenerfassungssatz einbezogen werden; die Verrechnung kann auch separat erfolgen oder aber im Rahmen der Verrechnungsalgorithmen unberücksichtigt bleiben. Der Revisor sollte sicherstellen, daß diese Kosten, im Falle ihrer Relevanz, einbezogen werden.

- o Zubehör

  Das Zubehör umfaßt beispielsweise (Endlos-)Papier, eingedruckte Ausgabeformulare, Eingabeformulare und sonstiges Verbrauchsmaterial, das nicht unter "Zahlungen an den Lieferanten" fällt.

Benutzerpersonalkosten

Übernimmt das Benutzerpersonal die Datenaufbereitung und -erfassung, werden die mit diesen Tätigkeiten verbundenen Kosten den Verarbeitungskosten zugeordnet. Personal- und Gemeinkosten sind für folgende Tätigkeiten eingeschlossen:

- o Erstellung der Eingabeformulare;
- o Fehlerbehebung;
- o Überprüfung der Ausgaben.

Sonstige Kostenänderungen

Die Prüfung nach der Installation umfaßt eine Analyse der Kosten und Kostenänderungen. Es gibt drei Bereiche, in denen sich häufig Kostenänderungen ergeben:

- o Formulare - Mit Einsatz des neuen Systems werden bestimmte Formulare nicht mehr benötigt.
- o Hardware - Die Anwendung erfordert den Ersatz eines bestimmten Gerätetyps durch einen anderen Typ, den Abbau oder den Einsatz zusätzlicher Hardware.
- o Löhne und Gehälter - Wird die Datenaufbereitung und -erfassung in die Fachabteilungen verlagert, sind Mitarbeiter mit einer manuellen Eingabefunktion im Umgang mit Terminals und/oder Datensichtgeräten zu schulen. Mit der höheren Arbeitsplatzqualifikation steigt im allgemeinen auch das Lohn- und Gehaltsniveau.

QUANTIFIZIERBARE NUTZENKATEGORIEN

Durch Bestimmung der Kostenänderungen bei den Betriebskosten kann der Revisor erreichte Nutzen und in einem bestimmten Umfang auch geplante, jedoch noch nicht realisierte Nutzen erkennen. In der Regel besteht für die Nutzenerreichung ein Zeitplan, da beispielsweise eine Personalfreisetzung nicht unmittelbar nach Inbetriebnahme des Systems greift. Aus diesem Grund sollte die Prüfung erst in einem angemessenen zeitlichen Abstand nach Eintreten eines wesentlichen Teils der nutzenorientierten Änderungen durchgeführt werden.

Im Rahmen der Ermittlung monetärer Nutzenrealisierung müssen bei einem größerem zeitlichen Abstand zwischen der Durchführung einer Prüfung und dem im Zeitplan aufgeführten Termin unter Umständen Inflationseffekte berücksichtigt werden. Die sich beispielsweise aus der Personalfreisetzung ergebende Differenz zwischen der Position *Gehälter* vor und nach der Systemeinführung kann wesentlich geringer ausfallen als erwartet, da im Zeitablauf die Gehälter den gestiegenen Lebenshaltungskosten angepaßt wurden. Auf den ersten Blick entsteht der Eindruck eines nicht in vollem Umfang realisierten Nutzens. Ein korrektes Ergebnis ergibt sich beispielsweise in einem solchen Fall durch Multiplikation der Anzahl abgebauter Personalstellen mit dem durchschnittlichen Gehalt nach der Systemeinführung. Dem Revisor obliegt die Auswahl geeigneter Maßnahmen, um ein den tatsächlichen Gegebenheiten entsprechendes Bild darzustellen. Es empfiehlt sich, mit normalisierten Kosten zu arbeiten.

Die Entwicklung einer umfassenden Aufzählung quantifizierbarer Nutzen ist mit Schwierigkeiten verbunden. Einige Positionen können jedoch als Ansatzpunkt dienen:

- Senkung von Löhnen, Gehältern, Kosten zusätzlicher Sozialleistungen und sonstigen Kosten aus Personalfreisetzung - Bei der Bewertung dieser Nutzenrealisierung dürfen Auslagerungen von Kostenpositionen in andere Abteilungen nicht als Form der Kosteneinsparung betrachtet werden. Weiterhin sollte der Abbau von Personalkosten mit den Lohn- und Gehaltssteigerungen aufgrund einer Höhereinstufung der Arbeitsplatzqualifikation verrechnet werden. Die höhere Qualifikationseinstufung ergibt sich in der Regel mit dem Übergang von manuell durchgeführter Verwaltungsarbeit zu computergestützten Arbeitsvorgängen.

- Senkung von Löhnen, Gehältern und Kosten zusätzlicher Sozialleistungen aufgrund einer Abstufung der Arbeitsplatzqualifikation - Derartige Einsparungen sind häufig rein theoretischer Art. Die für den Arbeitsplatz erforderliche Qualifikation wird zwar abgewertet, trotzdem kommt es aus verschiedenen, insbesondere sozialen Gründen, nicht zu einer Senkung des Lohn- und Gehaltsniveaus. Diese Einsparungen lassen sich nur im Falle der Kündigung bzw. durch den Übergang in den Ruhestand des jetzigen Arbeitnehmers und Neueinstellung einer anderen Person, die ein entsprechend niedrigeres Gehalt bezieht, realisieren.

- Kosteneinsparungen durch Vermeidung von Personalneueinstellungen - Hierbei handelt es sich um eine Form der Einsparung, deren tatsächliche Realisation nur sehr schwer nachzuweisen ist. Da verschiedene Faktoren zur Vermeidung von Personalneueinstellungen führen können (z.B. Übertragung von Aufgaben auf andere Abteilungen), wird der Revisor diese Position nur berücksichtigen, wenn ein Produktivitätsmaßstab existiert. Bearbeitet beispielsweise ein Mitarbeiter statt 100 Transaktionen pro Tag nach Einführung des neuen Systems 150 Transaktionen pro Tag, läßt sich die Behauptung, es liege eine Vermeidung von Personalneueinstellungen vor, rechtfertigen. Das Argument der Vermeidung von Personalneueinstellungen setzt jedoch voraus, daß zuvor ein zusätzlicher Personalbedarf festgestellt und Neueinstellungen bewilligt wurden.

- Senkung der Verarbeitungskosten - Es handelt sich hierbei um eine weitere nur schwer nachweisbare Nutzenrealisierung. Kostensenkungen können beispielsweise durch optimale Zusammenstellung der insgesamt betriebenen Anwendungen oder durch die gesunkene Anzahl verarbeiteter Transaktionen bedingt sein.

- o Senkung der Kosten für Zubehör - Dieser Nutzen wird oft genannt, wenn die Datenerfassung und -eingabe von einer zentral arbeitenden Gruppe in die Fachabteilungen ausgelagert wird.

- o Erhöhte Mitarbeiterproduktivität - Diese Einsparung bezieht sich auf die Vermeidung von Personalneueinstellungen und Einsparungen bei Löhnen und Gehältern. In diesem Fall ist darauf zu achten, daß keine mehrmalige Erfassung eines einzelnen Nutzens erfolgt.

NICHT QUANTIFIZIERBARE NUTZENKATEGORIEN

Die im Projektantrag aufgeführten nicht quantifizierbaren Nutzen hängen von der Kreativität und der persönlichen Meinung des Antragstellers über die Akzeptanz bzw. Verkaufsfähigkeit bestimmter Ideen ab. Diese Nutzen sind in der Regel im Antrag nicht systematisch erfaßt und dargestellt. Der Antragsteller betrachtet häufig bestimmte Vorteile nicht im Sinne direkter Nutzen, sondern als zusätzliche Argumente für die Projektdurchführung. Der Revisor muß daher den Projektantrag sowie die ergänzenden Dokumente sorgfältig durchsehen, um alle nicht quantifizierbaren Nutzen zu erkennen, z.B.:

- o Schnelligkeit der Informationsversorgung;
- o Erhöhung der Aktualität;
- o Verbesserung von Kontrollen;
- o Erhöhung der Sicherheit;
- o Größere Flexibilität bei der Handhabung von Daten;
- o Verbesserung der Genauigkeit
- o Wechsel zu gegenwärtigen Technologien.

Das Wesen nicht quantifizierbarer Nutzen erschwert die objektive Feststellung der Nutzenrealisierung. Der Revisor muß sich daher verschiedener Techniken wie Interview, Überprüfung und Beobachtung bedienen.

So sollte beispielsweise zur Unterstützung ein Fragebogen entwickelt werden, der sich an der Übersicht der nicht quantifizierbaren Nutzen orientiert. Anhand der Ergebnisse von Interviews bei Benutzern und DV-Mitarbeitern, die vom Anwendungseinsatz mittelbar oder unmittelbar profitieren, läßt sich feststellen, ob oder inwieweit aus Sicht des direkten bzw. indirekten Beteiligten die erwarteten Nutzen realisiert sind. Der Fragebogen sollte mit folgenden Fragen abschließen:

o Gibt es noch andere aus dem Einsatz der Anwendung resultierende Nutzen, die bisher nicht angesprochen wurden?

o Gibt es Probleme, mit denen vor Einsatz der Anwendung nicht gerechnet werden konnte oder wurde?

Werden Verbesserungen bei der Informationsbereitstellung als Nutzen angegeben, sollte der Revisor zur Überprüfung derartiger Angaben die Zustände vor und nach der Anwendungseinführung bewerten. Ebenfalls sollte durch die Beobachtung der Anwendungsverarbeitung die Güte der eingesetzten Kontrollverfahren und die Termintreue der Listen/Ausgaben festgestellt werden.

Diese Techniken ermöglichen eine Beurteilung des Realisierungsgrads von Nutzen und eine Einordnung in Kategorien wie beispielsweise "vollständige Realisierung", "partielle Realisierung" und "keine Realisierung". Diese Beurteilung ist in der Übersicht der nicht quantifizierbaren Nutzen besonders zu vermerken und, wenn möglich, anhand von Interviewergebnissen und Beobachtungen zu belegen.

DER REVISIONSBERICHT

Der Revisionsbericht sollte alle signifikanten Plan-/Ist-Abweichungen bei den Installations- und Betriebskosten sowie den erreichten quantifizierbaren und nicht quantifizierbaren Nutzen aufzeigen. Die Abweichungsursachen sind festzustellen und zu erläutern. In einigen Fällen lassen sich durch Einleiten bestimmter Vorgänge ungünstige Abweichungen, insbesondere mit Blick auf die Senkung der Betriebskosten und die Realisierung größerer Nutzen, ausgleichen. Die Durchführung derartiger Schritte sind dem Management als Empfehlung vorzulegen.

Der Revisor kann unter Umständen während seiner Nachforschungen auf wesentliche Systemprobleme stoßen. Diese Schwierigkeiten sind im Bericht zusammen mit Verbesserungsempfehlungen auszuweisen. Obwohl es sich nicht um eine Prüfung der Kontrollen und Verfahren handelt, lassen sich auch Probleme in diesem Bereich erkennen. Natürlich gehört der Hinweis auf solche Mißstände ebenfalls in den Revisionsbericht, wobei insbesondere Abweichungen mit negativen Effekten auf Kontrollen, Kosten oder die Systemleistungsfähigkeit darzustellen sind.

Eine Prüfung nach der Installation gibt Aufschluß über die Güte des gegenwärtigen Projektkontrollsystems. Jeder bedeutsame Fehler im System, der das Auftreten ungünstiger Abweichungen und Auswirkungen auf andere Projekte ermöglicht, wird im Rahmen der Prüfung aufgedeckt. Aus diesem Grund sollte auf erkannte Schwachstellen mit besonderem Nachdruck hingewiesen werden.

ZUSAMMENFASSUNG

Prüfungen nach der Installation werden häufig nicht als Bestandteil der Arbeit des DV-Revisors angesehen. Gibt es im Unternehmen keine Form der Projektverfolgung, sollte der Revisor dem gehobenen Management die Einrichtung eines derartigen Programms dringend empfehlen.

Liegt die Genehmigung des Managements vor, sollte ein Arbeitsprogramm entwickelt werden, das sich an den in diesem Kapitel erarbeiteten Grundlagen orientiert. Zu den Aufgaben dieses Arbeitsprogramms gehört die Klärung der Vollständigkeit der in der Kosten-/Nutzenanalyse benutzten Informationen und die Prüfung der Realitätsnähe des vorgelegten Datenmaterials. Ebenso sollte deutlich herausgestellt werden, ob die zum gegenwärtigen Zeitpunkt realisierten (und die erwarteten) Nutzen die Kosten der Anwendungsentwicklung und des fortlaufenden Anwendungsbetriebs rechtfertigen. Der Revisor erkennt bei Durchführung des Arbeitsprogramms möglicherweise auch Bereiche, in denen sich bedeutende Kosteneinsparungen durch Verbesserung des Management Monitoring und der Projektkontrollverfahren realisieren lassen. Der Prozeß der Projektgenehmigung kann durch Anwendung dieser Vorgehensweise verfeinert werden. Diese Form der Prüfung unterstützt den DV-Revisor in dem Bemühen, sowohl Kosteneinsparungen als auch nicht quantifizierbare Nutzen zu realisieren.

7 PRÜFUNG VON ANWENDUNGSSOFTWARE

EINLEITUNG

In diesem Kapitel soll der Nutzeneffekt der Quellcodeprüfung bei computergestützten Anwendungsprogrammen als Prüfungstechnik diskutiert werden. Neben einer Verbesserung der Verständlichkeit von Programmen, Algorithmen etc. lassen sich mit dieser Form der Überprüfung die Existenz dokumentierter Programmkontrollen im Quellcode, die Übereinstimmung von Programm und Spezifikation sowie die Einhaltung der Installationsstandards nachweisen.

Weitere Nutzeneffekte einer Quellcodeprüfung beziehen sich auf die Offenlegung unautorisierter oder illegaler Änderungen der Programmlogik. Derartige Änderungen ermöglichen das Umgehen bestehender Kontrollverfahren, das Manipulieren von Programmresultaten oder sie stehen im Widerspruch zu Programmspezifikationen, -zielsetzungen und -dokumentationen. Anhand der Quellcodeprüfung kann auch die Effizienz bzw. Ineffizienz der eingesetzten Entwurfs- und Codierverfahren festgestellt werden.

Die Erreichung dieser Zielsetzungen hängt von der Verfügbarkeit angemessener zeitlicher und personeller Ressourcen ab.

Programmiersprachen

Die Analyse eines Quellprogramms setzt die vollständige Vertrautheit des Revisors mit der verwendeten Programmiersprache voraus. Im kommerziellen DV-Bereich wird überwiegend die Programmiersprache COBOL eingesetzt, so daß COBOL-Kenntnisse in der Regel eine notwendige Vorbedingung für die Prüfung eines Anwendungsprogramms darstellen.

Im Gegensatz zu vielen anderen Programmiersprachen ist COBOL bis zu einem gewissen Grad selbstdokumentierend. Kommentare, die die Quellcodelogik und -prozeduren erläutern, sind in den Code eingebettet. Durch Verwendung "sprechender" Variablennamen, wie beispielsweise *Personal-Nummer* oder *Brutto-Gehalt* (z.B. anstelle von *PN* oder *BG*), läßt sich zudem die Programmlesbarkeit und -verständlichkeit weiter verbessern. Der Revisor muß sich allerdings bewußt sein, daß selbst eine Programmiersprache wie COBOL keine Garantie für die Entwicklung leicht lesbarer und verständlicher Programme bietet.

Die Programmiersprache COBOL dient in diesem Kapitel nur zu Illustrationszwecken. Der Revisor wird sich in der Praxis auch mit anderen Sprachen (z.B. PASCAL, PL/1, BASIC, C) beschäftigen.

AUSWAHL EINES PROGRAMMES

Vor der Auswahl eines oder mehrerer Programme(s) als Gegenstand der Quellcodeprüfung, muß der Revisor mit den Zielsetzungen des Anwendungssystems vertraut sein. Hier empfiehlt sich zusätzlich zum Studium der Programm- und Systemdokumentation das Gespräch mit dem Entwicklungs- und Wartungsteam. Liegt dieses grundsätzliche Verständnis vor, kommen für die Auswahl eines spezifischen Quellprogramms verschiedene Kriterien zur Anwendung:

- Zweck;
- Risikopotential;
- Einsatzhäufigkeit;
- Erwartete Lebensdauer;
- Verfügbarkeit personeller Ressourcen;
- Verwendete Programmiersprache.

Das wichtigste Auswahlkriterium ist sicherlich der Zweck (d.h. die Aufgabe) eines bestimmten Programmes. Der Revisor muß die Wichtigkeit des Programmes für das Anwendungssystem bestimmen und ermitteln, ob das Programm sensitive oder kritische Daten verarbeitet oder an andere Programme übergibt. Zeigt sich aus den vorangegangenen Prüfungsergebnissen, daß ein hohes Fehlerrisiko für das Programm vorliegt und besteht darüber hinaus ein kritisches anwendungsspezifisches Gesamtrisikopotential, empfiehlt sich die Vorlage dieses Programmes für eine Quellcodeprüfung.

Weitere Kriterien, die die Programmauswahl beeinflussen können, sind die Einsatzhäufigkeit und die erwartete Lebensdauer eines Programms. Aufgrund der Komplexität der Quellcodeanalyse und des damit verbundenen Aufwands empfiehlt sich eine Beschränkung auf täglich oder wöchentlich eingesetzte Programme vorzunehmen. Ferner erscheint es wenig sinnvoll, Zeit- und Personalaufwand für die Quellcodeprüfung bereitzustellen, wenn ein Anwendungsprogramm in absehbarer Zeit ersetzt werden soll.

Beginn der Prüfung

Der erste Blick des Revisors gilt der Feststellung programmspezifischer Angaben wie beispielsweise Autor und Zeitpunkt der Programmerstellung sowie den beschreibende Kommentaren (in COBOL-Programmen sind diese Informationen in der *Identification Division* zu finden). Im nächsten Schritt sind alle Ein- und Ausgabedateien, die vom Programm gelesen und geschrieben werden, festzustellen und die im Rahmen der Prüfung interessierenden spezifischen Charakteristika von Dateien, Datensätzen und Datenelementen zu ermitteln (in COBOL-Programmen sind diese Informationen der *Environment Division* und der *Data Division* zu entnehmen).

PRÜFUNG VON KONTROLLEN UND PROGRAMMLOGIK

Die Prüfung der Programmkontrollen und -logik setzt ein gewisses Programmverständnis voraus. Der erste Schritt dazu ist ein sorgfältiges Studium der Programmdokumentation. Der Revisor muß sich jedoch der in fast allen Programm- und Systemdokumentationen auftretenden Fehlern bewußt sein. Diese Fehler können sowohl durch mangelnde Beachtung der Dokumentationsstandards im Rahmen der Programmentwicklung, als auch durch unzureichende Aktualisierung der Dokumentation im Rahmen von Programmänderungen entstehen.

Die beste Methode, sich einen Einblick in ein Programm zu verschaffen, bietet die abschnitts- und zeilenweise Quellcodeprüfung. Diese Vorgehensweise ist umso leichter bei Programmen, die

- o gemäß den Installationsstandards entwickelt wurden,
- o über eine angemessene externe Dokumentation verfügen und
- o durch sinnvolle Kommentare im Quellcode erläutert sind.

Überprüfung interner Kontrollverfahren

Eine wichtige Zielsetzung jeder Prüfung stellt die Untersuchung interner Kontrollen dar. Bestimmte Programmkontrollen können vom Revisor durch Beobachtung, Eingabe von Testdaten und/oder Analyse der Quellcodebefehle geprüft werden.

Lange Zeit wurde die Beobachtungsmethode (d.h. "Beobachten" und Nachvollziehen der Programmausführung im Tagesbetrieb) zur Überprüfung interner Kontrollen in manuellen und automatischen Systemen eingesetzt. Bei Anwendung dieser Technik ist jedoch zu berücksichtigen, daß es sich nur um Momentaufnahmen handelt, die nicht die fortlaufende Nutzung der Kontrollen nachweisen und nicht die interne Logik und Validität des Programms verifizieren.

Eine bessere Methode zur Prüfung der Programmlogik und interner Kontrollen ist die Entwicklung und Verarbeitung von Testdaten. Der Revisor muß zudem nicht über ein ausgeprägtes technisches Wissen wie bei der eigentlichen Quellcodeanalyse verfügen.

Die Prüfung aller Programmkontrollen und -routinen erfordert jedoch vielfach zahlreiche Testfälle. Der Zeitaufwand im Vergleich zur Prüfung bestimmter Quellprogrammteile kann möglicherweise höher liegen.

Prüfung der Programmspezifikation

Die für die Prüfung der Programmkontrollen eingesetzte Quellcodeanalyse sollte mit einem sorgfältigen Studium der Programmspezifikationen beginnen. Die Programmdokumentation beschreibt programmiertechnisch realisierte Kontrollen wie Eingabeprüfungen oder Kontrollsummen. Die für die Erstellung des Quellcodes erforderlichen Anweisungen werden diesen Spezifikationen entnommen. Der Revisor muß jedoch bedenken, daß Programmierer häufig Kontrollen ignorieren bzw. übersehen oder Programmspezifikationen bestimmte Kontrollen für das Programm nicht vorschreiben.

So kann beispielsweise eine Programmspezifikation lauten:

"Eingabe GESCHLECHT, gültige Werte '1' oder '2'".

Der Programmierer könnte diese Anweisung wie folgt in Quellcode umsetzen:

```
IF GESCHLECHT = 1
   GO TO 090-VERARBEITUNG-MAENNLICH

080-VERARBEITUNG-WEIBLICH
```

Die Eingabeverarbeitung in dieser Routine ist insoweit unvollständig, als bei GESCHLECHT = 1 (männlich) die Verarbeitung für den Fall "männlich" vorgenommen wird, aber für GESCHLECHT = 2 oder jeden anderen Wert die Verarbeitung für den Fall "weiblich" erfolgt. Dieser Verarbeitungsablauf ist nicht erwünscht. Es liegt eine unvollständige Gültigkeitsprüfung vor.

Eine vollständige Eingabeprüfung könnte aus folgenden Programmzeilen bestehen:

```
IF GESCHLECHT = 1
   GO TO 090-VERARBEITUNG-MAENNLICH

IF GESCHLECHT = 2
   GO TO 100-VERARBEITUNG-WEIBLICH

ELSE
   GO TO 900-EINGABE-FEHLER-ROUTINE

090-VERARBEITUNG-MAENNLICH

.
.
.
```

Im Rahmen der Quellcodeprüfung läßt sich diese Schwachstelle mit erheblich kürzerem zeitlichen Aufwand erkennen als durch ein Testverfahren mit rein beobachtendem Charakter.

Konzentration auf bestimmte Datenelemente

Der Revisor kann sich bei der Quellcodeprüfung auf bestimmte Datenelemente (z.B. *Zins-Aufwand*, *Zahlungsziel-Überschritten*) konzentrieren. Mit Hilfe der Cross-Reference-Option werden diese Variablen durch das gesamte Programm verfolgt (Optionen XREF oder SXREF) und ausgedruckt. Das Cross-Reference-Listing zeigt die Quellprogrammzeilen an, in denen die Datenelemente definiert und angesprochen werden.

Verfolgen der Transaktionspfade

Ein herkömmliches Prüfungsverfahren in einer manuellen Umgebung ist das Verfolgen von Transaktionspfaden. Der Revisor verfolgt beispielsweise eine Anweisung vom Zeitpunkt des Eingangs in den Arbeitsbereich in ihrem Verlauf von Bearbeitungsstelle zu Bearbeitungsstelle. Anschließend untersucht der Revisor in den verschiedenen Verarbeitungszyklusphasen jeden einzelnen Vorgang, den die in den Prozeß involvierten Mitarbeiter und Maschinen an jeder Bearbeitungsstelle ausführen. Dieses Vorgehen gibt einen Einblick in den Transaktionsfluß.

In einer computergestützten DV-Umgebung ist es jedoch nicht möglich, den Verarbeitungszyklus einer Transaktion allein anhand der papiergebundenen Vorgänge zu verfolgen. Viele der Funktionen, die in einer manuellen Umgebung vom jeweiligen Fachpersonal wahrgenommen werden, aber auch die Weitergabe von Hardcopy-Dokumenten, werden in einer automatisierten Umgebung durch Computerverarbeitungsroutinen erledigt. Der Revisor wird sich aus diesem

Grund für eine Verfolgung des Programms entscheiden, um einen vollständigen Einblick in den internen Programmablauf und die internen Kontrollen zu erhalten. Hierbei ist sowohl eine manuelle Vorgehensweise, als auch der Einsatz kommerziell verfügbarer Softwarepakete (Rückübersetzungsprogramme) denkbar. Bei Rückübersetzungsprogrammen erstellt der Computer aus dem Quellprogramm automatisch Progammablaufpläne (Flow-Charts). Das Programm analysiert beispielsweise einzelne Codierbefehle, teilt den einzelnen Prozeduren Seiten zu, zeichnet Verbindungslinien und standardisierte Symbole, fügt erklärende Texte in die Sinnbilder ein oder identifiziert Verzweigungspunkte (1).

Diese Verfahren erlauben dem Revisor beispielsweise Prüfungen

- o der internen Programmlogik,
- o des Einsatzes arithmetischer Rundungsroutinen,
- o der eingebauten Routinen für Ausnahmebedingungen oder
- o des allgemeinen Transaktionsflusses durch das Programm.

Automatische Verfolgung einzelner Programmschritte

Dieses sogenannte "Tracing" ermöglicht ein schrittweises elektronisches Durchgehen des Anwendungsprogrammes. Die Zielsetzung des Tracing ist die Prüfung auf Einhaltung von Richtlinien und Verfahren durch Feststellung der bei der Transaktionsverarbeitung angewandten Methoden. Die Originaldaten werden im Prozeßablauf verfolgt und mit den vorgeschriebenen Verarbeitungsergebnissen verglichen. Das Tracing zeigt, welche Anweisungen in einem Computerprogramm ausgeführt werden und in welcher Reihenfolge die Ausführung erfolgt.

Um die Effektivität der Prüfung zu verbessern und einen tieferen Einblick in die Programmlogik und -kontrollen zu gewinnen, ist der gemeinsame Einsatz mehrerer der in diesem Abschnitt vorgestellten Methoden zu empfehlen.

PRÜFUNG DER EINHALTUNG VON STANDARDS

Programmierstandards

Programmierstandards dienen sowohl der effizienteren Codierung als auch der Lesbarkeit und Wartungsfreundlichkeit des Programmcodes. Die Quellcodeprüfung auf Einhaltung von Standards orientiert sich an den von der DV-Abteilung eingesetzten und dokumentierten Codierkonventionen und -restriktionen. Die Untersuchung kann manuell durch eine zeilenweise Codeprüfung oder automatisch durch Einsatz eines Filterprogrammes, das jede Quellcodezeile in bezug auf Standardverletzungen analysiert, durchgeführt werden.

Viele Programmierabteilungen setzen im Rahmen der Programmentwicklung Quellcodegeneratoren ein. Programmierstandards lassen sich durch die effektive Nutzung solcher Hilfsmittel besser durchsetzen.

Im folgenden werden einige Beispiele von Codierkonventionen aufgeführt, die der Revisor überprüfen sollte. Obwohl diese Standards insbesondere für COBOL gelten, können ähnliche Standards auch für andere Programmiersprachen Anwendung finden:

- o Vermeiden umfangreicher Module;
- o Keine Verwendung von ACCEPT- oder DISPLAY-Befehlen;
- o Verwenden von Kommentaren im gesamten Programm zur Erläuterung einzelner Verarbeitungsroutinen;
- o Verwenden sprechender Variablennamen;
- o Verwenden einer fortlaufenden Numerierung bei Paragraphennamen, die in ihrer Dimensionierung das Einfügen neuer Paragraphen berücksichtigt;
- o Beginn der PICTURE-Anweisung in Spalte 40 und der VALUE-Anweisung in Spalte 56;
- o Verwenden positiv testender Bedingungen (d.h. Vermeiden von NOT-Anweisungen);
- o Vermeiden des ALTER-Befehls;
- o Compilieren der endgültigen Programmversion mit der OPT(= Optimize)-Option;
- o Compilieren der endgültigen Programmversion mit der XREF-Option.

Dokumentationsstandards

Der Revisor sollte sich auch mit den Dokumentationsstandards beschäftigen. Die Prüfung eines Programmes auf Einhaltung der Programmierstandards ist unvollständig, wenn keine gleichzeitige Überprüfung der Dokumentation erfolgt.

Die Programmdokumentation einer Anwendung kann beispielsweise in einem Ringordner als Loseblattsammlung geführt werden, um den Austausch von Seiten für Aktualisierungszwecke zu erleichtern. Im folgenden werden eine Reihe von Dokumentationsbeispielen genannt. Aus dieser Aufstellung sind die für die unternehmensspezifischen Anforderungen geeigneten Komponenten auswählen:

o Programmbeschreibung;
o Quellcode-Listing;
o JCL-Listing;
o Anweisungen zur Datenerfassung;
o Betriebsanweisungen (einschließlich Restart-Anweisungen);
o Vorgenommene Änderungen;
o Beschreibung von Dateien und Datensätzen;
o Musterdokumente für Eingaben;
o Musterdokumente für Ausgaben;
o Verwendete Testdaten;
o Ablaufpläne;
o Verzeichnis der Datenelemente (Dictionary).

Neben den unternehmensspezifischen Anforderungen an eine Dokumentation sind unter Umständen noch gesetzliche Vorschriften einzuhalten. Der Revisor sollte die Übereinstimmung mit diesen und anderen anzuwendenden Regelungen überprüfen.

ÜBERPRÜFUNG DER EFFIZIENZ

Ein weiterer Grund für die Durchführung einer Quellcodeanalyse ist die Untersuchung des Programmes unter Effizienzgesichtspunkten. Die Vorteile software- und hardwaremäßiger Erweiterungen zur Verbesserung der Effizienz verlieren auch in Anbetracht steigender Verarbeitungsgeschwindigkeiten nicht an Bedeutung.

Einige Compiler sind in der Lage, erzeugten Objektcode automatisch zu optimieren. Die Optimierungsoption sollte aufgrund der Möglichkeit zur Verbesserung der Programmeffizienz als Installationsstandard ausgewiesen sein. Falls eine derartige Option nicht zur Verfügung steht, so ist die Anschaffung entsprechender Software zu überlegen.

Die Optimierung bei der Compilierung ersetzt jedoch keine effizienten Codierverfahren. Jede Programmiersprache verfügt über Regeln und Prozeduren, die die Erstellung effizienter Objektprogramme unterstützen. Der Revisor sollte diese Regeln kennen. Folgende Regeln und Prozeduren sind beispielsweise bei COBOL anwendbar:

o Alle numerischen Datenfelder, die in arithmetischen Operationen Anwendung finden, sollten im gepackten Format (COMP-3) vorliegen.

o Für alle Schalter (die für den Aufbau einer Auswahlbedingung benötigt werden) sollten alphanumerische Datenfelder von 1 Byte Länge benutzt werden.

- o Beim Überprüfen mehrerer alternativer Bedingungen für Datenfelder sollten IF-Abfragen in abnehmender Reihenfolge des wahrscheinlichsten Auftretens sortiert werden. Untersuchungen haben gezeigt, daß 20 Prozent aller möglichen Eingaben in 80 Prozent aller Fälle auftreten.
- o Die Verwendung arithmetischer Ausdrücke in IF-Abfragen sollte vermieden werden, wenn dieser Ausdruck mehr als einmal benötigt wird. Stattdessen sollte der Wert des arithmetischen Ausdrucks errechnet und als neue Variable abgelegt werden.
- o Die Verwendung der ON SIZE ERROR-Option sollte in arithmetischen Anweisungen vermieden werden, indem bei der Wahl der Feldgröße die Dimension des Maximalwerts berücksichtigt wird.
- o Der Dialog zwischen Programm und Operator sollte vermieden werden (d.h. die DISPLAY ... UPON CONSOLE- und ACCEPT ... FROM CONSOLE-Anweisungen sollten nicht verwendet werden).
- o Negativ formulierte IF-Abfragen sollten vermieden werden.

Diese Aufstellung zeigt einige Beispiele für eine effizientere Codierung, die bei jeder Programmentwicklung beachtet werden sollten. Der Revisor sollte diese Effizienzrichtlinien kennen und im Rahmen der Quellcodeanalyse berücksichtigen.

Dateientwurfs- und -zugriffsmethoden nehmen ebenfalls eine wichtige Position bei Effizienzüberlegungen ein. Der Revisor sollte sich vergegenwärtigen, daß bestimmte Dateizugriffsmethoden (z.B. VSAM) anderen Methoden (z.B. ISAM) überlegen sind.

Die Größe der Datenblöcke und die Länge der Datensätze haben im Rahmen der Programmeffizienz ebenfalls eine wesentliche Bedeutung. In vielen DV-Installationen werden noch Blockungsfaktoren benutzt, die sich auf ältere Zugriffsverfahren beziehen. Teilweise erfordert die Korrektur und Anpassung dieser Blockungsfaktoren an neue, effizientere Dateizugriffsmethoden und Direktzugriffsspeicher einen nicht unerheblichen Zeitaufwand. Im Rahmen der Quellcodeprüfung kann der Revisor derartige Ineffizienzen offenlegen und Verbesserungen empfehlen.

ZUSAMMENFASSUNG

Mit der Quellcodeprüfung steht ein Prüfungswerkzeug zur Verfügung, das einerseits zu einem tieferen Verständnis der Anwendungslogik und -kontrollen beiträgt und andererseits dem Nachweis der Existenz dokumentierter und tatsächlicher Programmkontrollen, aber auch der Einhaltung von Standards dient.

Dem Management muß jedoch bewußt sein, daß sinnvolle Prüfungsergebnisse und -empfehlungen einen erheblichen Zeitaufwand und den Einsatz entsprechend qualifizierten Personals voraussetzen.

Quellenangabe:

(1) Haschke, Wolfgang: "Vorgehensweise bei der Revision von Anwendungsgebieten", in: Zeitschrift Interne Revision, 3/83, S. 173 f.

Literaturhinweise:

Horvath, Peter; Schimank, Christof: "EDV-Unterstützung für die Revision - Ein Überblick", in: Zeitschrift Interne Revision, 3/87, S. 129 -146.

Will, Hartmut J.: "Computergestützte Prüfungstechnik", in: Handwörterbuch der Revision, hrsg. v. Adolf G. Coenenberg und Klaus v. Wysocki, Stuttgart 1983, Spalte 211 -218.

Nagl, Kurt: "Programmprüfung", in: Handwörterbuch der Revision, hrsg. v. Adolf G. Coenenberg und Klaus v. Wysocki, Stuttgart 1983, Spalte 1115 - 1131.

8 PRÜFUNG EINES BETRIEBSSYSTEMS

EINLEITUNG

Bei einem Betriebssystem handelt es sich um ein Programm oder mehrere Programmkomponenten, die benötigt werden, um die Arbeitsfähigkeit der DV-Anlage zu ermöglichen und die technischen Möglichkeiten des Computers auszunutzen. Die Aufgaben des Betriebssystems beziehen sich auf die

- o Steuerung und Verwaltung des Betriebsmitteleinsatzes;
- o Vereinfachung der Systembenutzung;
- o Gewährleistung einer hohen Rechnerverfügbarkeit.

Das Betriebssystem beinhaltet alle für die Zentraleinheit betriebsnotwendigen Systemprogramme. Die Rolle der Betriebssystemsoftware ist vergleichbar mit der des menschlichen Gehirns, da das Betriebssystem die zur Aufgabenausführung erforderlichen Schritte veranlaßt und die Ablaufsteuerung übernimmt. Das Betriebssystem erkennt beispielsweise den Lesezugriff eines Anwendungsprogrammes auf eine Datei und übergibt daraufhin die Kontrolle an die spezifischen Makroinstruktionen, die den Lesevorgang durchführen. Anschließend prüft das Betriebssystem den Progammstatus auf das Vorliegen von Fehlern. Werden Fehler erkannt, leitet das Betriebssystem festgelegte Fehlerroutinen ein und kehrt zur nächsten Instruktion im Anwendungsprogramm zurück.

Das 1974 von IBM entwickelte Betriebssystem OS/VS2/MVS (Operating System/Virtual Storage 2 mit Multiple Virtual Storage) ist eine Weiterentwicklung der beiden Betriebssysteme OS/MVT (Multiprogramming with a variable number of Tasks) aus den 60er Jahren und dem OS/VS2/SVS (Single Virtual Storage) der frühen 70er Jahre. MVS unterstützt im Gegensatz zu früheren IBM-Betriebssystemversionen aufgrund wesentlicher Verbesserungen im Leistungsverhalten, in der Sicherungskonzeption, der Integrität und der Leistungsfähigkeit der Funktionen mehr Anwender. So dient beispielsweise der System Resources Manager (SRM) der Sicherstellung einer optimalen Betriebsmittelauslastung (z.B. Kanäle und Realspeicher) sowie der Aufzeichnung sämtlicher Systemaktivitäten und der Arbeitslastanpassung des Systems bei veränderten Bedingungen.

Die Verbesserung der Sicherungs- und Integritätsmaßnahmen basiert beispielsweise auf der Verfügbarkeit der Schnittstellen zu IBM-RACF (RACF = Resource Access Control Facility) und APF (APF = Authorized Program Facility). MVS zeichnet sich darüber hinaus durch Bereitstellung folgender Komponenten aus:

- o Job-Management durch JES2 und JES3 (JES = Job Entry Subsystem);
- o Virtuelle Speicherzugriffsmethode (VSAM), die eine hohe Leistung beim Zugriff auf Direktzugriffsspeicher ermöglicht.

In diesem Kapitel werden MVS-Bereiche, die unter Prüfungsaspekten interessant sind, herausgegriffen und Möglichkeiten zur Prüfung des Betriebssystems aufgezeigt.

MVS-KOMPONENTEN

Der folgende Abschnitt diskutiert wesentliche Aspekte des MVS-Betriebssystems und stellt geeignete Kontrollen und Verfahren für eine Prüfung des MVS-Betriebssystems vor.

SMP (System Modification Program)

Alle im MVS angebrachten Modifikationen sollten mit Hilfe des System Modifikation Program (SMP) erstellt werden. Das SMP überwacht und protokolliert Modifikationen, so daß der Revisionsanspruch der Nachvollziehbarkeit erfüllt ist. Die Erfassung jeder Modifkation auf einem separaten Protokollblatt unterstützt darüber hinaus den Systemprogrammierer, jede Modifikation zu rekonstruieren, falls im Betriebssystem nach der Implementierung Probleme auftreten. Die Systemprogrammierung sollte daher zur Erstellung von Änderungskontrollblättern verpflichtet werden, die Art und Grund der Änderungen beschreiben und den Leitern des Operating und der DV-Technik zur Genehmigung vorgelegt werden müssen. Diese Vorgehensweise stellt sicher, daß alle Änderungen autorisiert sind und der RZ-Betrieb über die Effekte der Änderungen auf das Betriebssystem informiert wird. Die SMP-Aufzeichnungen hinaus für einen definierten Zeitraum aufbewahrt und archiviert werden.

Das Prüfungsziel der DV-Revision ist festzustellen, ob alle Modifikationen mittels SMP implementiert sind und entsprechende Kontrollprotokolle, Autorisierungsblätter sowie SMP-Listings zur Verfügung stehen. Durch den Vergleich der Autorisierungsblätter mit dem Modifikationsprotokoll und den SMP-Listings lassen sich beispielsweise Inkonsistenzen aufdecken.

Systemdatenbestände

Zugriffe auf Systemdatenbestände sollten einer besonderen Sicherung unterliegen. Die innerhalb des Betriebssystems definierten Systemdatenbestände sind zur Wahrnehmung der Betriebssystemfunktion erforderlich.

Der Zugriff auf folgende Bibliotheken sollte beispielsweise strengen Kontrollverfahren unterliegen:

- SYS1.JES2 - Systembibliothek des JES2. Das Job Entry Subsystem (JES) unterstützt die Job-Eingabe, übernimmt das Spooling und die Auftragsverwaltung der Batch-Jobs. Jeder eingegebene Job wird zunächst auf Syntaxfehler (JCL) geprüft. Im Fehlerfall erfolgt zusammen mit der Protokollierung der Fehlermeldungen die Weiterleitung zur Ausgabephase; eine Job-Ausführung findet nicht statt.
- SYS1.PARMLIB - Beinhaltet Parameter, die beim Systemstart aktiviert werden.
- SYS1.UADS - Systembibliothek die die TSO-Anwenderspezifikationen einschließlich der Zugriffsberechtigungen speichert.
- SYS1.PROCLIB - Systembibliothek, die die Prozeduren speichert.
- SYS1.NUCLEUS - Systembibliothek, die den Nucleus beinhaltet, der beim Systemstart in den Realspeicher geladen wird.
- SYS1.LINKLIB - Systembibliothek für Dienstprogramme (Utilities, Service Aids usw.), die zur Pflege und Steuerung des Systems eingesetzt werden.
- SYS1.VTAMLIB - Systembibliothek für VTAM-Routinen.
- SYS1.TELCMLIB - Systembibliothek für TCAM und BTAM.

Die Zugriffsberechtigung für verschiedene andere Dateien/Bibliotheken sollte ebenfalls auf ausgewählte Operating- oder Systemdienstmitarbeiter beschränkt sein. Diese Forderung bezieht beispielsweise den Zugriff auf RACF-Datenbestände ein, die die Benutzerkennworte und Zugriffsberechtigungen für RACF-kontrollierte Datensätze speichern.

Gleiches gilt für Einrichtungen zur Verwaltung von Datenbeständen. Die Spurbelegung bei der Datenspeicherung hängt von der Speicherbelegung ab. MVS bzw. MVS/XA nutzt den verfügbaren freien Speicherplatz optimal. Voraussetzung dafür ist jedoch die Kennzeichnung der Datenträger und Datenbestände sowie die Eintragung der Dateien in das Inhaltsverzeichnis des Datenträgers (VTOC = Volume Table of Contens).

Im Gegensatz zum VTOC handelt es sich bei dem MVS- bzw. MVS/XA-Katalog (Master-Catalog) um ein "zentrales Inhaltsverzeichnis" ausgewählter Datenbestände. Die Eintragung der Datenbestände, d.h. die Katalogisierung, erfolgt sowohl im VTOC des Datenträgers als auch im Master-Catalog. Diese Vorgehensweise erleichert zu einem späteren Zeitpunkt das Wiederauffinden der Datenbestände.

Die Nutzung verschiedener Dienstprogramme (Utilities) sollte ebenfalls nur auf ausgewählte Mitarbeiter beschränkt sein. Die Mächtigkeit des Befehlsvorrats der Dienstprogramme stellt ein hohes Risikopotential dar. So bietet das Dienstprogramm IEHPROGM Funktionen zum Löschen von VTOC, Dateien, Bibliotheken oder ausgewählten Bibliotheksmember. Der Gebrauch dieses Dienstprogramms sollte daher umfassenden Kontroll- und Überwachungsmaßnahmen unterliegen. (In Kapitel 9 werden Einsatzmöglichkeiten verschiedener Dienstprogramme beschrieben sowie Verfahren für die Nutzung und Kontrolle dieser Programme vorgestellt.)

Dem DV-Revisor bieten sich mehrere Möglichkeiten zu bestimmen, ob eine Zugriffsbeschränkung für kritische Systemdatenbestände besteht und nur ausgewählte Mitarbeiter zur Anwendung bestimmter Dienstprogramme berechtigt sind. So läßt sich beispielsweise mit Hilfe des Dienstprogrammes IEHLIST unter Verwendung der LISTVTOC-Anweisung das Vorliegen einer Kennwortsicherung für bestimmte Datenbestände feststellen.

Bei VSAM-Datenbeständen bietet sich darüber hinaus der Einsatz des Dienstprogramms IDCAMS an. Dieses Dienstprogramm ermöglicht dem DV-Revisor das Ausdrucken und Auswerten sämtlicher Katalogeintragungen (einschließlich Master Catalog).

Mit der Auswertung von SMF-Datensätzen steht dem DV-Revisor eine weiteres Prüfungsinstrument zur Verfügung, z.B. Auflisten aller Jobs mit Zugriff auf kritische Datenbestände. Der DV-Revisor sollte diese Protokolle prüfen, um sicherzustellen, daß die Job-Ausführung nur durch Mitarbeiter mit Zugriffsberechtigung erfolgte.

Eine weitere Prüfungstechnik bezieht sich auf die Feststellung der tatsächlichen Wirksamkeit der Zugriffssicherung. Ein Testdurchlauf mit ausgewählten Dienstprogrammfunktionen zeigt, ob die Zugriffssicherung für bestimmte Datenbestände den Sicherungsanforderungen entspricht.

Der Supervisor

Der Supervisor übernimmt die Kontrolle und Überwachung der Ausführung sämtlicher Tasks in einem Multiprogramming-Betrieb. Unter *Task* ist ein in der Ausführung befindliches Programm zu verstehen. Die Aufgaben des Supervisor umfassen beispielsweise:

- Interrupt Processing - Verarbeitung von Unterbrechungen, z.B. bei Unterbrechung einer Task wegen einer I/O-Operation wird der momentane Status gespeichert und die Unterbrechungsart analysiert.
- Auswahl auszuführender Arbeitseinheiten - Die Supervisor-Routine *Dispatcher* entscheidet, welche Task aus der Gesamtheit der Tasks mit dem Zustand *Ready* auszuführen ist und leitet deren Verarbeitung ein. Die Übergabe der Kontrolle der CPU an eine Arbeitseinheit nennt man *Task Dispatching*.
- Serialisierung der Betriebsmittelnutzung - Dieser Vorgang stellt sicher, daß Betriebsmittel, die von einer Task benötigt werden, zum gleichen Zeitpunkt nicht auch anderen Tasks zur Verfügung stehen.

Abhängig von den Betriebsanforderungen der DV-Installation kann die Einrichtung weiterer Funktionen, die nicht Teil des Supervisor und damit des MVS sind, erforderlich sein. Bei diesen Supervisor Calls (SVC) handelt es sich um benutzererstellte Routinen, die entweder Produkte eines Softwarehauses oder Eigenentwicklungen sind. Ihre Funktion liegt in der Unterstützung bestimmter Softwarepakete.

Einer Prüfung können beispielsweise folgende Ziele zugrundeliegen:

- Vorliegen und Eignung der SVC-Dokumentation;
- Übereinstimmung von benutzererstellten SVC mit den IBM-Integritätsbestimmungen;
- Beschränkung der Nutzung kritischer SVC auf ausgewählte Mitarbeiter.

Parameter

IBM stellt zur optimalen Betriebssystemanpassung verschiedene MVS-Parameter zur Verfügung. Die Parameter werden dem MVS-Betriebssystem unter Verwendung verschiedener Elemente der SYS1.PARMLIB zugewiesen, so daß sich die Parametereingabe durch den Operator während der IPL-Zeit auf ein Minimum beschränkt, z.B.

- o Volume Attribute List;
- o Installation Performance Specification.

Einige Parameter dienen beispielsweise der Vergabe von Prioritäten für bestimmte Anwendungen. Die Parameterspezifikation erfordert eine sorgfältige Betrachtung der Erfordernisse der gesamten DV-Installation, um unerwünschte Seiteneffekte auszuschließen bzw. zu minimieren.

Die Prüfung des DV-Revisors setzt somit an der Eignung der festgelegten Parameter für die aktuellen Erfordernisse der DV-Installation an. Zu diesem Zweck ist zunächst mit Hilfe eines Dienstprogrammes (z.B. IEBPTPCH) der Inhalt der jeweiligen SYS1.PARMLIB-Member aufzulisten. In einem sich daran anschließenden Gespräch mit der Abteilung *Systemprogrammierung* sind die Gründe für die Spezifizierung bestimmter Parameter zu klären. Bestehen zwischen DV-Revision und Systemprogrammierung Meinungsverschiedenheiten in bezug auf die "richtige" Parameterspezifizierung, ist aufgrund der Bedeutung dieses Problembereiches der DV-Hauptabteilungsleiter zu informieren.

RACF (Resource Access Control Facility)

Ein steigendes Interesse an Sicherungsmaßnahmen führt(e) zur Entwicklung verschiedener Softwarepakete, die bestehende Zugriffskontrollverfahren sowie Auditing und Monitoring verbessern soll(t)en. Diese Softwarepakete bieten folgende Grundfunktionen an:

- o Zugriffsvermittlung (Berechtigungssystem)

  Diese Funktion erzwingt durch anwenderdefinierte Zugriffsregeln einen kontrollierten Zugriff auf Systemressourcen und Daten. Zugriffsversuche auf geschützte Ressourcen unterliegen einer Legitimationsprüfung, die den Vorgang abbricht bzw. zuläßt.

o System-Auditing (Kontrollsystem)

  Verletzungen von Zugriffsregeln werden durch ein sofortauslösendes Bedienerwarnsignal oder durch Aufzeichnungs- und Protokollierungsverfahren gemeldet. Verschiedene Überwachungsverfahren (z.B. Accounting, Monitoring, Auditing) ermöglichen die Überprüfbarkeit der ablaufenden Systemaktivitäten. So gestatten Auditing-Techniken eine exakte Verfolgung von Regelverletzungen.

Das Softwareprodukt RACF bietet eine Datensicherung, die unerlaubte Zugriffe verhindert.

RACF-geschützte Ressourcen sind z.B.:

o Datenträger (z.B. ausgewählte Magnetbänder);

o Dateien (z.B. sämtliche Produktionsdateien);

o Programme (z.B. Programme, die sensitive Daten verarbeiten);

o Terminals (z.B. Terminals zur Bearbeitung sensitiver Daten).

Einer Prüfung können beispielsweise folgende Ziele zugrundeliegen:

o Eignung der Sicherungsmaßnahmen in bezug auf die Sicherungsinteressen oder negative Auswirkungen bestimmter Maßnahmen auf den Betriebsablauf; in derartigen Fällen muß ein Kompromiß zwischen *Sicherung* und *Effizienz* gefunden werden.

o Eignung der definierten Zugriffsregeln für die tatsächlichen Benutzerbedürfnisse.

o Vorliegen geeigneter Sicherungsverfahren für kritische Ressourcen (z.B. Verwendung bestimmter Dienstprogramme). Die Eignung der vorliegenden Sicherungsmaßnahmen sollte mit Hilfe einer kontrollierten Anwendung ausgewählter Dienstprogrammfunktionen geprüft werden. Diese Vorgehensweise wurde bereits für die Sicherung von Systemdatenbeständen empfohlen.

APF (Authorized Program Facility)

Die Bibliothek SYS1.PARMLIB (IEAPF00) enthält die Namensliste der autorisierten Bibliotheken. Durch den Linkage Editor mit dem Kennzeichen *AC* gebundene Programme können sensitive Funktionen und Betriebsmittel des MVS nutzen. Das Lademodul muß anschließend in eine autorisierte Bibliothek plaziert werden.

Bibliotheken, in denen APF-Programme abgelegt werden dürfen, sind beispielsweise die

- o SYS1.LINKLIB oder
- o SYS1.SVCLIB.

APF begrenzt die Verwendung kritischer MVS-Funktionen auf autorisierte Programme. Zugriffsversuche autorisierter Programme auf nicht entsprechend autorisierte Bibliotheken rufen eine Fehlersituation hervor.

Der Systemprogrammierer muß Maßnahmen zur Kontrolle APF-autorisierter Bibliotheken festlegen (z.B. Kennwort, RACF). Auf diese Weise wird verhindert, daß jeder Benutzer einen Job starten kann, der ein autorisiertes Programm ausführt. Darüber hinaus sind Verfahren zu entwickeln und durchzusetzen, die die Durchführung folgender Aktivitäten sicherstellen:

- o Einheitliche Namensvergabe für APF-Module;
- o Regelmäßige Überprüfung der Inhaltsverzeichnisse autorisierter Bibliotheken auf ihre Korrektheit.

Einer Prüfung können beispielsweise folgende Ziele zugrundeliegen:

- o Feststellen der Sicherungsverfahren für APF-autorisierte Bibliotheken;
- o Feststellen der Korrektheit von Inhaltsverzeichnisnummern und Bibliotheksnamen;
- o Feststellen der einheitlichen Verwendung von APF-Modulnamen.

Eine Möglichkeit ergibt sich in der Auswertung von Auszügen der SYS1.PARMLIB (Member IEAAPFOO) nach APF-Bibliotheksnamen. Zu diesem Zweck läßt sich das Dienstprogramm IEBPTPCH einsetzen.

Mit Hilfe des Dienstprogramms IEHLIST und der LISTVTOC-Anweisung können Inhaltsverzeichnisse von Datenträgern festgestellt werden. Die Namen von Bibliothekselementen lassen sich bei Anwendung der Programmfunktionen auf die einzelnen APF-Bibliotheken ermitteln. Als weiterer Schritt sollte sich die Prüfung anschließen, ob die vorgesehenen Sicherungsmaßnahmen für ausgewählte APF-Programme tatsächlich funktionieren.

SMF (System Management Facility)

Die System Management Facility (SMF) stellt verschiedene Möglichkeiten der Protokollierung von ausgeführten Jobs bereit. Die Verfügbarkeit zahlreicher Optionen (Parameter) gewährleistet eine Anpassung von SMF an die spezifischen Erfordernisse der DV-Installation. Diese Optionen werden im SYS1.PARMLIB-Element SMFPRM00 festgelegt. Parameter regeln beispielsweise,

- o welche Aufzeichnungs- und Informationssarten von SMF gesammelt werden (Parameter MAN). Eine vollständige Protokollierung wird durch die Anweisung "MAN=ALL" erreicht.
- o ob der Operator SMFPRM00-Parameter während des IPL ändern kann (Parameter OPI). Die Anweisung "OPI=NO" schließt die Änderung der Parameter während des IPL aus.
- o ob Informationen über Datensätze und/oder über Platteninhalte aufgezeichnet werden (Parameter DSV).

Eine Reihe weiterer Parameter bestimmt die SMF-Arbeitsweise. Im Rahmen einer Prüfung sollten zunächst mit Hilfe von Dienstprogrammen die aktuellen Parameterwerte ermittelt werden, um im nächsten Schritt die Eignung der Parameterbelegung in bezug auf die Benutzer- und Sicherheitserfordernissen zu prüfen.

PPT (Program Property Table)

Program Property Table bietet die Möglichkeit, ausgewählten Programmen spezielle Verarbeitungserlaubnisse zuzuweisen. Die Tabelle ist in der SYS1.LPALIB gespeichert. Einem Programm können beispielsweise folgende Eigenschaften zugewiesen werden:

- o "kann nicht abgebrochen werden";
- o "kann einen eigenen Sicherheitsschlüssel erhalten";
- o "kann besonders privilegiert werden"
- o "keine Zeitbegrenzung".

Das Prüfungsziel kann sich beispielsweise auf die Eignung der PPT-Dokumentation beziehen. Die Dokumentation sollte die Gründe für die Zuweisung besonderer Eigenschaften an ein Programm aufführen. Die für die Programmauswahl entscheidenden Faktoren sind je nach gegebener Situation mit der Systemprogrammierung zu klären.

ZUSAMMENFASSUNG

Die Prüfung eines MVS-Betriebssystems setzt aufgrund der Komplexität und Kompliziertheit dieser Materie zunächst ein sorgfältiges Studium der MVS-Unterlagen (z.B. IBM-Handbücher) voraus. Der DV-Revisor muß über genaue Kenntnisse der Funktionsweise der zu prüfenden MVS-Komponenten verfügen.

In diesem Kapitel wurden wichtige Teilbereich des MVS-Betriebssystems beschrieben. Für jeden Teilbereich wurden Ansätze für die Auswahl von Prüfungszielen und mögliche Vorgehensweisen beschrieben, die den Einstieg in eine Prüfung erleichtern.

9 EINSATZ UND KONTROLLE VON DIENSTPROGRAMMEN

EINLEITUNG

Jede DV-Installation verfügt über bestimmte, regelmäßig genutzte Hilfs- oder Dienstprogramme (Utilities). Diese Programme haben sich im Laufe der Zeit von einfachen Hilfsmitteln zur Durchführung bestimmter Funktionen wie das Kopieren von Dateien zu hochkomplizierten, leistungsfähigen Programmen entwickelt, die komplexe Daten- und Dateimanipulationen ausführen, Auswertungen erstellen und bestehende Programme und/oder Dateien modifizieren.

Dienstprogramme unterstützen das DV-Personal bei der Organisation, Wartung und Auswertung von Dateien und Programmen. Anwendungsprogrammierer, Operator und Systemprogrammierer setzen Dienstprogramme häufig im Rahmen der normalen Verarbeitung und der Wartung ein. Die folgende Aufzählung greift einige Leistungsmerkmale von Dienstprogrammen heraus:

- o Duplizierung - Dateien können kopiert oder vervielfacht werden. Eingeschlossen darin ist die Konvertierung zwischen unterschiedlichen Medien (z.B. von Magnetplatte auf Magnetband).
- o Dateimodifikation - Sätze können einer Datei hinzugefügt, aus einer Datei gelöscht, durch neue Sätze ersetzt oder verändert werden. Diese Funktionen sind aufgrund ihrer Möglichkeit zur Manipulation von Produktionsdatenbeständen für den Revisor von besonderem Interesse.
- o Löschen von Dateien - Dateien können physisch vom Speichermedium entfernt oder der von einer Datei belegte Speicherplatz kann für andere Zwecke genutzt werden. Dienstprogramme sind auch in der Lage, Katalogeinträge aus dem Systemkatalog zu entfernen.

- o Umbenennen - Dateinamen, Bibliotheksnamen oder Kennworte können mit Hilfe von Dienstprogrammfunktionen verändert werden.
- o Druckausgabe - Dateien und Programme können ganz oder teilweise auf einem Drucker ausgegeben werden.
- o Dateierstellung - Dienstprogramme unterstützen auch die Dateierstellung. So können beispielsweise Testdaten für Produktions- und Testsysteme erzeugt werden.

Im täglichen RZ-Betrieb stellen Verarbeitungsprobleme eher die Regel als eine Ausnahmesituation dar. Dienstprogramme bieten beispielsweise eine gute Unterstützung bei der Lösung folgender Probleme an:

- o Nichtlesbare Dateien;
- o Nichtauffindbare Dateien;
- o Nichtverfügbare Hardware;
- o Programmfehler.

Bei Auftreten einer dieser Fehlersituationen kann es zum Abbruch oder zu einer Unterbrechung der Verarbeitung durch das Betriebssystem kommen. Der Operator muß in einem solchen Fall verschiedene Maßnahmen zur Rekonstruktion der Anwendung einleiten. In einer gut organisierten DV-Installation stehen dem Operator dokumentierte Wiederanlaufverfahren zur Verfügung.

Während der Fehlersituation erfordern die Sensitivität und Validität der Daten eine besondere Aufmerksamkeit. Befinden sich sensitive Daten in Bereichen des Hauptspeichers oder in Dateien, die zur Fehlerlokalisierung analysiert werden müssen, ist ein unautorisierter Zugriff durch einen Systemprogrammierer oder einen Kundendienstmitarbeiter möglich. Zur Wiederherstellung der Daten oder der Anwendung werden gegebenenfalls Dienstprogramme für Kopier-, Modifikations-, Lösch- und Druckvorgänge des betreffenden Datenbestandes eingesetzt. Unautorisierte Zugriffe lassen sich bei diesen Vorgängen nur durch die Entwicklung geeigneter Sicherungsverfahren ausschließen.

Einige Hersteller setzen Ferndiagnosesysteme (Remote Diagnostic Maintenance) zur Unterstützung ihres technischen Kundendienstes ein. Das Support Center des Herstellers kann sich (z.B. auf Anforderung des Kunden) über Online-Datenfernverarbeitungseinrichtungen in den Kundenrechner einschalten und Dienstprogramme zur Analyse und Behebung der lokalen Hardware- und Softwareprobleme einsetzen. Lokale Sicherungs- und Kontrollverfahren können die Integrität von Dateien und Programmbibliotheken in diesen Fällen möglicherweise nicht mehr sicherstellen.

Dienstprogramme stellen die für die fortlaufende Pflege von Dateien und Anwendungsprogrammen notwendigen Funktionen zur Verfügung, werfen aber gleichzeitig schwerwiegende Kontrollprobleme auf. Eine einfache Lösungsmöglichkeit zur Vermeidung dieser Probleme ist der weitgehende Verzicht auf Dienstprogramme. Diese Vorgehensweise kann jedoch für die Praxis keine Empfehlung sein.

Dieses Kapitel geht auf die Kontrollproblematik im Zusammenhang mit Dienstprogrammen ein und erörtert Kontroll- und Sicherungsverfahren zum Schutz vor Mißbrauch.

GRÜNDE FÜR DIE KONTROLLE VON DIENSTPROGRAMMEN

Bei Dienstprogrammen ergeben sich folgende allgemeine Kontrollprobleme, die die Aufmerksamkeit des Revisors verlangen:

- Unautorisierte Datenmanipulation - Dienstprogramme können Sätze, Datenelemente oder sogar einzelne Zeichen in einer Datei hinzufügen, löschen oder modifizieren, ohne die üblichen zur Pflege dieser Datenbestände eingesetzten Programme zu modifizieren und aufzurufen.

- Sabotage - Bestimmte Dienstprogramme ermöglichen die Zerstörung wichtiger Dateien (einschließlich sämtlicher Kopien) und eines Datenträgerinhaltsverzeichnisses (VTOC = Volume Table Of Contents) mit direktem Zugriff. Ein Programmierer kann mit derartigen Programmfunktionen innerhalb weniger Sekunden einen erheblichen Schaden verursachen.

- Unbeabsichtigte Zerstörung von Daten - Dienstprogramme werden in der Regel für einmalige Aufgaben eingesetzt. Die im Rahmen der Systementwicklungs- und Testphase üblicherweise eingesetzten Überprüfungs- und Saldierungsverfahren fehlen in der Regel bei der Ausführung von Dienstprogrammen, so daß eine erhöhte Wahrscheinlichkeit für das Auftreten von Fehlersituationen vorliegt. Bedauerlicherweise werden solche Fehlerereignisse erst Tage oder Wochen später erkannt.

- Zugriff auf Dateien - Für den Dateizugriff gelten in der Regel bestimmte Restriktionen. Das Betriebssystem weist dem Benutzer bei Eingabe des korrekten individuellen Kennwortes bestimmte Zugriffsrechte auf bestimmte Dateien zu. Ein erfahrener Programmierer kann sich möglicherweise mit Hilfe von Dienstprogrammfunktionen Zugriff auf geschützte Dateien oder sogar auf die Kennwortdatei selbst beschaffen und Änderungen vornehmen. Aus diesem Grund müssen Dienstprogramme, die Sicherungsmaßnahmen außer Kraft setzen können, besonderen Kontrollen unterliegen.

Diese Aufstellung stellt nur einige der möglichen Problemsituationen vor. Die Vorteile des Einsatzes bestimmter Softwarepakete müssen fortlaufend im Hinblick auf die damit verbundenen Risiken beurteilt werden. Da der Nutzen in der Regel stärker zu gewichten ist als die sich daraus ergebenden Gefahren, muß der Revisor durch adäquate Kontroll- und Sicherungsmethoden das Risiko eines Mißbrauches von Dienstprogrammen reduzieren.

Die durch Nutzung von Dienstprogrammen vorhandenen potentiellen Risiken können symptomatisch für andere Probleme sein:

- o Der Mißbrauch von Dienstprogrammen kann auf ein Fehlen adäquater Kontrollverfahren in anderen Prüfungsbereichen hinweisen. Eine Überprüfung der Gründe für den Einsatz von Dienstprogrammen kann diesen Mangel offenlegen.

- o Der häufige Gebrauch von Dienstprogrammen kann ein Anzeichen dafür sein, daß Anwendungsprogrammierer, Systemprogrammierer oder Operator zur Behebung von Fehlersituationen auf diese Programme angewiesen sind. Diese Anwendungsbereiche stellen jedoch keine effektiven Einsatzgebiete für Dienstprogramme dar.

PRÜFUNG VON DIENSTPROGRAMMEN

Die Prüfung von Dienstprogrammen vermittelt dem Revisor zunächst einen Einblick in die Fähigkeiten dieser Programme und zeigt, in welcher Form Einsatzmöglichkeiten für Dienstprogramme zur effizienteren Durchführung von Prüfungen in anderen Bereichen der Datenverarbeitung bestehen.

Ein Ansatz für die Durchführung einer Prüfung von Dienstprogrammen sieht neben der Auswertung von Mitarbeiterinterviews die Überprüfung von Systemdokumentationen vor. Die Befragung sollte mit verschiedenen Benutzergruppen (z.B. Systemprogrammierer, Operator und Anwendungsprogrammierer) geführt werden. Die Überprüfung bezieht sich auf den Einsatz der verschiedenen Dienstprogramme und erfolgt separat für jede Gruppe. Eine weitere Informationsquelle stellen die systemerzeugten Prüfungsprotokolle (z.B. das Systemprotokoll oder die SMF-Daten) dar.

Das allgemeine Prüfungsziel ist die Ermittlung folgender Punkte:

- o Einsatz spezieller Programme - Diese Frage läßt sich durch Einsichtnahme in das Systemprotokoll oder die SMF-Daten beantworten.

- o Zugriff - Aufgrund der spezifischen Leistungsmerkmale und des Risikopotentials sollte die Nutzung von Dienstprogrammmen auf einen bestimmten Mitarbeiterkreis aus dem Operating und der Systembetreuung begrenzt sein. Die Entscheidung über die Zugehörigkeit zu diesem Personenkreis sollte der DV-Revision übertragen werden.

- o Einsatzhäufigkeit - Einige Dienstprogramme sind aufgrund spezieller Leistungsmerkmale für Notfallsituationen geeignet. Ein außergewöhnlich häufiger Einsatz solcher Dienstprogramme weist auf ein häufiges Auftreten schwerwiegender Problemsituationen hin.

- o Kontrollerfordernisse - Dienstprogramme unterscheiden sich in ihren Kontrollerfordernissen. Der Revisor muß eine Regelung für die Bewertung der Eignung von Kontrollverfahren treffen. Es muß entschieden werden, ob die Notwendigkeit strikter Zugriffskontrollen vorliegt oder Systemprotokolle bzw. SMF-Daten für die Überwachung des Einsatzes von Dienstprogrammen ausreichen.

- o Effektivität von Kontrollen - Der Revisor kann durch Tests die Effektivität der Arbeitsweise bestehender Kontrollen feststellen. Hierzu gehört beispielsweise die Auflistung der Kennworte der Kennwortdatei, die Auflistung von Informationen sensitiver Dateien oder die Modifikation von Daten, die bestimmten Restriktionen unterliegen. Zeigen die Testergebnisse Mängel der Kontrollmaßnahmen, ist eine Verschärfung der Systemsicherung zu veranlassen.

Die Prüfung von Dienstprogrammen weist möglicherweise auf Bereiche hin, die eine Implementierung umfassenderer Kontroll- und Sicherungsverfahren erfordern.

Bewertung von Kontrollen für Dienstprogramme

Bei Dienstprogrammen lassen sich solche mit geringen oder keinen Auswirkungen auf gesicherte Informationen (geringes Risiko) und solche, die sensitive und gesicherte Informationen modifizieren und/oder aufbereiten können (hohes Risiko), unterscheiden. Der Entwicklung von Kontrollmaßnahmen sollten folgende Schritte zugrunde gelegt werden:

- o Auflisten und Einordnen aller in der DV-Installation verfügbaren Dienstprogramme gemäß ihres Risikopotentials - Eigen- oder fremdentwickelte individuelle Dienstprogramme stellen ein größeres Risiko als fremdbezogene Standard-Dienstprogramme dar. Ein als risikoreich eingestuftes Dienstprogramm sollte von der Bibliothek für Standard-Dienstprogramme in eine besonderen Restriktionen unterliegende Dienstprogrammbibliothek übertragen werden.

- o Einrichten von Kennwortkontrollen bei wichtigen Dateien - Der Zugriff auf diese Dateien sollte nur durch autorisierte Benutzer, die sich mit dem korrekten Kennwort ausweisen, erfolgen können. Diese Dateikontrolle sollte alle DV-Operationen erfassen, um eine schärfere Kontrolle über den Mißbrauch von Dienstprogrammen auszuüben und sensitive Daten vor Einsichtnahme zu schützen.

- o Regelmäßige Durchsicht des Systemprotokolls und der SMF-Daten, um einen Einblick zu erhalten, welches Dienstprogramm von wem für welchen Vorgang (Dateizugriff) genutzt wurde - Derartige Überprüfungen zeigen dem DV-Personal sehr deutlich die Ernsthaftigkeit, mit der das DV-Management seine Bemühungen, den Einsatz von Dienstprogrammen zu kontrollieren und zu überwachen, verfolgt.

EINSATZ VON DIENSTPROGRAMMEN IN DER REVISION

Dienstprogramme stellen eine Vielzahl der für Prüfzwecke erforderlichen Daten zur Verfügung. Darüber hinaus können Dienstprogramme viele der von üblicher Prüfsoftware durchgeführten Aufgaben übernehmen. Der Einsatz von Dienstprogrammen setzt zwar eine gute Kenntnis der DV-Arbeitsweisen voraus, die Verarbeitung und Bereitstellung von Daten durch Dienstprogramme ist jedoch vielen Prüfsoftwaresystemen in Wirtschaftlichkeit und Leistungsfähigkeit überlegen.

Die im folgenden vorgestellten Dienstprogramme wurden für eine IBM-Rechnerumgebung entwickelt. Andere Hersteller bieten vergleichbare Produkte an. Die Beschreibungen geben einen allgemeinen Überblick über die Einsatzmöglichkeiten von Dienstprogrammen.

Dienstprogramm: IEHLIST

IEHLIST wird zur Auflistung von VTOC-, Katalog- und Bibliothekseintragungen eingesetzt. Diese Informationen werden im Rahmen der Prüfung des Rechenzentrums für Auswertungen herangezogen.

Der Revisor kann beispielsweise Speichergröße und Anfangsadressen der Lademodule ermitteln. So weisen Änderungen der Größe oder Adresse eines Lademoduls im Rahmen der Prüfung von Programmänderungen auf eine erneute Kompilierung und ein Binden des Programmes sowie möglicherweise auf eine Modifikation des Lademoduls innerhalb des Testzeitraumes hin. In einer derartigen Situation sollte der Revisor die begleitende Programmänderungsdokumentation überprüfen, um die Gültigkeit der Änderung zu klären. Diese Prüfung sollte die Wartungsanforderungen von Benutzern und die Verfahren für die Kontrolle der Änderungen einschließen. Abbildung 9.1 zeigt den Datenfluß bei der Verwendung von IEHLIST.

Mit Hilfe der LISTVTOC-Steueranweisung (SYSIN) wird die gesamte oder selektive Auflistung des VTOC eines Direktzugriffsdatenträgers angefordert. Diese Auflistung enthält u.a. folgende Informationen:

- **Datenträgerangaben;**
- **Größe des verfügbaren Speicherplatzes auf dem Datenträger;**
- **Name und Position jeder Datei;**
- **Verfalldatum einer Datei;**
- **Dateiorganisation;**
- **Hinweise auf möglichen Kennwortschutz für Dateien auf dem Datenträger.**

Abbildung 9.1: Das Dienstprogramm IEHLIST

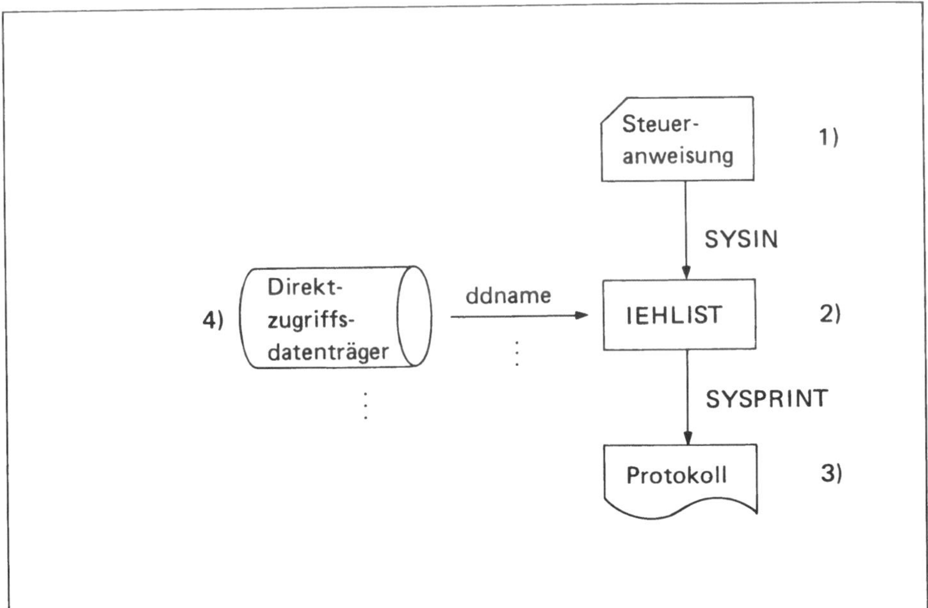

1) Enthält die für die Steuerung von IEHLIST notwendigen Anweisungen (zumeist ein Instream-Datenbestand oder Member einer Bibliothek)

2) Aufruf des Dienstprogramms IEHLIST

3) Für IEHLIST-Nachrichten und evtl. Fehlermeldungen

4) Definition des Direktzugriffsdatenträgers, auf den durch IEHLIST ein Zugriff erfolgen soll.

Derartige Informationen geben sowohl einen allgemeinen Überblick der Effizienz und Effektivität der Benutzung der Magnetplattenspeicher als auch Hinweise auf eingesetzte Zugriffskontrollen.

Mit Hilfe der LISTPDS-Steueranweisung erfolgt die Auflistung des Inhaltsverzeichnisses eines oder mehrerer untergliederter Datenbestände (Bibliotheken), z.B.:

Die Member der Bibliothek SYS1.LINKLIB sollen aufgelistet werden; die Bibliothek befindet sich auf der Magnetplatte PLATTE1. Folgende Anweisungen ermöglichen das Auflisten der Member der angegebenen Bibliothek:

```
//STEP1       EXEC  PGM=IEHLIST
//SYSPRINT    DD    SYSOUT=*
//EINGABE     DD    UNIT=SYSDA,VOL=SER=PLATTE1,
                    DISP=SHR
//SYSIN       DD    *
  LISTPDS     VOL=SYSDA=PLATTE1,DSN=(SYS1.LINKLIB)
/*
//
```

Dienstprogramm: IEHPROGM

IEHPROGM wird zur Modifikation der Systemsteuerdateien und zur Pflege der Dateiorganisation eingesetzt. Dieses Dienstprogramm stellt beispielsweise Funktionen zum Löschen oder Umbenennen von Datenbeständen oder Member bereit.

Darüber hinaus bestehen Möglichkeiten zum Löschen von VTOC, Dateien, Bibliotheken oder ausgewählter Member einer Bibliothek.

Die Mächtigkeit des IEHPROGM-Befehlsvorrats von kann bei vorsätzlichem oder fahrlässigem Mißbrauch zu Schäden auf dem Datenträger führen, so daß sich aus diesem Grund ein Einsatz nur durch dafür autorisiertes Personal empfiehlt. Darüber hinaus sollte der Gebrauch einer strikten Kontrolle und Überwachung unterliegen.

Dienstprogramm: IEBDG

IEBDG wird zur Erzeugung von Testdaten eingesetzt, die von Programmierern als Unterstützung bei der Fehlerbeseitigung oder von der Revision zum Testen neuer oder modifizierter Programme oder Systeme benutzt werden können. Das Dienstprogramm legt Testdatensätze in jedem vorgegebenen Format an, z.B. alphanumerisch, alphabetisch, ungepackte oder gepackte Dezimaldarstellung. Bestehende Dateien können als Eingabe verwendet werden, indem Teile dieser Sätze für die Aufnahme in Sätze der Testdatei ausgewählt werden.

Der Programmierer oder Revisor kann jedem definierten Feld ein bestimmtes Format zuweisen. Durch Kombinieren bestehender Sätze mit den verfügbaren Formaten kann der Revisor eine vollständig neue Datei erzeugen, die sich für den Test von Änderungen bei bestehenden Programmen oder für einen umfassenden Test z.B. der verschiedenen logischen Pfade bei neuen Programmen eignet.

Dienstprogramm: IEBCOPY

IEBCOPY wird zum Kopieren oder Mischen einer oder mehrerer untergliederter Dateien benutzt. Der Vorgang, bei dem untergliederte Dateien in sequentielle Dateien übertragen werden (z.B. auf ein Magnetband), wird "entladen" genannt. Eine bei einer solchen Entlade-Operation erzeugte Magnetbanddatei kann beispielsweise wieder auf andere Direktzugriffseinrichtungen kopiert werden. Das Neuanlegen einer untergliederten Datei aus einer oder mehreren entladenen Dateien wird als "Lade"-Operation bezeichnet. Der Zweck des Entladens und Ladens untergliederter Dateien ist beispielsweise das Erstellen von Sicherungskopien kritischer Bibliotheksdateien.

Im einzelnen werden folgende Funktionen durch IEBCOPY unterstützt:

- Erstellen einer Kopie eines untergliederten Datenbestandes;
- Entladen eines untergliederten Datenbestandes in einen sequentiellen Datenbestand;
- Laden eines untergliederten Datenbestandes aus einem oder mehreren sequentiellen Datenbeständen;
- Auswählen mehrerer Member beim Kopieren, Entladen oder Laden eines untergliederten Datenbestandes;
- Ersetzen gleichnamiger Member beim Kopieren und Laden eines untergliederten Datenbestandes;
- Ersetzen ausgewählter Member beim Kopieren und Laden eines untergliederten Datenbestandes;
- Umbenennen ausgewählter Member;
- Ausschließen ausgewählter Member beim Kopieren, Entladen oder Laden eines untergliederten Datenbestandes;

- o Komprimieren eines untergliederten Datenbestandes;
- o Mischen von untergliederten Datenbeständen beim Kopieren oder Laden.

Dieses Programm kann im Rahmen einer Prüfung für die Anlage von Kopien der Produktionsbibliotheken eingesetzt werden. Nach dem Kopieren der Bibliotheken besteht die Möglichkeit, einzelne Programme dieser zu Prüfzwecken erstellten Bibliothek zu testen, ohne die Originaldaten einem erhöhten Risiko durch eine unbeabsichtigte Modifikation auszusetzen.

Abbildung 9.2 zeigt den Datenfluß bei der Verwendung des Dienstprogramms IEBCOPY.

Beispiel: Die Bibliothek EINGABE.DAT soll nach AUSGABE.DAT kopiert werden. Folgende Anweisungen ermöglichen diesen Vorgang:

```
//STEP1       EXEC  PGM=IEBCOPY
//SYSPRINT    DD    SYSOUT=*
//IN          DD    DSN=EINGABE.DAT,DISP=OLD
//OUT         DD    DSN=AUSGABE.DAT,DISP=(,CATLG),
                    UNIT=3380,VOL=SER=444444,
                    SPACE=(CYL,(5,2,20))
//SYSUT3      DD    UNIT=SYSDA,SPACE=(TRK,(5,5))
//SYSUT4      DD    UNIT=SYSDA,SPACE=(TRK,(5,5))
//SYSIN       DD    *
              COPY  OUTDD=OUT,INDD=IN
/*
//
```

Dienstprogramm: IEBPTPCH

IEBPTPCH wird zum Ausdrucken der gesamten oder gekennzeichneter Teile einer sequentiellen oder untergliederten Datei eingesetzt. Der Revisor kann dieses Programm zur Auflistung bestimmter Dateien oder Bibliotheksmember nutzen, die beispielsweise Testdaten, JCL oder vom Betriebssystem benutzte Parameter enthalten.

Abbildung 9.2: Das Dienstprogramm IEBCOPY

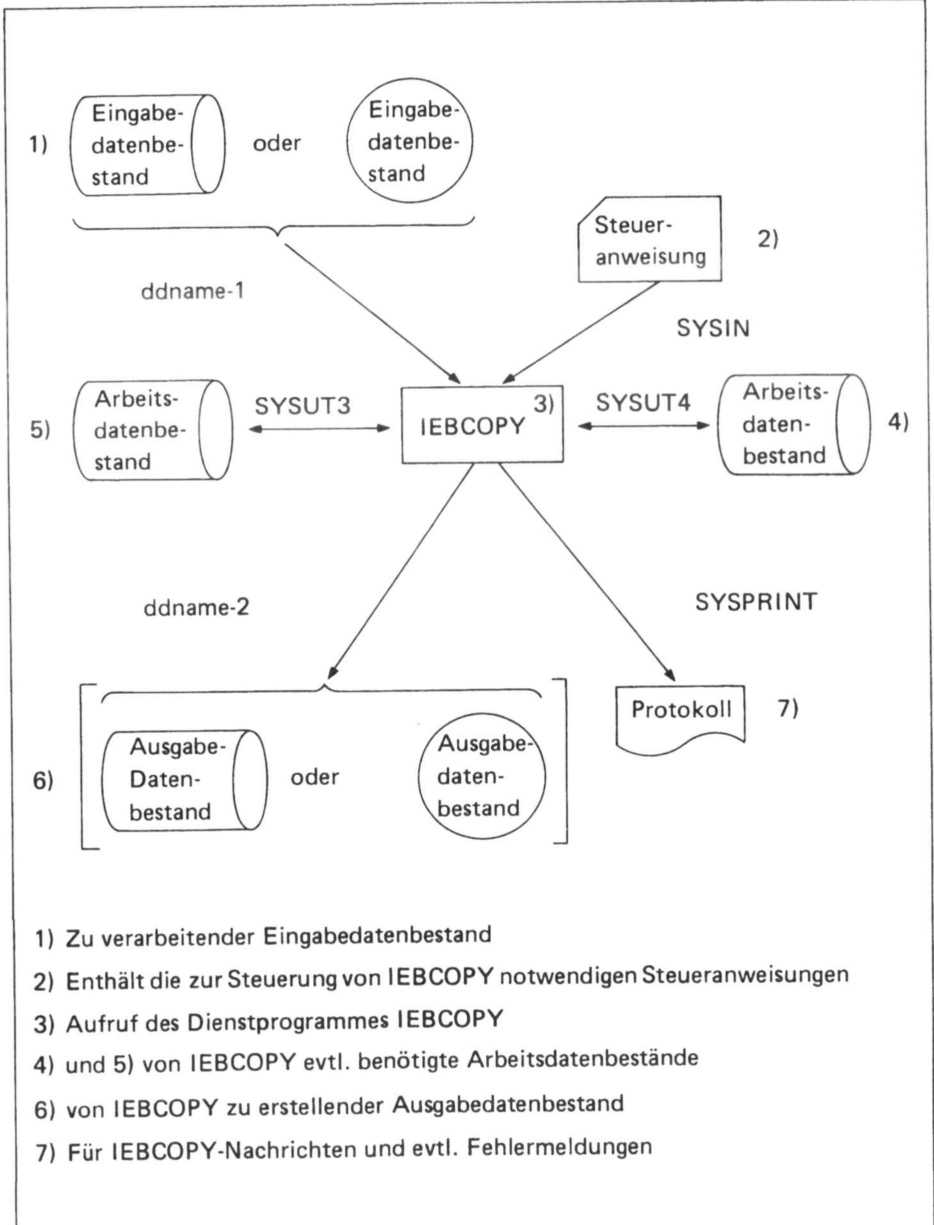

Dienstprogramm: IEBGENER

IEGENER wird zur Anlage von Sicherungskopien von Dateien oder Bibliotheksmember benutzt. Folgende Funktionen werden von IEBGENER unterstützt:

- o Erstellen einer Kopie eines sequentiellen Datenbestandes;
- o Erzeugen oder Erweitern eines untergliederten Datenbestandes aus einem sequentielle Datenbestand;
- o Erstellen eines sequentiellen oder untergliederten Datenbestandes mit veränderter logischer Satzlänge oder Blockgröße.

Dienstprogramm: IEHINITT

IEHINITT wird zum Initialisieren von Magnetbanddatenträgern eingesetzt. Fehlende Sorgfalt bei der Nutzung führt zum Überschreiben bereits gekennzeichneter Bänder, wobei Verfalldatum und Kennwortsicherung keine Auswirkung auf die Programmausführung haben.

Aufgrund des hohen Risikopotentials durch Einsatz dieses Programms empfiehlt sich eine restriktive Vorgehensweise bei der Vergabe von Berechtigungen für die Programmnutzung.

WEITERE DIENSTPROGRAMME

Es gibt zahlreiche weitere Dienstprogramme, die sinnvoll in Rechenzentren oder anderen DV-Bereichen eingesetzt werden können. Die Weiterentwicklung und Verbesserung verschiedener Dienstprogramme führen zu einer größeren Programmkomplexität, so daß Schulungen oder ein intensives Studium der Handbücher notwendige Voraussetzung für die effektive Nutzung des Programmes darstellen.

Das AMS-Dienstprogramm (Access Method Services) unterstützt beispielsweise einen so umfangreichen Funktionsvorrat, so daß für den Einsatz anderer Dienstprogramme kein tatsächlicher Bedarf mehr besteht.

AMS wird im Zusammenhang mit der Zugriffsmethode VSAM (Virtual Storage Access Method) benötigt. Es ist Bestandteil von VSAM und wird über JCL (Job Control Language) unter dem Programmnamen IDCAMS aufgerufen. Der Funktionsvorrat unterstützt das Anlegen und Bearbeiten von Datenbeständen, z.B. durch:

o Definieren von Katalogen und Datenbereichen;

o Vornehmen und Ausdrucken von Katalogeintragungen;

o Definieren, Löschen, Reorganisieren, Kopieren und Drucken von VSAM-Datenbeständen.

Das Dienstprogramm DFSORT (Aufruf über JCL unter dem Programmnamen ICEMAN) unterstützt beispielsweise folgende Funktionen:

o Sortieren eines sequentiellen oder VSAM-Datenbestandes;

o Mischen von sortiert vorliegenden sequentiellen bzw. VSAM-Datenbeständen;

o Auswählen von Datensätzen eines zu sortierenden bzw. von zu mischenden Datenbeständen;

o Ausschließen von Datensätzen bei zu sortierenden Datenbeständen bzw. von zu mischenden Datenbeständen;

o Erzeugen von Summenfeldern für Datensätze eines zu sortierenden Datenbestandes bzw. von zu mischenden Datenbeständen mit identischen Sortierfeldinhalten.

Mit der Vielfältigkeit und Mächtigkeit des Funktionsvorrates derartiger Dienstprogramme ergibt sich ein hohes Risikopotential. Aus diesem Grund sollten nur wenige Mitarbeiter der DV-Abteilung (z.B. Systemprogrammierer) entsprechende Nutzungsberechtigungen erhalten.

ZUSAMMENFASSUNG

Dienstprogramme ermöglichen einen schnellen, einfachen Zugriff auf System- und Produktionsdateien und Programme. Im Rahmen von Prüfungen der Revision ergeben sich Einsatzmöglichkeiten bei der Überwachung von RZ-Operationen sowie beim Test von Kontrollverfahren.

Neben diesen Vorteilen können einige Dienstprogramme bei unkontrolliertem Gebrauch schwerwiegende Schäden verursachen und ernste Probleme aufwerfen. Der Revisor kann nicht nur die Vorteilhaftigkeit der Leistungsmerkmale von Dienstprogrammen sehen und nutzen, sondern muß durch Einrichtung geeigneter Kontroll- und Sicherungsmaßnahmen einen Schutz vor Mißbrauch sicherstellen.

10 PRÜFUNG VON JCL-STANDARDS

EINLEITUNG

Kommandosprachen oder Job-Kontrollsprachen (JCL = Job Control Language) werden

- o zur Definition der vom Computer auszuführenden Aufgaben und
- o zur Anforderung von Ressourcen

benötigt.

Der Begriff *Kommandosprache* wird in der Regel bei interaktiv oder im Time-Sharing-Modus arbeitenden Systemen benutzt, während der Begriff *Job-Kontrollsprache* bei batch-orientierten Systemen gebraucht wird. In den meisten Fällen sind diese Sprachen eng mit dem Betriebssystem des Computers verknüpft. Das Betriebssystem stellt in diesem Zusammenhang die Überwachungsinstanz dar, die die eingesetzten Ressourcen mit dem Ziel der Verbesserung der Systemeffizienz kontrolliert.

Die ersten Computersysteme konnten nur einen Job pro Zeiteinheit ausführen. Ein Betriebssystem im heutigen Sinne wurde nicht eingesetzt. Die gesamte Kontrolle des Rechnersystems lag in den Händen des Operator. Mit zunehmender Komplexität der Computersysteme wurden einfache Betriebssysteme und Job-Kontrollsprachen entwickelt, um die Arbeit der Operator zu erleichtern.

Die Entwicklung von Multiprogramming-Betriebssystemen ermöglichte die zeitgleiche Ausführung mehrerer unabhängiger Aufgaben. Die Anforderungen von Ressourcen durch den Programmierer oder Operator erfordert aufgrund dieser

Fähigkeiten eine detaillierte und kontrollierte Vorgehensweise. Job-Kontrollsprachen dienen dem Operator und Programmierer

- o zur Identifikation gegenüber dem Rechnersystem (z.B. für Zwecke des Accounting und der Statistik sowie aus Gründen der Datensicherheit) und zur Anforderung von Dateien, die zur Abarbeitung des Jobs benötigt werden;
- o zur Definition der benötigten Ressourcen (z.B. Primär- und Sekundärspeicherbedarf, zu verwendende Compiler, erwarteter CPU-Zeitaufwand für jedes Programm);
- o zur Spezifikation der von den jeweiligen Jobs benötigten Ein-/Ausgabegeräte (z.B. Magnetbänder, Disketten und Drucker), und zur Definition der Datenformatierung auf diesen Peripheriegeräten;
- o zur Definition der Systemreaktion auf Ausnahmesituationen (z.B. Programmabbrüche, Programmfehler, fehlende oder falsche Eingabedaten, Fehler an Ein-/Ausgabegeräten).

Das Betriebssystem verwaltet zwar alle Computerressourcen, die Ressourcenanforderungen können jedoch durch die Job-Kontrollsprache modifiziert werden. So kann beispielsweise ein Operator oder Programmierer einem Job eine sehr hohe Priorität einräumen oder für die Programmausführung zusätzlichen Hauptspeicher bzw. ein Limit für die Hauptspeicherbelegung zuweisen. Die Möglichkeit, Ressourcen durch die JCL anzufordern, ist nur durch die Systemfähigkeiten selbst begrenzt.

Verarbeiten von JCL-Anweisungen eines MVS-Jobs

JCL-Anweisungen eines MVS-Jobs werden durch das in einem MVS-System installierte *Job Entry Subsystem* (JES2 oder JES3) eingelesen und in einen internen Text (Internal Text) übersetzt. Die Interpretation der übersetzten JCL-Anweisungen und die damit verbundene Betriebsmittel- bzw. Ressourcenzuordnung für einen Job erfolgt durch einen *Initiator* bzw. bei Einsatz von JES3 durch JES3. Die Ausführung eines Jobs, d.h. die Anwendung der Betriebsmittel, unterliegt der Kontrolle des Initiator.

Syntax von JCL-Anweisungen

Die Codierung von JCL-Anweisungen erfolgt grundsätzlich nach folgendem Format:

//Name Operation Operand1,Operand2 ...

Die beiden Schrägstriche "//" kennzeichnen den Beginn der JCL-Anweisung und müssen in den Spalten 1 und 2 plaziert werden. Die Eintragung des Namens muß in Spalte 3 beginnen; der Name darf aus maximal 8 Zeichen bestehen und muß mit einem alphabetischen Zeichen beginnen.

Für *Operation* gibt es vorgegebene Operationscodes, z.B. JOB, EXEC, DD, PROC.

Die Operanden sind Parameter der JCL-Anweisung. Mehrere Parameter werden durch Kommata voneinander getrennt.

Parameter im Operandenteil einer JCL-Anweisung lassen sich entsprechend ihrer Anwendung zwei Kategorien zuordnen:

- o Positionelle Parameter - Die Bedeutung von positionellen Parametern hängt von ihrer Position im Operandenteil der JCL-Anweisung ab. Ihre Reihenfolge ist vorgegeben und stets einzuhalten.
- o Schlüsselwort-Parameter - Die Bedeutung von Schlüsselwort-Parametern wird durch ein vorangestelltes Schlüsselwort bestimmt. Ihre Reihenfolge im Operandenteil einer JCL-Anweisung ist beliebig.

Im Verlauf des Kapitels wird die unterschiedliche Anwendung positioneller und Schlüsselwort-Parameter noch näher erläutert.

Prüfungsansatz

Die meisten Computerinstallationen setzen Standards zur Kontrolle der JCL ein. Diese Standards beziehen sich auf die Werte, die den Positions- und Schlüsselwort-Parametern zugewiesen werden können.

JCL-Standards werden u.a. verwendet, um

- o unautorisierte Computeranwendungen zu verhindern;
- o Konventionen über Namensgebung zu unterstützen, die Teil der Dokumentationsstandards der Computerinstallation sind;
- o die Planung der Computerressourcen und -effizienz zu unterstützen.

Aus diesen Gründen empfiehlt sich, JCL-Standards in eine Prüfung einzubeziehen.

Da die Prüfung von JCL-Standards ein eingehendes Verständnis der im Rechenzentrum eingesetzten JCL voraussetzt, sollte der Revisor sich vor Prüfungsbeginn mit den Anwendungshandbüchern beschäftigen und die Mitarbeiter der Systemprogrammierung konsultieren.

Nachdem sich der Revisor einen Überblick über die JCL-Fähigkeiten verschafft hat, müssen die eingesetzten Standards im Hinblick auf ihre Eignung beurteilt werden. Darüber hinaus ist der Bedarf für weitere JCL-Standards festzustellen. Schriftlich fixierte Standards sind Bestandteil des Standardhandbuches des Rechenzentrums.

Die Bewertung der JCL-Standards erfaßt, in welchem Umfang eine hinreichende Kontrolle der Computerressourcen und die Effizienz des Betriebssystems unterstützt wird. In Abhängigkeit von den Fähigkeiten der eingesetzten JCL beinhaltet dies beispielsweise:

- o Spezifizierung angemessener Speicherbereiche;
- o Definition von Jobs (möglichst unabhängig von der eingesetzten Hardware);
- o Minimierung zeitaufwendiger Operator-Eingriffe;
- o Differenzierung zwischen Test- und Produktions-Jobs;
- o Vorgabe von Konventionen zur Unterstützung der Standardisierung.

Der Revisor sollte anschließend bestimmen, welche Verfahren die Durchsetzung der Standards sicherstellen. Diese manuellen oder automatisierten Verfahren sind auf ihre Angemessenheit zu prüfen. Die Prüfung sollte beispielsweise umfassen:

- o Vergleich von aktuellen JCL-Listings aus der eingesetzten JCL-Bibliothek mit den im Dokumentationshandbuch vorhandenen und beschriebenen (Muster-)Listings;
- o Durchsicht von Fehlerlisten für jeden nicht identifizierbaren Job (d.h. Jobs, die nicht den geltenden Konventionen für die Namensgebung entsprechen);
- o Durchsicht von JCL-Listings im Hinblick auf eine untypische Verwendung von Computerressourcen (d.h. CPU-Zeit, Ein-/Ausgabeoperationen);
- o Durchführen von Tests der JCL unter Produktionsbedingungen.

FALLSTUDIE

Die in diesem Kapitel beschriebene Fallstudie befaßt sich mit der Spezifikation der JCL-Standards bei IBM-Betriebssystemen und mit der Durchsetzung dieser Standards durch SMF (SMF = System Management Facility) und anderen Prozeduren. Die Studie zeigt am Beispiel einer Installation, wie JCL-Standards definiert und durchgesetzt werden können.

Die wichtigsten Kriterien für die Prüfung von JCL-Standards sind:

- o Angemessenheit von JCL-Standards - um sicherzustellen, daß durch JCL-Standards der Computermißbrauch verhindert und das interne Verrechnungssystem sowie Konventionen zur Namensgebung und Dokumentationsstandards unterstützt werden.
- o Durchsetzung der JCL-Standards - um das Vorhandensein von Verfahren sicherzustellen, die die Verwendung von nichtstandardisierter JCL verhindern, aufdecken und dokumentieren.

Kontrollstandards für JCL

Die Angemessenheit von JCL-Standards muß für jede Computerinstallation in Abhängigkeit von den jeweiligen Kontrollerfordernissen neu bestimmt werden. Diese Studie geht nur auf die wichtigsten Kontrollstandards ein. Kontrollstandards können jedoch auf alle JCL-Parameter angewandt werden. Die im weiteren behandelten Standards beziehen sich auf die folgenden Schlüsselwort- und Positionalparameter, die für die Job-, Ausführungs- und Dateidefinitions-Statements benötigt werden:

- o Job-Name;
- o Dateiname;
- o Abrechnungsnummer;
- o Programmierername;
- o Job-Klasse;
- o Job-Priorität;
- o Job-Zeit- und Schrittzeitlimits.

Job-Name

Der Job-Name besteht aus bis zu acht alphanumerischen Zeichen oder zugelassenen Sonderzeichen (#, @ und $), wobei das erste Zeichen entweder ein alphabetisches Zeichen oder ein zugelassenes Sonderzeichen sein muß. Der Job-Name sollte festlegen, ob das Anwendungssystem getestet wird oder im Einsatz ist. Darüber hinaus kann der Job-Name bei Benutzung abteilungsspezifischer Zeichen(kombinationen) Aufschluß über den Sender geben. Die Job-Funktion sollte durch den Namen gekennzeichnet werden. Beispielsweise könnte VLOHNBEL einen Verarbeitungsjob (V) im Lohnabrechnungssystem (LOHN), der Belege (BEL) erstellt, kennzeichnen.

Dateiname

Dateien werden vom DSNAME- oder DSN-Parameter des DD-Statements spezifiziert. Konventionen für Dateinamen gelten im Rahmen der Standards für die gesamte Computerinstallation. Es ist wichtig, daß Rückschlüsse vom Namen der Datei, des Jobs und des dateierstellenden oder -bearbeitenden Programmes auf das Anwendungssystem, zu dem die Datei gehört, möglich sind.

So zeigt beispielsweise der Dateiname VLOHN.ZAHLABR.ZAHL1208.DISK1, daß diese Datei zur Lohnabrechnungsverarbeitung (VLOHN) gehört, die durch den Job ZAHLABR durch Ausführung des Programmes ZAHL1208 erzeugt wird, und sich auf dem Magnetplattenspeicher DISK1 befindet.

Abrechnungsnummer

Die Abrechnungsnummer ist ein Positionalparameter, der auf der Job-Karte eingetragen wird. Abrechnungsnummern werden in der Regel im Rahmen interner Verrechnungssysteme eingesetzt.

Abrechnungsnummern dienen der Erfassung von DV-Kosten, die dem Benutzer direkt zurechenbar sind. Unabhängig davon, ob der Anwender eine Abteilung, ein Profit-Center oder eine Sparte des Unternehmens darstellt, sollte eine Beziehung zwischen der Abrechnungsnummer und dem Job-Namen hergestellt werden können. Beispielsweise sollte eine Abrechnungsnummer, die dem Rechnungswesen zugewiesen ist, für alle RZ-Jobs und nicht nur für einzelne Vorgänge benutzt werden.

Programmierername

Der Parameter *Programmierername*, der ebenfalls auf der Job-Karte eingetragen wird, identifiziert eine Person oder eine Gruppe, die für die Ausführung eines Jobs verantwortlich zeichnet. Bei Nichtproduktions- oder Test-Jobs sollte hier der Name des Programmierers oder Anwenders, bei Produktions-Jobs der Name des zuständigen Arbeitsvorbereiters oder Operator codiert werden.

Job-Klasse

Der Parameter CLASS im Job-Statement spezifiziert die Job-Klasse. Job-Klassen können von A bis Z und von 0 bis 9 variieren. Im Rahmen des Systems muß festgelegt werden, welche dieser 36 möglichen Job-Klassen verwendet werden dürfen. Jobs, denen keine oder eine unzulässige Job-Klasse zugewiesen wurde, sollten von der Verarbeitung ausgeschlossen werden.

Bei der Bestimmung dieser Klassen strebt man häufig einen Mittelweg zwischen Jobs, die Ein-/Ausgaben veranlassen, und Jobs mit intensivem CPU-Zugriff, zwischen umfangreichen und kleineren Jobs usw., an; eine abteilungsspezifische Vorgabe von Job-Klassen ist ebenfalls denkbar. Job-Klassen können in Zusammenhang mit dem Prioritätsparameter (PRTY) auch die generelle Priorität des Jobs bestimmen. Jobs der gleichen Klasse werden zusammen in die Eingabewarteschlange eingereiht.

Job-Priorität

Der Parameter PRTY spezifiziert die Priorität für die Auswahl der auszuführenden Jobs aus der Warteschlange. Die Priorität kann von 0 (niedrigste Priorität) bis 15 (in JES2) differieren. Wird dieser Parameter im Rahmen des Job-Statements nicht bestimmt, kann das System entweder einen Vorgabewert zuweisen oder den Job abbrechen.

Die Priorität wird innerhalb einer Job-Klasse bestimmt. Warten mehrere Jobs der gleichen Klasse auf ihre Ausführung, wird der Job mit der höchsten Priorität zuerst ausgeführt. Jobs mit gleicher Priorität werden nach dem First-In/First-Out-Prinzip behandelt.

Job-Zeit- und Schrittzeitlimits

Der Zeitparameter setzt im Rahmen des Job-Statements ein CPU-Zeitlimit für einen gesamten Job, im Rahmen des Execute-Statements ein Zeitlimit für einen einzelnen Schritt.

Überschreitet die CPU-Zeit das für den Job im Rahmen des Job-Statements definierte Limit, oder überschreitet die CPU-Zeit innerhalb eines Schrittes das Zeitlimit für diesen Schritt, wird der gesamte Job abgebrochen.

Die Verwendung des Zeitparameters ist generell zu empfehlen; dieser Parameter verhindert u.a. die Inanspruchnahme von Maschinenzeit für den Fall, daß sich das Programm in einer Endlosschleife befindet. Da der Zeitparameter in der Regel nur selten für einen einzelnen Job codiert wird, ist im Rahmen des Gesamtsystems ein generelles Zeitlimit einzuführen. Bei einem Job, der ein größeres als das standardmäßig eingeräumte Zeitlimit erfordert, kann das Zeitlimit durch das Execute- oder Job-Statement für diesen einzelnen Job erhöht werden.

Beispiel für einen Job:

```
//TEST01 JOB ('ZV7-3',WITZEL),CLASS=A,PRTY=7
//STEP1  EXEC PGM=PRG1
//STEP2  EXEC PGM=PRG2
//DATEI  DD   DSN=LOHN.APRIL90,DISP=OLD
```

Der Job *TEST01* ist der Abrechnungsnummer *ZV7-3* anzulasten und soll der Job-Klasse A mit Priorität 7 zugeordnet werden. *ZV7-3* als Abrechnungsnummer (Account Number) und *WITZEL* als Programmierername sind zwei positionelle Parameter, deren Bedeutung von ihrer Stellung im Operandenteil der JCL-Anweisung abhängt. Die vorgegebene Reihenfolge positioneller Parameter ist stets einzuhalten. Im Gegensatz dazu ist die Reihenfolge von Schlüsselwort-Parametern, deren Bedeutung durch das vorangestellte Schlüsselwort bestimmt wird (hier *CLASS=A* und *PRTY=7*), beliebig.

TEST01 besteht aus den beiden Schritten *STEP1* und *STEP2*, die die Programme *PRG1* bzw. *PRG2* aufrufen. Der Job benötigt zur Verarbeitung die Datei *LOHN.APRIL90*. Der DISP-Parameter gibt an (*DISP=OLD*), daß die Datei bereits existiert und nicht während des Jobs erstellt werden muß.

Bestimmung der Eignung von Standards

Zur Bestimmung der Eignung von JCL-Standards sind zunächst die Ziele dieser Standards zu ermitteln (s. Abbildung 10.1), um im nächsten Schritt zu prüfen, ob die Standards den Zielen entsprechen.

Prüfungsziele

Die Bereitstellung geeigneter Prüfmöglichkeiten ist ein wichtiges Ziel der JCL-Standards. Jeder an den Computer übergebene Job sollte bis zum Sender zurückverfolgt werden können. Darüber hinaus sollte jeder Job einem bestimmten Anwendungssystem oder einer bestimmten Betriebsfunktion zugeordnet werden können.

Auch sollte eine Prüfmöglichkeit zur Identifikation von Dateien bestehen. Wie bereits in den vorangegangenen Abschnitten angesprochen, sollte der Dateiname folgende Informationen enthalten:

o auf welches Speichermedium wird zugegriffen?

o durch welches Programm wurde die Datei erstellt?

o welchem Anwendungssystem läßt sich die Datei zuordnen?

o welcher Sparte/Abteilung läßt sich die Datei zuordnen?

Abbildung 10.1: Ziele der JCL-Standards

Standard	Ziele der Standards
Konvention über die Namensgebung für Jobs	Zuordnung von Jobs zu einer Unternehmenssparte und/oder zu einem Anwendungssystem
Konvention über die Namensgebung für Dateien	Zuordnung von Dateien zu einer Unternehmenssparte und/oder zu einem Anwendungssystem Identifizieren der dateierstellenden Programme Identifizieren der Speichermedien, auf denen sich die Dateien befinden
Abrechnungsnummer	Identifizieren der Fachabteilung, der die DV-Kosten für die Job-Ausführung zuzurechnen sind
Programmierername	Identifizieren des Programmierers oder Arbeitsvorbereiters, der die Job-Ausführung veranlaßte
Job-Klasse	Kontrollieren der Computersystemressourcen Unterstützen einer größeren Systemeffizienz
Job-Priorität	Kontrollieren der Computersystemressourcen
Job-Zeit- und Schrittzeitlimits	Kontrollieren der Computersystemressourcen

Diese Angaben ermöglichen ein Zurückverfolgen des Dateierstellungsprozesses und die Feststellung der Person, die die Job-Ausführung veranlaßte.

JCL-Standards unterbinden allerdings nicht die Ausführung eines unautorisierten Jobs, der die Standards erfüllt. Bei korrekter Eingabe von Job- und Programmnamen kann grundsätzlich jeder Anwender oder Programmierer

Jobs zur Ausführung bringen. Dieser Vorgang kann jedoch durch das interne Verrechnungssystem oder durch andere Kontrollverfahren entdeckt werden.

Mit dem Festsetzen verschiedener Parameter für einzelne Job-Klassen lassen sich die Verwendung von Hauptspeicherkapazität sowie der Zugriff auf Magnetbänder, Magnetplattenspeicher und andere Peripheriegeräte durch Jobs in einer Multiprogramming-Umgebung steuern und überwachen. Innerhalb einer Job-Klasse kann das System mehrere Prioritätenwerte zulassen. Unterliegt die Verwendung von Prioritäten keiner besonderen Regelung, besteht die Gefahr, daß die Zuweisung von Job-Prioritäten undifferenziert erfolgt. Die effektive Nutzung des Prioritätensystems läßt sich beispielsweise durch das interne Verrechnungssystem steuern. So werden beispielsweise abhängig von der zugewiesenen Job-Priorität unterschiedliche Verrechnungssätze gewählt.

JCL-Standards üben eine Kontrolle auf Job- und Schritt-Zeiten aus. Der TIME-Parameter im Job- oder Execute-Statement setzt ein neues Zeitlimit, wenn sich ein höherer als der vorgegebene Zeitbedarf sofort absehen läßt. Auch in diesem Fall läßt sich ein effektiver Gebrauch durch konsequente Anwendung interner Verrechnungssysteme erreichen.

Kostenverrechnung

JCL-Standards unterstützen unmittelbar das Verrechnungssystem. Ziel der Verrechnung ist, auf Grundlage der Nutzung der Computerressourcen die angefallenen Kosten zu identifizieren und verursachungsgerecht zu veranlagen. Die dazu benötigten Informationen werden für jeden übermittelten Job erfaßt und in den SMF-Dateien abgelegt.

Die Abrechnungsnummer des Job-Statements dient der Identifizierung des Kostenverursachers - der Stelle, der die Kosten für die Inanspruchnahme von Ressourcen für einen Job zuzuordnen sind. Die Abrechnungslisten, die jedem Anwender zuzuleiten sind, sollten eine detaillierte Aufstellung der dem Computer übermittelten Jobs enthalten. Diese Aufstellung sollte zusätzlich zu den veranlagten Kosten den Job-Namen, den Programmierernamen, die Abrechnungsnummer, die Job-Klasse und die Job-Priorität angeben. Für bestimmte Job-Namen oder Programmierernamen können im Rahmen der Auswertung Zwischensummen berechnet werden. Über JCL-Standards läßt sich die Identifizierung von Jobs und somit die verursachungsgerechte Zuweisung von Kosten sicherstellen.

Durchsetzen von JCL-Standards

Allgemeines Ziel ist, die Ausführung von Jobs, die nicht den Standards entsprechen, auszuschließen. Dazu müssen Dateien angelegt werden, die die gültigen Werte für Job-Namen, Abrechnungsnummer, Job-Klasse usw.

abspeichern. Prüfprogramme (z.B. SMF-Routinen) ermitteln die Gültigkeit der eingegebenen Werte. Nicht autorisierte Parameterwerte werden durch diese Prüfung als ungültig identifiziert und führen zum Abbruch des Jobs.

Ziel der Prüfung ist in diesem Zusammenhang zu bestimmen, ob die vorhandenen Kontrollen die Verwendung nicht standardisierter JCL in jedem Fall verhindern können.

Kontrollverfahren im Rahmen der Autorisierung

Die für die JCL zu verwendenden Parameter werden vom Management autorisiert. Diese Autorisierung sollte in schriftlicher Form vorliegen, um eine Prüfung durch die Revision zu ermöglichen. Die Leiter der Abteilungen *Programmierung* und *Operating* zeichnen für die Übermittlung der Dokumentation an die Abteilung *Systemprogrammierung* sowie für die Autorisierung von Erweiterungen, Änderungen und Löschungen auf der Parameterdatei verantwortlich. So sollte beispielsweise die Erteilung einer schriftlichen Genehmigung für Änderungen des Parameters *Abrechnungsnummer* nur der Person obliegen, die für das Verrechnungssystem zuständig ist. Das gehobene Management muß darüber hinaus Änderungen an den Werten genehmigen, die das Anwendungssystem und die Unternehmenssparte identifizieren. Der Revisor sollte diese schriftliche Genehmigung für Parameterwerte sorgfältig prüfen.

Programmtestkontrollen

Die Effektivität der Durchsetzung von JCL-Standards wird durch die Fähigkeit der Prüfprogramme, nicht standardisierte JCL zu identifizieren, unterstützt. Eine Codedurchsicht für jedes Prüfprogramm ist wegen der damit verbundenen Komplexität sehr problematisch. Einen besseren Weg stellt die Übermittlung von Testdaten an das System dar. Folgende Testmethode kommt beispielsweise in Betracht:

Der Revisor übermittelt für den Test der Prüfprogramme nicht standardisierte JCL-Parameter an das System. Das Testergebnis ist positiv, wenn die Prüfprogramme alle nicht standardisierten JCL-Parameter zurückweisen und die entsprechenden Job abbrechen.

ZUSAMMENFASSUNG

JCL-Standards sind ein wichtiges und mächtiges Management-Tool, um Möglichkeiten einer lückenlosen Prüfbarkeit und Kontrolle von Jobs zu erkennen. JCL-Standards wirken sich in erheblichem Umfang auf Dokumentationsstandards, Verrechnungssysteme, die Kontrolle von

Computerressourcen und die Prüfbarkeit von Jobs aus, so daß die Beurteilung der Eignung und Durchsetzung von JCL-Standards eine sorgfältige Prüfung rechtfertigen.

Darüber hinaus ist die Bedeutung von Job-Informationen im Rahmen der Prüfung des Verrechnungssystems und der Prüfung von computergestützten Anwendungen zu berücksichtigen. Der Revisor muß bei diesen Prüfungen die Verläßlichkeit der Informationen voraussetzen können. Geeignete JCL-Standards stellen diese Verläßlichkeit sicher.

11 PRÜFUNG VON MINICOMPUTER-SYSTEMEN

KLASSIFIZIERUNG VON DV-ANLAGEN

Die Klassifizierung von Rechnerkategorien erfolgt häufig nach Preisspannen oder technischen Kenndaten. Diese Größen unterliegen im Zeitablauf jedoch wesentlichen Änderungen. Die kleinsten kommerziell genutzten Computer besitzen heute die Leistungsfähigkeit der Großrechner der fünfziger Jahre. Die Leistungsfähigkeit beispielsweise eines *Superminis* reicht weit in den Großrechnerbereich hinein. Der Begriff *Minicomputer* ist daher irreführend. Die Ankündigung eines Computers als Personal Computer, Bürocomputer oder Anlage der mittleren Datentechnik stellt eher eine Marketingentscheidung des Herstellers als eine tatsächliche Unterscheidung nach Mikro- und Minicomputern da.

Beispielsweise wurden Computer der Preisklasse bis 150.000 DM vor der Entwicklung der Mikrocomputer häufig der Kategorie *Minicomputer* zugeordnet. Die Verarbeitungsbreite der Zentraleinheit hatte zumeist keinen Einfluß auf die Einordnung. Durch die Entwicklung der Mikroprozessoren wurde die Abgrenzung noch schwieriger. Abbildung 11.1 zeigt eine mögliche Klassifizierung von DV-Anlagen, die sich an den Kriterien

- o Preis,
- o Bedienungserfordernisse,
- o Anzahl Installationen und
- o Rechnerleistung

orientiert (1).

Abbildung 11.1: Klassifizierung von DV-Anlagen

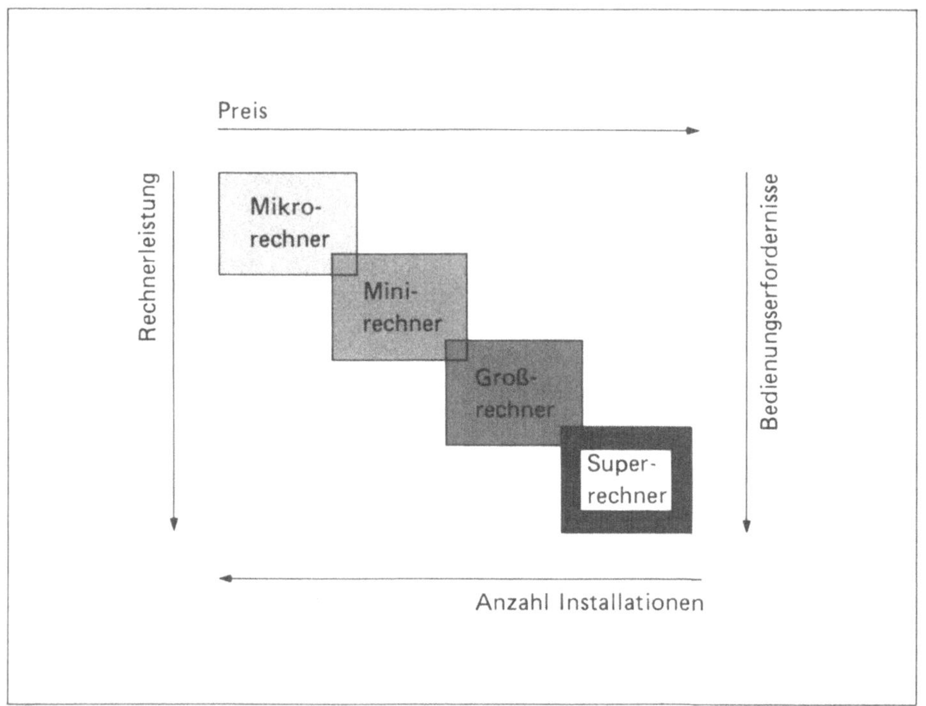

MINICOMPUTER

An einen Minicomputer können in der Regel mehrere Arbeitsplätze angeschlossen werden. Der typische Anwendungsbereich eines Minicomputers der obersten Leistungsklasse, des Superminis, ist neben der Prozeßsteuerung die kommerzielle Nutzung als Bürocomputer in Klein- und Mittelbetrieben für Verarbeitungsaufgaben wie Finanzbuchhaltung, Lohn- und Gehaltsabrechnung, Kalkulation und Kostenrechnung, Material- und Lagerwirtschaft, Auftragsbearbeitung und Verkaufsabrechnung. Führende Bürocomputerhersteller sind IBM, Kienzle, Nixdorf, Olivetti, Philips, Triumph-Adler und Wang.

Im Bürobereich werden Minicomputer von Großunternehmen als Satelliten von Großrechnern oder als Minicomputer-Verbundsysteme eingesetzt. Im unteren Leistungsbereich verdrängen mehrplatzfähige Mikrocomputer die traditionellen Minicomputersysteme. Eine andere Situation zeigt sich im obersten Bereich der Superminis. Das bessere Preis-/Leistungsverhältnis gegenüber Großrechnern führt zu einer Wachstumssteigerung.

Für die DV-Revision erfordert die Prüfung von Minicomputersystemen die Anpassung von Kontroll- und Prüfungsverfahren an die Charakteristika dieser DV-Systeme. Die Installationsentscheidung für einen Minicomputer fällt in der Regel aus Kosten- oder Effektivitätsüberlegungen. Diese Wahl geht oftmals zu Lasten von Prüfungs- und Kontrollverfahren. Der Revisor ist in derartigen Fällen gezwungen, alternative Kontrolltechniken einzusetzen, die allerdings häufig ein niedrigeres Sicherheitsniveau im Vergleich zu den bei Großrechnersystemen angewandten Methoden aufweisen.

Intelligente Terminals

Eine Einrichtung, die aus einem Datenendgerät (Terminal), einer Fernbetriebseinheit (Steuereinheit) und einer Synchronisiereinheit (als Schnittstelle) besteht, wird als *Datenendeinrichtung* (data terminal equipment) bezeichnet.

Als Terminal können beispielsweise folgende Geräte eingesetzt werden:

- o Datensichtgeräte;
- o Mikrocomputer;
- o Drucker und Plotter;
- o Spezielle Eingabegeräte (z.B. Schalterterminals und Geldausgabeautomaten bei Banken, Datenkassen für Warenhäuser).

Das Terminal dient der Dateneingabe und/oder -ausgabe. Man unterscheidet Terminals mit und ohne *Intelligenz*. Die Bezeichnung *Intelligenz* bezieht sich in diesem Zusammenhang auf die Fähigkeit bestimmte Funktionen wie beispielsweise

- o formelle Prüfungen,
- o dezentrale Rechenfunktionen,
- o Anschlußmöglichkeiten für einen Drucker,
- o grafische Darstellungen,
- o Führung von Bildschirmmasken und
- o Sicherungsaufgaben (z.B. Schutz für bestimmte Datenbereiche)

auszuführen (2).

Ein unintelligentes Terminal kann nicht wie ein als intelligentes Terminal dienender Mikrocomputer auch autonom im Stand-alone-Betrieb arbeiten, sondern ist auf die Steuerung durch einen anderen Computer angewiesen. Die Geräteintelligenz liegt in Form von Software oder programmierbarer Hardware (PROM) vor.

Ein intelligentes Terminal zeichnet sich durch folgende allgemeine Merkmale aus:

- o Mikroprozessor;
- o eigener Arbeitsspeicher;
- o Selbständige Programmierung.

Das intelligente Terminal entlastet den Arbeitsspeicher des übergeordneten Rechners. Die Prüfung von Eingabedaten, z.B. auf Formatrichtigkeit oder Genauigkeit bestimmter Schlüsseldatenelemente, erfolgt im Rahmen von Anwendungsprogrammen. Die Daten können dem Zentralrechner zu festgelegten Zeiten oder sofort übermittelt werden.

Ein intelligentes Terminal übernimmt unter Umständen auch Sicherungsaufgaben, z.B. Beschränkung der Datenübermittlung ausschließlich auf autorisierte Mitarbeiter. Der Revisor sollte sich deshalb mit den

- o Verfahren für die Vergabe von Kennworten,
- o Nutzungsrechten für Terminaltransaktionen,
- o Verfahren zur Fehlerentdeckung und -behebung, und
- o Verfahren zur Verfolgung von Sicherheitsverstößen

beschäftigen.

Weiterhin sollte der Revisor die Backup-Verfahren zur Datensicherung kennen und eine Bewertung des Risikos eines Datenverlustes vornehmen sowie den Einfluß von Datenverlusten auf den Verarbeitungszyklus bestimmen.

RJE-Systeme

RJE-Systeme werden in der Regel in großen DV-Installationen eingesetzt. Bei einer Remote-Verarbeitung liegt im Gegensatz zur lokalen Verarbeitung eine räumliche Trennung zwischen Zentralrechner und der DV-Einheit vor. Die RJE-Einheit befindet sich in einer entfernten Fachabteilung, einem anderen Gebäude oder einer Niederlassung.

Der Revisor sollte sicherstellen, daß durch das Betriebssystem des Zentralrechners sämtliche von RJE-Rechnern gestartete Jobs einer Kontrolle unterliegen. Insbesondere für die Zugriffsmöglichkeiten von RJE-Rechnern auf den Zentralrechner sollten geeignete Kontrollverfahren vorliegen.

Kommunikationsrechner (Front-End-Rechner)

Die starke Verbreitung von Dialoganwendungen belastet den Zentralrechner mit der Steuerung der wachsenden Peripherie. Diese Situation führte

- o zur Entwicklung neuer Rechnerkonzepte, die den Zentralrechner durch die Auslagerung der Übertragungssteuerung auf vorgelagerte gesonderte Funktionseinheiten entlasten, und
- o zur Spezialisierung von Computern für bestimmte Verwendungszwecke (z.B. Datenbankrechner, Kommunikationsrechner).

Der Anteil Kommunikationsrechner an Minicomputerinstallation ist relativ hoch. Der Minicomputer als Front-End-Rechner übernimmt die

- o Übertragungssteuerung,
- o Abwicklung der Datenübertragungsprozeduren,
- o Zwischenspeicherung der Daten- und Steuereingaben,
- o Nachrichtenbehandlung, z.B. Formatumsetzungen und Plausibilitätskontrollen, und
- o Betriebssicherungsfunktionen, z.B. Fehlerbehandlung, -warnung und -statistik, Überwachung bestimmter Funktionseinheiten.

Das Interesse der DV-Revision gilt in erster Linie den Sicherungsfunktionen und den Verfahren für die Verfolgung von Sicherungsverstößen. Der Umfang der Sicherungsmaßnahmen für den Prozeß der Datenübertragung (Kommunikationsleitungen) hängt von der Wichtigkeit des Datenflusses ab. Der Revisor sollte die Anforderungskriterien an die Datenverschlüsselungsverfahren und die Funktion der eingesetzten Verschlüsselungsmethoden auf ihre Angemessenheit prüfen.

Einzelplatzsysteme (Stand-alone-Rechner)

Eine häufige Schwachstelle interner Kontrollverfahren in kleineren DV-Installationen mit Einzelplatzsystemen zeigt sich in der fehlenden Realisierung einer geeigneten Funktionstrennung. In der Regel übernimmt nur ein Mitarbeiter die Systembedienung, so daß der Zugriff auf Datenbestände oder die Modifikation von Software keiner geeigneten Kontrolle unterliegt. Der Einstellung weiterer Mitarbeiter stehen Kostenüberlegungen entgegen.

Die Kosten-/Nutzenanalyse für die Einrichtung geeigneter Kontrollen bildet ein mögliches Beurteilungskriterium bei der Bewertung der Kontrollverfahren. Obwohl eine ideale Aufgabentrennung bei Einzelplatzsystemen oft nicht erreichbar ist, unterstützen die im nächsten Abschnitt vorgestellten Kontrollverfahren die Kompensierung dieser systemimmanenten Schwachstellen. Die Realisierung dieser Maßnahmen führt zu keiner wesentlichen Steigerung der Betriebskosten.

KONTROLLVERFAHREN BEI MINICOMPUTERSYSTEMEN

Im folgenden werden die bei Minicomputersystemen typischen Prüfungs- und Kontrollprobleme diskutiert und geeignete Verfahren zur Zielerreichung dargestellt.

Das wichtigste Kontrollziel in einer Minicomputerumgebung bezieht sich auf die Sicherstellung der Vollständigkeit, Autorisierung und Genauigkeit der Informationsverarbeitung entsprechend dem Systementwurf. Der Revisor sollte die Eignung dieser Methoden für die vorliegende Minicomputerumgebung bewerten.

Die im Anhang genannten Fragen bieten die Möglichkeit, das Vorhandensein und den tatsächlichen Einsatz der folgenden Kontrollverfahren festzustellen.

Aufgabenrotation

Da die Betreuung des Minicomputerbetriebs einen relativ geringen zeitlichen und kostenmäßigen Schulungsaufwand voraussetzt, sollten mehrere Mitarbeiter in der Systembedienung unterwiesen werden. Eine regelmäßige Aufgabenrotation (von der Dateneingabe über den Rechnerbetrieb bis hin zur Datenkontrolle) verringert die Wahrscheinlichkeit unautorisierter Datenmanipulationen. Darüber hinaus lassen sich durch Krankheit oder Urlaub bedingte Personalkapazitätsprobleme besser auffangen.

Verstärkte Beteiligung der Fachabteilungen

Fachabteilungen übernehmen neben der Datenerfassung vielfach auch Datenprüfungs- und -kontrollaufgaben. Diese Vorgehensweise ist sorgfältig zu überdenken, da die Gefahr besteht, andere Prüfungskontrollen zu konterkarieren und eine unerwünschte Funktionskonzentration in den Fachabteilungen aufzubauen.

Der Revisor sollte Ablaufdiagramme der Fachabteilungen und des Computersystems erstellen bzw. sich beschaffen, um bestehende Kontrollverfahren darzustellen, aber auch um die Zuweisung von Kontrollaufgaben zu den Fachabteilungen zu klären und die Kosten einer geeigneten Funktionstrennung zu erfassen. Führt die Realisierung einer geeigneten Funktionstrennung zu einer wesentlichen Kostensteigerung, sind durch den Revisor alternative Kontrollverfahren zu erarbeiten.

Verstärkte Beteiligung des Managements

Das System sollte alle ausgeführten Jobs (mit Start- und Stopzeiten) in einem Logbuch aufzeichnen. Das Management sollte die Vorlage dieser Aufzeichnungen verlangen und beispielsweise auf die Zulassung ausschließlich autorisierter Jobs zur Verarbeitung überprüfen. Im Idealfall werden die systemgenerierten Listen den Fachabteilungsleitern zur Überprüfung und Bestätigung vorgelegt.

Zugriffsbeschränkungen auf Eingabeterminals

Abhängig von der Gestaltung einer Anwendung unterliegen angeschlossene Online-Terminals ebenfalls standardisierten Kontrollen, z.B. Kennwortschutz und Verfahren zur Terminalidentifizierung. Alternativ zum Kennwortschutz besteht die Möglichkeit der physikalischen Sperrung von Terminals und die Einrichtung einer Schlüsselkontrolle. Die Durchsetzung der regelmäßigen oder fallweisen Kennwortänderung sowie der Schlüsselverwaltung obliegt dem Leiter der Fachabteilung.

Verfahren zur Verfolgung von Sicherungsverstößen

Die Fachabteilungsleiter sollten aufgefordert werden, Verfahren zur Untersuchung von Sicherungsverstößen und unautorisierten Zugriffen auf Computer einzurichten. Eine zwingende Voraussetzung zur Erfüllung dieser Forderung ist die computergestützte Aufzeichnung von Sicherungsverstößen sowie die Möglichkeit auf Systemebene, eine Zugriffssicherung zu realisieren.

Kontrollverfahren für Programmbibliotheken

Die typische Minicomputerinstallation rechtfertigt in der Regel nicht den Einsatz eines Vollzeitmitarbeiters für Bibliotheksaufgaben. Es empfiehlt sich einen Mitarbeiter, und zwar nicht den Bediener (Operator), für diese Aufgabe auszuwählen. Der Bediener sollte in keinem Fall als einzige Person auf wichtige Dateien und Programmbibliotheken zugreifen können. So kann beispielsweise der Gruppe *Datenkontrolle* die Verantwortlichkeit für die Programmbibliothek zugewiesen werden, wobei zu überlegen ist, ob nicht auch hier die Aufgabenausführung dem Rotationsprinzip unterliegen sollte.

Eine Schlüsselrolle im Rahmen dieser Kontrollverfahren erhält die Integrität der Anwendungsbibliotheken. Die Kontrolle der Änderungen bei Anwendungssoftware ist mit zahlreichen Problemen verbunden. Auch hier sollten die bestehenden Verfahren auf Eignung geprüft werden.

Kontrollverfahren für Dienstprogramme (Utilities)

Dienstprogramme bieten Möglichkeiten zur Modifikation von Datenbeständen und/oder Anwendungsprogrammen. Dem Nutzen dieser Programme steht das Risiko unautorisierter Datenmanipulationen gegenüber. Aus diesem Grund haben Kontrollverfahren für diese Programme eine besondere Bedeutung für die Sicherung der Datenintegrität und Systemsicherheit.

Der Programmzugriff sollte einer Kontrolle durch Kennworte unterliegen, wobei die Kennwortvergabe und -pflege ganz oder teilweise in der Verantwortung der Fachabteilungsleiter liegen sollte. Ein selbständiger Systembetrieb durch die Fachabteilung ist jedoch zu unterbinden. Bieten DV-Installationen keine entsprechenden Kontrollmöglichkeiten, sind besonders kritische Dienstprogramme vom System zu entfernen.

Der Revisor muß sicherstellen, daß die Nutzung der Dienstprogramme durch eine einzige Person ausgeschlossen ist und der Einsatz von Dienstprogrammen die Genehmigung des Fachabteilungsleiters erfordert.

Formatierte Eingabebilder

Eine effektive Kontrollmethode für Online-Anwendungen ist die Verwendung formatierter Oberflächen. Fehlen notwendige Dateneingaben, weist das System die Transaktion zurück. Die vom Anwendungsprogramm veranlaßte Neubearbeitung und Überprüfung gewährleistet die Korrektheit des Dateneingabeformats. Die Verwendung formatierter Eingabebilder läßt nur transaktionsorientierte Dateneingaben zu.

Batch-Funktionen

Die Anwendungssoftware sollte über die Möglichkeit zur Bildung von Satzanzahl, Stapelsummen und Geldwertsummen verfügen. Das Management sollte detaillierte Prüf- und Kontrollverfahren für jede Eingabestation verlangen.

Dateneingabeprüfung

Bei batch-orientierten Systemen liegt ein dringender Bedarf für die Überprüfung der Eingabedaten (oder zumindest der Datenschlüsselelemente) und die Bildung von Stapelsummen durch die Eingabestation vor. Die Prüffunktion zur Korrektheit der Dateneingaben sollte eine automatische Abstimmung umfassen und Möglichkeiten zur Durchführung von Korrekturmaßnahmen anbieten.

Prüf- und Kontrollfunktion

Das Anwendungssystem sollte über eine Methode zur Abstimmung der Dateneingaben und über Verfahren zur Fehlererkennung und -behebung verfügen. Intern generierte Eingaben sollten aufgezeichnet werden. Umfassende Änderungen sind mit den Stammdateien abzustimmen. Darüber hinaus sollte die Größe *Anzahl Datensätze* gebildet werden, um Fehler und Auslassungen aufzudecken.

Eingabekontrolliste

Das Anwendungssystem sollte eine Liste aller eingegebenen Transaktionen erzeugen, die eine lückenlose Prüfbarkeit ermöglicht. Die Liste sollte sowohl die Datenherkunft (Operator-ID und Terminalnummer) als auch durch das System veranlaßte Abstimmungsmaßnahmen erfassen.

Systemkontrollen

Die Einflußmöglichkeiten der Revision auf die Systemgestaltung bei Fremdentwicklungen ist sehr beschränkt. Die Bewertung der Kontrollmethodologien sowie eine zusammenfassende Beurteilung der Eignung bezieht sich jedoch auch auf fremdentwickelte Systeme.

Darüber hinaus muß eine Prüfung auf Einhaltung der Dokumentationsstandards sowie eine Erfassung der Vollständigkeit und Eignung der vom Lieferanten bezogenen Wartungsunterlagen erfolgen; diese Forderung bezieht sich auch auf die Vorlage des Quellcode (als Schutz vor dem Ausscheiden des Anbieters vom Markt), der Programmspezifikationen, Entwurfsbeschreibungen und Dateientwürfe. In gleicher Weise sollte der Revisor die Vollständigkeit der Bedienungsanweisungen und Schulungsunterlagen prüfen.

Backup- und Recovery-Verfahren

Minicompter erfordern wie Großrechner die Einrichtung geeigneter Backup- und Recovery-Verfahren, z.B.:

- o Eine Logdatei sollte bei Benutzung von Datenbanken *Before-* und *After-Image* Datensätze aufzeichnen.
- o Dienstprogramme sollten die Durchführung von Backup- und Recovery-Verfahren übernehmen.

Ein häufiges Problem bei dem Einsatz von Minicomputern ergibt sich durch die mögliche Trennung von Backup-/Recovery-Funktionen und der eigentlichen Systemsoftware. Aus diesem Grund besteht ein dringender Prüfungsbedarf in bezug auf die Existenz und die Anwendung dieser Verfahren.

Ein weiteres Problem bezieht sich auf die Verfügbarkeit von Ausfallrechnern. In der Regel bietet der Hardwarelieferant derartige Möglichkeiten an. Der Revisor sollte allerdings sicherstellen, daß keine Kompatibilitätsprobleme vorliegen und regelmäßige Testläufe die Funktionsfähigkeit der DV-Anlage gewährleisten. Bei Online-Systemen sollte die Möglichkeit bestehen, Batch-Eingaben auch ohne die Nutzung von Online-Terminals vorzunehmen.

Der Revisor muß sicherstellen, daß hinreichende Backup- und Recovery-Strategien existieren, da Endbenutzer bei der Auswahl eines Minicomputers die Wichtigkeit von Backup-Verfahren unterschätzen und die Bereitstellung geeigneter Backup-Ressourcen durch die DV-Abteilung nicht vorausgesetzt werden kann.

Physikalische Sicherung

Die Konzeption vieler Minicomputer ist für den Betrieb in einer Benutzerumgebung ausgelegt, die keine besonderen örtlichen Sicherungsanforderungen stellt. Es bestehen daher nur beschränkte Möglichkeiten, die physikalische Sicherung auszubauen. Darüber hinaus setzen die mit der Installation von Zugriffsbeschränkungen verbundenen Kosten eine weitere Grenze. Eine Risikoanalyse bietet in dieser Situation eine geeignete Entscheidungshilfe.

In einigen Fällen reichen bereits Zugangsbeschränkungen in der Fachabteilung aus, um einen unautorisierten Zugriff auf die Hardware beispielsweise durch Ausweiskarten oder Schlüssel zu unterbinden. Sehr kritische Anwendungen rechtfertigen die Kosten einer räumlichen Trennung der Systembediener von anderen Abteilungsmitarbeitern.

Logische Sicherung

Die Anwendungssystemkonzeption sollte nur autorisierte Mitarbeiter für die Systembenutzung zulassen. Die Zugangsberechtigung in einer Online-Umgebung erfordert beispielsweise die Identifizierung des Benutzers durch ein Kennwort oder ein Schlüsselsystem. Das DV-System sollte darüber hinaus ein automatisches Log-Off-Verfahren bei Terminals durchführen, bei denen innerhalb eines bestimmten Zeitraumes (z.B. 5 Minuten) keine Nachrichtenübermittlung erfolgt, oder nach mehrfachem erfolglosem Versuch eine automatische Sperrung des Terminals bzw. der Benutzernummer veranlassen.

Kenntwortänderungen übernehmen in der Regel die Benutzer selbst, während der Revisor die regelmäßige Vornahme von Kennwortänderungen prüft und sicherstellt, daß Verfahren für die Erkennung und Zulassung neuer Benutzer sowie für das Löschen von Benutzerzulassungen existieren.

Datensicherung

Die Forderung einer effektiven Datensicherung stellt eines der schwierigsten Ziele in einer Minicomputerumgebung dar. Der Systembenutzer muß das für die gespeicherten Informationen bestehende Risikopotential ermitteln und mit dem Revisor die Eignung des zugrundegelegten Klassifikationsschemas klären.

Die Klassifizierung von Informationen nach dem Risikopotential unterliegt der subjektiven Einschätzung des jeweiligen Benutzers. Der Revisor sollte sich daher um eine Objektivierung bemühen, um sicherzustellen, daß das Management einen annähernd tatsächlichen Einblick in die bestehenden Risiken erhält und der Entscheidungsprozeß auf korrekten Annahmen basiert.

Eigenentwickelte Kontrollverfahren

Der Bewertungsprozeß von Kontrollverfahren für neue Anwendungssysteme wird weitgehend von der Wichtigkeit der vorliegenden Anwendung bestimmt. Bei Eigenentwicklungen kritischer Anwendungssysteme sind die für Großrechnersysteme konzipierten Kontrollverfahren (einschließlich vollständiger Systemdokumentation, Benutzerhandbuch, Schulungen) anwendbar.

Änderungsarbeiten an bestehenden Systemen

Da der Mitarbeiterstab im Bereich der Minicomputersysteme relativ klein ist, stellt die Wartung von Anwendungssystemen häufig ein Problem dar, z.B. durch nachlässige Handhabung der Kontrollverfahren für die Durchführung von Änderungen. Das Entwicklungsteam übernimmt nicht selten auch Wartungsaufgaben. Eine Überprüfung der durchgeführten Änderungen durch die Qualitätskontrolle findet oft nicht statt, so daß die Arbeit des Wartungsteams keiner geeigneten Kontrolle unterliegt.

Der Revisor muß daher die Kontrolle von Wartungsarbeiten, die Einhaltung von Standards bei der Durchführung von Änderungsarbeiten und die Anwendung des Vier-Augen-Prinzips bei Änderungen der Programmbibliothek sicherstellen. Darüber hinaus sollte die Existenz und Anwendung folgender Kontrollverfahren geprüft und/oder durchgesetzt werden:

- o Änderungen müssen vom Management durchgesehen und genehmigt werden.
- o Das Programmiererteam ist für die Aktualisierung der Dokumentation nach der Durchführung der Änderungen verantwortlich.

- o Die durchgeführten Änderungen werden dem Anwender mitgeteilt.
- o Der Anwender prüft die Änderungen.
- o Der Zugriff auf die Produktionsquell- und -ladebibliothek unterliegt einer umfassenden Kontrolle.
- o Anwendung des Rotationsprinzips für die Durchführung von Wartungsarbeiten.
- o Vor der Durchführung von Laufzeittests sollten wichtige Produktionsdateien vom System entfernt werden.

ZUSAMMENFASSUNG

Für die Bewertung der Wichtigkeit von Minicomputeranwendungen bieten sich Verfahren der Risikoanalyse als geeignete prüfungsunterstützende Instrumente an. Für kritische Anwendungen empfiehlt es sich, Kontrollverfahren einzusetzen, die über das in einer Großrechnerumgebung erforderliche Sicherungsniveau verfügen.

Die typischen Problemsituationen einer Minicomputer- und einer Großrechnerumgebung unterscheiden sich zwar; es ist jedoch zu bedenken, daß Minicomputer inzwischen die Leistungsfähigkeit älterer Großrechner erreicht haben. Dieser Punkt sollte bei der Auswahl von Kontroll- und Prüfungstechniken berücksichtigt werden.

Quellenangaben:

1. Hansen, H. R.: "Einführung in die betriebliche Datenverarbeitung", 5. Auflage, Gustav Fischer Verlag, Stuttgart 1985, S. 45.

2. Grupp, B.: "Die Wahl des richtigen Minicomputers", VDE-Verlag, Berlin 1980, S. 27.

ANHANG

Fragebogen zum Bereich "Internes Kontrollsystem"

A. Aufgabenrotation

Ist mehr als eine Person in der Lage, die Systembedienung zu übernehmen?

Gibt es einen Aufgabenrotationszyklus?

Obliegt die Softwarepflege der Zuständigkeit einer weiteren Stelle oder Person?

Liegt eine Beschreibung der zu erledigenden Aufgaben vor?

Stellen Verfahren sicher, daß die Funktionskonzentration auf Einzelpersonen minimiert wird?

B. Verstärkte Beteiligung der Fachabteilungen

Ist der Benutzer in die Durchführung von Kontrollaufgaben eingebunden?

Wurden an Schwachstellen Zuständigkeiten für Prüf- und Kontrollverfahren definiert?

Sind Prüf- und Kontrollfunktionen in angemessener Weise organisatorisch voneinander getrennt?

C. Verstärkte Beteiligung des Managements

Wird die Verarbeitung einzelner Jobs in einem Logbuch aufgezeichnet?

Erhält das zuständige Management das Logbuch zur Durchsicht und Genehmigung?

Wird der Benutzer von der Ausführung seines Job-Auftrags informiert?

Werden Job-Rechnerzeiten und Fehlversuche aufgezeichnet?

D. Zugriffsbeschränkungen auf Eingabeterminals

Gibt es Kennworte oder physikalische Sicherungen für Eingabeterminals?

Entsprechen die bestehenden Kennwort- und Kontrollverfahren den Anforderungen der Systemumgebung?

E. Verfahren zur Verfolgung von Sicherheitsverstößen

Erkennt das Anwendungssystem unautorisierte Zugriffsversuche?

Liegen dem zuständigen Management Aufzeichnungen über Anzahl und Art unautorisierter Zugriffsversuche vor?

Liegen formale Anweisungen für die Handhabung von Sicherungsverstößen vor?

Unterliegt die Verfolgung von Sicherungsverstößen der Verantwortlichkeit des Managements?

F. Kontrollverfahren für Programmbibliotheken

Wird die Durchführung von Änderungsarbeiten an der Anwendungssoftware aufgezeichnet?

Gibt es Zugriffsbeschränkungen für Anwendungsbibliotheken?

Werden Anwendungsänderungen dokumentiert?

G. Kontrollverfahren für Dienstprogramme (Utilities)

Wird der Einsatz von Dienstprogrammen protokolliert?

Stellen Verfahren sicher, daß das Management über den Einsatz von Dienstprogrammen Kenntnis erhält?

H. Formatierte Eingabebilder

Setzt die Anwendung transaktionsorientierte Eingabebilder ein?

Verfügt die Anwendungssoftware über geeignete Verfahren zur Eingabekorrektur?

I. Batch-Funktionen

Ermöglicht die Systemkonzeption eine Kontrolle und Prüfung von Eingabedaten?

Gibt es automatische Prüfverfahren und manuelle Verfahren zur Aufdeckung von Abweichungen?

J. Dateneingabeprüfung

Werden geeignete Eingabeprüfroutinen eingesetzt?

Nimmt das System eine Eingabeüberprüfung vor?

Gibt es entsprechende Verfahren zur Fehlerbehebung?

Verlangt das System bei Dateneingaben und -korrekturen die Identifizierung des Bedieners?

K. Prüf- und Kontrollfunktion

Ermöglichen die Prüf- und Kontrollverfahren eine rechtzeitige Aufdeckung von Fehlern und Auslassungen?

Ist das Kontrollverfahren anwenderunabhängig?

L. Systemkontrollen

Minimieren die Systemkontrollen das Risiko des Datenverlustes?

Können eigene Mitarbeiter im Bedarfsfall die Systemwartung übernehmen?

Stellt der Lieferant sämtliche benötigten Dokumentationen bereit?

Bietet die Dokumentation die für Systemwartung und -betrieb erforderlichen Informationen?

M. Backup- und Recovery-Verfahren

Gibt es eine Ausweichanlage für Notfallsituationen?

Wurde die Ausweichanlage einem Eignungstest unterzogen?

Gibt es bei Online-Systemen die zusätzliche Möglichkeit der Batch-Eingabe?

Gibt es Software zur Sicherung (Backup) und Wiederherstellung (Recovery) kritischer Datenbestände?

N. Physikalische Sicherung

Sind die Zugriffskontrollverfahren angemessen?

Werden bei Besuchern Angaben zur Person erfaßt?

O. Logische Sicherung

Unterliegen die Kennworte einer regelmäßigen Änderung durch den Benutzer?

Gibt es geeignete Verfahren für die Zulassung neuer Anwender?

Werden geeignete Verfahren für die Löschung oder Änderung von Benutzerberechtigungen eingesetzt?

P. Datensicherung

Sind die Anforderungen an die Datensicherung eindeutig definiert?

Gibt es angemessene Datensicherungsstrategien?

Q. Eigenentwickelte Kontrollverfahren

Gibt es eine Methodologie, um die Wichtigkeit eines Anwendungssystems in einer Minicomputerumgebung zu bewerten?

Wenn die Entwicklungskontrollverfahren Abweichungen zulassen, werden die Gründe für dieses Vorgehen dokumentiert?

Stehen für das Minicomputersystem eigene Entwicklungsstandards zur Verfügung? Wenn ja, sind diese Standards angemessen?

R. Änderungsarbeiten an bestehenden Systemen

Werden Änderungen an der Anwendungssoftware dem Management zur Durchsicht vorgelegt?

Unterliegt die Durchführung von Wartungsarbeiten einer Aufgabenrotation?

Werden Änderungen vor der Implementierung dem Benutzer mitgeteilt?

Führt die tangierte Fachabteilung einen Akzeptanztest durch?

Gibt es Maßnahmen, die eine Aktualisierung der Programmbibliothek durch den Programmierer verhindern?

Liegen alle geänderten Versionen auch als Quellcode (einschl. ihrer Dokumentation) vor?

12 KOSTEN-/NUTZENUNTERSUCHUNG BEI HARDWAREPROJEKTEN

EINLEITUNG

In der Anfangsphase der Datenverarbeitung galt der Computer eher als Prestigeobjekt und weniger als Hilfsmittel zur effizienteren Gestaltung betrieblicher Abläufe. In diesem Zusammenhang waren die Bestrebungen vieler Unternehmen zu sehen, den Ersatz einer DV-Anlage durch ein leistungsfähigeres System zu fordern, ohne daß eine Erweiterung der Anwendung(en) in absehbarer Zeit zu erwarten war, oder das Anforderungsprofil der Anwendungen eine höhere Leistungsfähigkeit des eingesetzten Systems voraussetzte.

Das Geheimnisvolle, das der computergestützten Datenverarbeitung und dem Computer selbst anhaftete, ist inzwischen einer rationalen Einstellung gewichen. Die Akquisition oder Erweiterung von DV-Anlagen unterliegt wie jede andere Investitionsentscheidung Prüfungs- und Genehmigungsverfahren. Vor Erteilung einer Genehmigung zum Abschluß eines Kauf-, Miet- oder Leasingvertrages für eine DV-Anlage muß sich das zuständige Management über folgende Positionen informieren:

- o Akquisitions- und Installationskosten;
- o Betriebskosten;
- o Zeitpunkt der Inbetriebnahme der Anlage;
- o Mögliche quantifizierbare Nutzen durch Einsatz der DV-Anlage;
- o Mögliche nicht quantifizierbare Nutzen durch Einsatz der DV-Anlage;

- o Effekte der computergestützten Datenverarbeitung auf bestehende Arbeitsabläufe;
- o Effekte von Terminverzögerungen/-verschiebungen;
- o Kontrollverfahren zur Überwachung des Projektfortschritts und zur Gewährleistung der Vollständigkeit des Projekts.

Eine Projektgenehmigung kann nur nach vollständiger Klärung dieser Positionen erfolgen. Dem Genehmigungsverfahren schließen sich der Akquisitionsvorgang und die Implementierung an.

Nach Abschluß und Abnahme des Projektes sollte der Ist-Zustand erfaßt und den Sollwerten gegenüber gestellt werden. Diese Aufgabe kann sowohl in der Verantwortlichkeit des zuständigen Managements als auch bei der Revision liegen. Folgende Fragen sind in diesem Zusammenhang beispielsweise zu klären:

- o Liegen die tatsächlichen Kosten innerhalb des Budgetrahmens?
- o Entspricht der tatsächliche Nutzen dem erwarteten Nutzen?
- o Besteht eine Übereinstimmung zwischen den tatsächlichen und den angenommenen Effekten der computergestützten Datenverarbeitung auf traditionelle Arbeitsabläufe?
- o Erfüllt die DV-Anlage tatsächlich die in der Spezifikation definierten Anforderungen?
- o Wurde die Zeitplanung eingehalten?

Bei Feststellung von Abweichungen im Rahmen von Soll-/Ist-Vergleichen sollten neben den Ursachen auch Verfahren dokumentiert werden, mit denen sich bei zukünftigen Projekten diese Abweichungen vermeiden oder zumindest reduzieren lassen. Die DV-Revision verfügt über das für die Ursachenforschung erforderliche Instrumentarium. Insbesondere größere Akquisitionsprojekte im Hardwarebereich rechtfertigen eine Prüfung nach der Installation. Das in diesem Kapitel vorgestellte Konzept der Kosten-/Nutzenuntersuchung läßt sich auch im Rahmen von Vertragsverhandlungen einsetzen.

BEGINN DER PRÜFUNG

Nicht jede Hardwareakquisition sollte Gegenstand einer Prüfung nach der Installation sein. Diese Empfehlung stützt sich auf Kostenüberlegungen. Kosten für die Durchführung einer Prüfung müssen bereits für die zeitliche Inanspruchnahme des internen Revisors angesetzt werden. Aus diesem Grund sollten die erwarteten Kosten und Nutzen eines Hardwareprojektes die mit der Prüfung nach der Installation verbundenen Kosten rechtfertigen. Die Festsetzung eines Mindestgeldwertes nimmt Projekte, die diese Grenze unterschreiten, von der Einbeziehung in eine Prüfung aus. Die Festlegung des Grenzwertes ist Aufgabe des gehobenen Managements oder des Revisionsleiters. Die Effektivität des Mindestgeldwertes hängt weitgehend von der Güte des Projektkontrollsystems ab. Fehlt ein derartiges System oder arbeitet das eingesetzte System nicht effektiv, wird der gewählte Mindestgeldwert häufig zu niedrig angesetzt. Mit zunehmender Berücksichtigung der Revisionsempfehlungen und durch Verbesserung der Prokjektkontrolle läßt sich der Mindestgeldwert genauer ermitteln.

Die Höhe der geplanten Akquisitions- und Installationskosten bildet das wesentliche Entscheidungskriterium bei der Auswahl von Prüfungsobjekten. Fehlt ein formales Genehmigungsverfahren, sollte sich die DV-Revision um eine Aufstellung aller Hardwareanschaffungen bemühen. Dies schließt eine Liste aller vorgenommenen Ergänzungs- und Änderungsmaßnahmen bei der Hardware ein.

Es ist wichtig, daß der Revisor auch über sämtliche *Änderungsmaßnahmen* bei DV-Anlagen Kenntnis erhält. Diese Vorgehensweise erfaßt auch Hardwareanschaffungen, die als Einzelobjekt gemäß der festgelegten Mindestgrenze nicht revisionswürdig sind, in ihrer Gesamtheit jedoch das Kriterium für eine Prüfung erfüllen.

Diese Situation ergibt sich häufig, wenn beispielsweise die Beschaffung von Systemelementen (z.B. Terminals oder Laufwerke) einem Projekt zeitlich nachgelagert ist. Diese Akquisition wird nicht als Bestandteil des Gesamtprojektes, sondern als selbständiges Projekt erfaßt. Derartige Fälle erfordern eine spezielle Handhabung und das Eingreifen des gehobenen Managements, denn entweder versucht der verantwortliche DV-Manager das Genehmigungsverfahren zu umgehen oder der Grund für dieses Verhalten liegt in der persönlichen Unfähigkeit, den Bedarf annähernd genau zu planen.

Neben der Auswahl der Projekte muß auch über den Zeitpunkt der Durchführung einer Prüfung entschieden werden. Im Idealfall erfolgt diese Prüfung nach der vollständigen Erfassung aller Kosten und der Erreichung der geplanten Nutzen. Der Zeitraum zwischen Projektabschluß und Prüfungstermin sollte in jedem Fall relativ kurz gewählt werden, da mit zunehmendem zeitlichen Abstand die Wahrscheinlichkeit steigt, daß erforderliche Dokumentationen unvollständig vorliegen und nicht dokumentierte Vorgänge in Vergessenheit geraten.

Erfahrene DV-Revisoren setzen den Prüfungstermin drei bis sechs Monate nach abgeschlossener Installation an. Ein gegen diese Zeitplanung häufig vorgetragenes Argument bezieht sich auf die fehlende Möglichkeit, innerhalb dieses relativ kurzen Zeitraumes die geplanten Ziele vollständig zu realisieren. Derartige Einwände sollten genau analysiert werden.

Gegenstand einer Prüfung können auch langfristige Projekte sein (z.B. eine Projektdauer von drei Jahren). In solchen Fällen empfiehlt es sich, die Prüfung bereits während des laufenden Projektes anzusetzen. Der zuvor aufgestellte Fragenkatalog ist beispielsweise durch Aufnahme folgender Fragen zu ergänzen:

- o Ist eine Aufgliederung dieses Projektes in mehrere kleinere Projekte anzustreben, die in Umfang und Dauer enger definiert werden können?
- o Entspricht der Projektfortschritt im Hinblick auf Kosten und Nutzen den Solldaten?
- o Ist mit einer Budgetüberschreitung zu rechnen?
- o Ist die Realisierung der geplanten Ziele zu erwarten?
- o Welche Verfahren zur Projektkontrolle sind zusätzlich erforderlich und sollten implementiert werden?
- o Wie haben sich die bestehenden Verfahren zur Projektkontrolle bewährt?
- o Gibt es Möglichkeiten, um die Projektfertigstellung zu forcieren?
- o Empfiehlt sich zu diesem Zeitpunkt die Beendigung des Projektes?

Prüfung der Dokumentation

Nach der Entscheidung für die Durchführung einer Prüfung, sollte der Revisor alle relevanten Planungs(Durchführbarkeits-)studien erhalten. Gibt es ein formales Projektantragsverfahren, sind die entsprechenden Formulare und ergänzenden Dokumente dem Revisor ebenfalls zur Verfügung zu stellen. Nach Projektbeginn überarbeitete Planungen sollte der Revisor auch dann erhalten, wenn eine formale Genehmigung des zuständigen Managements nicht erforderlich war.

Die in der Planung aufgeführten Kosten, Nutzen und Zeitpläne stellen verbindliche Vorgaben für die Bewertung der tatsächlichen Ausgaben und des Zielerreichungsgrades dar. Die Ursachen für wesentliche Abweichungen sind soweit wie möglich aufzuklären. Häufig ergeben sich derartige Abweichungen aufgrund der Ungenauigkeit der Schätzverfahren. Eine solche Feststellung ist deshalb von wesentlicher Bedeutung, da das Management bei zukünftigen Projekten die Schätzungen als Entscheidungskriterien nutzt.

Die Planungsdokumente sollten von einem erfahrenen DV-Revisor, der aus diesen Unterlagen die in die Prüfungsplanung einzubeziehenden Daten ableitet, überprüft werden. Bei der ersten Durchsicht empfiehlt es sich, Installations- und Betriebskosten sowie quantifizierbare und nicht quantifizierbare Nutzen mit verschiedenen Farben direkt auf dem Dokument zu markieren. Diese überarbeiteten Dokumente sind Bestandteil der Arbeitsunterlagen.

Prüfungsunterlagen

Für die Prüfung sollten folgende Übersichten der verschiedenen Kosten und erwarteten Nutzen (s. Abbildung 12.1) zur Verfügung stehen:

- o Installationskosten;
- o Betriebskosten;
- o Quantifizierbare Nutzen;
- o Nicht quantifizierbare Nutzen.

Abbildung 12.1: Kosten- und Nutzenkategorien als Gegenstand einer Prüfung

Installationskosten
Betriebsmittelkosten
Kosten der Hardware und Kommunikationseinrichtungen
Kosten der Hilfsausrüstungen
Kosten der Anfangsausstattung
Sonstige Kosten
Personalkosten

Betriebskosten
Betriebsmittelkosten
Kosten der Hardware und Kommunikationseinrichtungen
Kosten für Zubehör
Sonstige Kosten
Personalkosten

Quantifizierbare Nutzen

Nicht quantifizierbare Nutzen

Installationskosten

Die Übersicht der Installationskosten erfaßt die geplanten, einmaligen Kosten, die mit der Akquisition und der Installation der DV-Anlage verbunden sind. Die Kosten sollten einer Kostenart oder Kostenstelle zugeordnet werden. Bei über einen längeren Zeitraum anfallenden Kosten ist eine periodengerechte Zuordnung (z.B. monatlich, vierteljährlich) vorzunehmen.

Terminverschiebungen wirken sich in der Regel auch auf die Installationskosten aus und führen zu Änderungen in der Planung und der Kosten. Ursprungsdaten und geänderte Planungs- und Kostendaten sollten in nebeneinanderliegenden Spalten ausgewiesen werden. Bei häufigen Überarbeitungen erweist es sich in der Regel als sinnvoll, nur die Daten von zwei oder drei überarbeiteten Plänen in die Übersicht aufzunehmen. Mit der Eintragung der überarbeiteten Kosten und Zielsetzungen erhält der Revisor einen Überblick über die während des Projektlebenszyklus aufgetretenen Änderungen. Jede wesentliche Änderung rechtfertigt eine Untersuchung; das gilt insbesondere, wenn die Dokumentation keine zufriedendstellenden Erklärungen bietet.

Betriebskosten

Die Übersicht der Betriebskosten erfaßt alle geplanten, wiederkehrenden Kosten, die mit dem Erwerb und der Installation der Anlage verbunden sind. Die Kostenerfassung erfolgt auf monatlicher Basis; jährlich anfallende Kosten werden entsprechend umgerechnet. Auch hier sind Überarbeitungen der geplanten Betriebskosten in der Übersicht zu dokumentieren und wesentliche Abweichungen zu untersuchen.

Quantifizierbare Nutzen

Die Übersicht der quantifizierbaren Nutzen weist Positionen aus, denen ein numerischer Wert zugewiesen werden kann. Die einzelnen Positionen werden entsprechend bestimmter Charakteristika (z.B. direkte monetäre Einsparungen) in Gruppen zusammengefaßt und summiert.

In einigen Fällen läßt sich ein ursprünglich nicht exakt erfaßter Wert nachträglich durch den Revisor präzisieren. Führt der Projektantrag beispielsweise eine Steigerung der Anzahl bearbeiteter Transaktionen um 25% bei Einsatz einer neuen DV-Anlage als Akquisitionsargument an, kann diese Angabe nach Inbetriebnahme des Systems durch die tatsächlich ermittelten Zahlen ersetzt und in die Übersicht der quantifizierbaren Nutzen aufgenommen werden.

Stehen hingegen auch nachträglich keine Daten zur Ermittlung der Anzahl bearbeiteter Transaktionen zur Verfügung, ist dieser Nutzen in die Kategorie der nicht quantifizierbaren Nutzen einzustufen. Bei Vorlage von überarbeiteten Plänen sind auch hier die Änderungen in der bereits dargestellten Weise zu erfassen.

Nicht quantifizierbare Nutzen

Die Übersicht der nicht quantifizierbaren Nutzen weist die Positionen aus, denen *kein* numerischer Wert zugeordnet werden kann. Die Ermittlung und Bewertung nicht quantifizierbarer Nutzen (indirekte Wirtschaftlichkeit) bereitet vielfach Schwierigkeiten. Es handelt sich hierbei um Nutzen aus Sekundärwirkungen (z.B. Verbesserungen der Ergonomie).

In der Regel liegt keine systematische Erfassung dieser Nutzen im Projektantrag vor. Pläne und Anträge erfordern daher eine sorgfältige Überprüfung, um nicht quantifizierbare Nutzen zu erkennen. Die Einflußnahme dieser Nutzenkategorie auf die Projektdarstellung ist häufig größer als bei qunantifizierbaren Nutzen. Dieser Umstand befürwortet eine Bewertung im Rahmen der Prüfung nach der Installation.

Änderungen der Nutzenaufzählung in aufeinanderfolgenden Planungsversionen stellen in der Regel keine tatsächliche Modifikation von Zielen dar, sondern sind vielmehr Ausdruck der sprachlichen Darstellung (Stilmittel). Liegt kein hinreichender Beleg für die Aufgabe eines nicht quantifizierbaren Nutzens in der nachfolgenden Planung vor, sollten alle Nutzen unabhängig davon, in welcher Planungs- oder Antragsversion sie aufgeführt sind, für eine Bewertung herangezogen werden.

KOSTENARTEN IM RAHMEN DER INSTALLATION

Installationskosten umfassen alle einmaligen Kosten, die mit der Installation des Computersystems und der Peripheriegeräte verbunden sind. Ein Teil dieser Kosten stellt reine Ausgaben dar und ist in der Übersicht der Installationskosten einzutragen; andere Kosten werden innerhalb der Betriebskosten, z.B. als Abschreibungen, erfaßt. Ein Bericht, der sowohl Installations- als auch Betriebskosten ausweist, ist mit großer Sorgfalt zu betrachten, um Redundanzen bei der Kostenerfassung auszuschließen.

Die mit der Installation des Computers und der Peripheriegeräte verbundenen einmaligen Kosten lassen sich in folgenden Bereichen zusammenfassen:

- Betriebsmittel;
- Hardware und Kommunikationseinrichtungen;
- Hilfsausrüstung;
- Anfangsausstattung und Sonstiges;
- Personal.

Die folgende weitere Aufgliederung der Kostenarten kann nur einen allgemeinen Einblick geben, da je nach Projekt die Relevanz einer Kostenart variiert. Es ist auch denkbar, daß weitere als die hier aufgeführten Kostenarten im Rahmen eines Projektes vorliegen. Die Checkliste sollte daher dem jeweiligen Projekt angepaßt werden.

Betriebsmittelkosten

Bei der Erstinstallation eines Computers, aber auch bei einer Hardwareänderung oder -aufrüstung können Betriebsmittelkosten anfallen. Folgende Vorgänge führen zu Betriebsmittelkosten:

- Erwerb von Gebäuden - beinhaltet Anzahlungen, Maklergebühren sowie verschiedene Gebühren für die Durchführung von Prüfungen und die Erteilung von Genehmigungen.
- Bau von Gebäuden und/oder bauliche Veränderungen bei Gebäuden bzw. Pachtobjekten - beinhaltet einmalige Arbeits- und Materialkosten für das Umsetzen von Wänden sowie für die Installation von Bedachungen und sonstigen baulichen Verbesserungen.
- Energie - beinhaltet Arbeits- und Materialkosten, z.B. für Verkabelung sowie den Einbau von Transformatoren, Installationsteilen und Sicherheitseinrichtungen.
- Installationsarbeiten - beinhalten z.B. Installationen für wassergekühlte Computer. Installationsarbeiten, die im Rahmen von Maßnahmen zur Arbeitsplatzverbesserung erfolgen, können auch unter "bauliche Veränderung bei Gebäuden bzw. Pachtobjekten" gefaßt werden.
- Arbeiten an der DV-Klimaanlage.
- Feuermeldesysteme - beinhalten Akquisitions- und Installationskosten für Brandschutzsysteme, Alarmanlagen und Sprinkleranlagen.
- Sicherungssysteme - beinhalten die Akquisitions- und Installationskosten für Sicherungsmaßnahmen, die einen unautorisierten Zutritt/Zugriff verhindern, z.B. Alarmanlagen, codierte Ausweiskarten und Fenstergitter.

Kosten für Hardware und Kommunikationseinrichtungen

Eine ständige technische Weiterentwicklung bei Computern, Peripheriegeräten und Kommunikationseinrichtungen veranlaßt viele Unternehmen zum Abschluß eines Leasing- oder Mietvertrages. Leasing- oder Mietzahlungen werden in der Übersicht der Betriebskosten erfaßt. Folgende einmaligen Kosten können dennoch anfallen:

- Großrechner - Die Erfassung der tatsächlichen Kosten sollte neben dem Brutto- auch den Nettokaufpreis aufführen. Der Nettokaufpreis ist der

Bruttokaufpreis abzüglich der Erlöse, die sich durch Verkauf oder Inzahlungnahme des Altgerätes ergeben.

- o Peripheriegeräte - Es kann unter Umständen wünschenswert sein, Geräte wie Band- oder Diskettenlaufwerke separat auszuweisen. Die Erfassung der tatsächlichen Kosten sollte neben dem Brutto- auch den Nettokaufpreis aufführen.
- o Remote-Terminals - Dieser Kategorie sind Drucker, Bildschirme, Tastaturen und RJE-Ausrüstungen zuzuordnen. Die Erfassung der tatsächlichen Kosten sollte neben dem Brutto- auch den Nettokaufpreis aufführen.
- o Kommunikationseinrichtungen - Diese Kategorie umfaßt z.B. Akustikkoppler, Modems, Multiplexer, Konzentratoren, Front-End-Rechner (Kommunikationsrechner, Vorrechner) und Richtfunksysteme. Die Erfassung der tatsächlichen Kosten sollte neben dem Brutto- auch den Nettokaufpreis aufführen.
- o Frachtkosten für den Transport der alten DV-Anlage(n) (einschließlich Verpackung).
- o Kaufpreis der auf der neuen DV-Anlage eingesetzten Systemsoftware (z.B. das Betriebssystem).

Umsatzsteuer und sonstige mit dem Kauf anfallenden Steuern sind gesondert auszuweisen.

Kosten für Hilfsausrüstung

Die Kosten für Hilfsausrüstungen werden häufig, insbesondere von Erstkäufern einer DV-Anlage, übersehen. Derartige Kosten entstehen beispielsweise mit dem Erwerb folgender Geräte:

- o Büromobiliar (z.B. Computertisch) und sonstige Einrichtungsgegenstände;
- o Feuerlöscher und sonstige Ausrüstungsgegenstände.

Kosten für Anfangsausstattung und sonstige Kosten

In der Regel wird der Bedarf für Zubehör den Betriebskosten zugerechnet. Es können jedoch auch bei dieser Position einmalige Kosten vorliegen. Darüber hinaus entstehen mit der Erstinstallation des Computers oder der Durchführung von Ausrüstungsänderungen beispielsweise folgende Kostenpositionen:

- o Erstausstattung an Bändern, Platten und Disketten;
- o Kosten, die bei der Beseitigung von nicht mehr verwendbaren Formblättern und anderem nicht mehr einsetzbarem Zubehör entstehen, z.B. aufgrund inkompatibler Plattenlaufwerke;
- o Mit der Änderung der Ausrüstung verbundene Dateiumstellungen;
- o Mit Änderung der Ausrüstung verbundene Programmänderungen und Neuprogrammierungen.

Personalkosten

Im Rahmen des Hardwareprojektes können folgende einmalige Personalkosten entstehen, die sehr leicht vernachlässigt werden:

- o Personalbeschaffungskosten einschließlich der Kosten für Anwerbung und Anreise der Bewerber;
- o Einstellungskosten einschließlich Provisionen und Kosten des Umzugs des neuen Mitarbeiters;
- o Schulung der Mitarbeiter im Umgang mit der neuen Anlage;
- o Reisekosten und sonstige Kosten für Mitarbeiter, die an Schulungen teilnehmen;
- o Mit dem Aufbau von Schulungskursen verbundene Personalkosten;
- o Während der Schulungsdauer weiter zu zahlende Löhne, Gehälter, Sozialleistungen und Gemeinkosten für Schulungsteilnehmer;
- o Beratungshonorare und Ausgaben zur Unterstützung der Anlagenumstellung.

Effekte von Zeitverschiebungen

Vor dem Hintergrund der gegenwärtigen wirtschaftlichen Situation und der Dynamik im Preis- und Leistungsbereich bei Computersystemen kann die Zeitspanne zwischen Abschluß des Gemehmigungsverfahrens und Durchführung der Implementierung zu einer erheblichen Abweichung zwischen tatsächlichen und geplanten Kosten führen.

Es ist denkbar, daß der Kaufpreis für den Computer innerhalb des Zeitraumes zwischen Erteilung der Kaufgenehmigung und tatsächlichem Abschluß des Kaufvertrages fällt, während sämtliche sonstige mit der Ausrüstungsänderung verbundenen Ausgaben über den Sollwerten liegen. Der gesunkene Preis des Computers (z.B. bedingt durch die Ankündigung einer neuen Serie) fängt in diesem Fall möglicherweise die Preissteigerungen der sonstigen Ausgaben auf, so daß keine Budgetüberschreitung vorliegt.

Eine ähnliche Situation entsteht, wenn nach Abschluß des Genehmigungsverfahrens ein neues Terminal auf den Markt kommt, das in seiner Leistungsfähigkeit mit dem genehmigten Bildschirmtyp vergleichbar ist, aber preislich weitaus günstiger angeboten wird. In diesem Fall könnten statt der genehmigten 30 Bildschirme 40 Geräte des preislich günstigeren Angebots eingekauft werden, ohne daß jedoch ein tatsächlicher Bedarf für 10 zusätzliche Geräte vorliegt. Aufgabe der Revision ist es, derartige Vorgänge festzustellen.

Bedauerlicherweise können zeitliche Verzögerungen auch zu einem Kostenanstieg führen. Wesentliche Terminverschiebungen wirken sich beispielsweise auf Löhne und Gehälter aus. Aus diesem Grund empfiehlt sich ein sorgfältiger Vergleich der geplanten mit den tatsächlichen Ausgabenzeitpunkten. Bei Planungsänderungen mit nachteiligen Auswirkungen auf die Kostensituation zählt es zu den Aufgaben der Revision, die Ursachen zu bestimmen.

BETRIEBSKOSTENARTEN

Die Aufzeichnung eines genauen Bildes der Kostensituation des Hardwareprojektes erfordert insbesondere die sorgfältige Betrachtung der Betriebskosten. Der Revisor sollte daher die von Effekten saisonaler Schwankungen bereinigten monatlichen Betriebskosten kennen. Für die Ermittlung der durchschnittlichen monatlichen Betriebskosten werden die Kosten einer mehrmonatigen Periode summiert und durch die Anzahl der Monate dividiert. Die der Durchschnittsbildung zugrundegelegte Periode sollte mindestens drei Monate betragen - daher die Empfehlung, einen Prüfungstermin frühestens drei Monate nach Abschluß eines Projektes anzusetzen.

Die bei Betrieb des Computers und der dazugehörigen Peripheriegeräte anfallenden wiederkehrenden Kosten können in folgende Bereiche gegliedert werden:

- Betriebsmittel;
- Hardware und Kommunikationseinrichtungen;
- Zubehör und Sonstiges;
- Personal.

Die Bedeutung dieser Positionen für ein Hardwareprojekt ist sehr unterschiedlich. Nicht bei jedem Projekt fallen alle der im Rahmen der Betriebskosten hier aufgeführten Kosten an. Diese Checkliste gibt jedoch einen Überblick über die typischen Betriebskostenarten.

Der Revisor sollte für jede Position Kosten und Kostenänderungen in die Betriebskostenübersicht eintragen. Die Kostenänderung beschreibt die aus dem Einsatz der neuen DV-Anlage resultierenden direkten monetären Auswirkungen. Bei einer Kostensenkung sollten diese Einsparungen in die Übersicht der quantifizierbaren Nutzen einfließen, unabhängig davon, ob es sich um erwartete Einsparungen oder nicht.

Betriebsmittelkosten

Werden die Betriebsmittelkosten den Abteilungen nicht direkt zugerechnet, müssen die Kosten (z.B. entsprechend der genutzten Quadratmeterzahl) geschätzt werden. Die folgenden Kostenpositionen kommen im allgemeinen nur bei wesentlichen Änderungen der Ausrüstung in Betracht:

o Abschreibungen, Leasing- oder Mietkosten für Gebäude(räume), in denen sich die DV-Anlage, die Bandbibliothek und die Zusatzausrüstung befinden. Handelt es sich um die Erstinstallation eines Computers, sind auch weitere Räumlichkeiten einzubeziehen, die vom Datenerfassungspersonal, Programmierern und DV-Management genutzt werden;

o Vermögensteuer für die genutzten Gebäude(räume);

o Sachversicherung für die genutzten Gebäude(räume);

o Verbrauchskosten einschließlich Wasser, Elektrizität, Heizung und Telefon (für Leitungen und Telefone, die nicht für die Datenkommunikation genutzt werden);

o Abschreibungen bzw. Leasing- oder Mietkosten für Lagerräume.

Kosten für Hardware und Kommunikationseinrichtungen

Folgende Kostenpositionen fallen für Hardware und Kommunikationseinrichtungen an:

o Abschreibungen bzw. Leasing- oder Mietkosten der Zentraleinheit;

o Abschreibungen bzw. Leasing- oder Mietkosten der Peripheriegeräte - Es empfiehlt sich ein separater Ausweis von Geräten wie Platten- und Bandlaufwerke oder Drucker;

o Abschreibungen bzw. Leasing- oder Mietkosten für Remote Terminals einschließlich Bildschirme, Tastaturen, Drucker und RJE-Ausrüstung;

o Abschreibungen bzw. Leasing- oder Mietkosten für Kommunikationseinrichtungen einschließlich Akustikkoppler, Modems, Multiplexer, Konzentratoren, Front-End-Rechner (Vorrechner, Kommunikationsrechner), Richtfunksysteme sowie Kosten für die Nutzung von Wählleitungen zur Datenübertragung;

- Monatliche Wartungskosten (falls nicht in den Leasing- oder Mietkosten bereits enthalten) - Die Berechnung von Wartungsarbeiten außerhalb der Dienstzeit sind ebenfalls zu berücksichtigen;
- Umsatzsteuer (falls nicht in den Leasing- oder Mietkosten bereits enthalten);
- Vermögensteuern (falls nicht in den Leasing- oder Mietkosten bereits enthalten) - Im allgemeinen regeln vertragliche Vereinbarungen, ob Leasinggeber/Vermieter oder Leasingnehmer/Mieter diese Kosten tragen;
- Sachversicherungen für die Ausrüstung - Im allgemeinen legen vertragliche Vereinbarungen fest, ob Leasinggeber/Vermieter oder Leasingnehmer/Mieter diese Kosten tragen. Der Revisor sollte prüfen, ob die tatsächliche Kostenverantwortlichkeit mit den vertraglichen Regelungen übereinstimmt und das gehobene Management von Abweichungen sofort in Kenntnis setzen;
- Abschreibungen bzw. Leasing- oder Mietkosten für die auf der DV-Anlage eingesetzte Systemsoftware, z.B. Betriebssysteme und Kommunikationsmonitore. Anwendungspakete und andere Software (z.B. Datenbankmanagementsysteme), die ein separates Genehmigungsverfahren erfordern, sind hier auszuschließen.

Kosten für Zubehör und sonstige Kosten

Dieser Kategorie sind folgende Kostenpositionen zugeordnet:

- Abschreibungen bzw. Mietkosten für zusätzliche Plattenlaufwerke oder Kosten, die beim Kauf eines Plattenlaufwerkes ausgabewirksam werden;
- Kosten zusätzlicher Bänder, Platten und Disketten, die sofort ausgabewirksam werden;
- Kosten eingedruckter Computerformulare, die für den monatlichen, regelmäßigen Verbrauch bestimmt sind;
- Kosten des Vorrats an Computerpapier, das für den monatlichen, regelmäßigen Verbrauch bestimmt ist;
- Kosten der Farbbänder, Toner oder Tinte für Drucker;

- o Kosten der Datenerfassung durch Dritte;
- o Kosten verschiedener Versicherungen, z.B. Betriebsunterbrechungsversicherung oder Datenträgerversicherung.

Personalkosten

Diese Kosten beinhalten Löhne, Gehälter, Sozialabgaben und sonstige soziale Leistungen. Es empfiehlt sich, jede dieser Kostenpositionen einzeln aufzuführen, um die Berücksichtigung im Projektantrag sicherzustellen:

- o DV-Management, Fachabteilungsleiter und Verwaltungspersonal;
- o Sicherheitspersonal und Datenbankverwalter;
- o Systemanalytiker und Anwendungsprogrammierer;
- o Softwareprogrammierer;
- o Computer- und RJE-Operator;
- o Kontroll- und Hilfspersonal;
- o Datenerfassungspersonal;
- o Wartungspersonal;
- o Pförtner und Wachdienste;
- o Benutzerpersonal - Diese Kosten sind einzubeziehen, wenn die Fachabteilungen Aufgaben der Datenaufbereitung und -erfassung übernehmen. Nach Möglichkeit sollten die Kosten des Benutzerpersonals pro Fachabteilung erfaßt werden.

QUANTIFIZIERBARE NUTZENKATEGORIEN

Durch Bestimmung der Kostenänderungen bei den Betriebskosten kann der Revisor erreichte Nutzen und in einem bestimmten Umfang auch geplante, jedoch noch nicht realisierte Nutzen erkennen. In der Regel besteht für die Nutzenerreichung ein Zeitplan, da beispielsweise eine Personalfreisetzung nicht unmittelbar nach Inbetriebnahme der DV-Anlage greift. Aus diesem Grund sollte die Prüfung erst in einem angemessenen zeitlichen Abstand nach Eintreten eines wesentlichen Teils der nutzenorientierten Änderungen durchgeführt werden.

Im Rahmen der Ermittlung monetärer Nutzenrealisierung müssen bei einem größeren zeitlichen Abstand zwischen der Durchführung einer Prüfung und dem im Zeitplan aufgeführten Termin unter Umständen Inflationseffekte berücksichtigt werden. Die sich beispielsweise aus der Personalfreisetzung ergebende Differenz zwischen der Position *Gehälter* vor und nach der Systemeinführung kann wesentlich geringer ausfallen als erwartet, wenn innerhalb des zugrundegelegten Zeitraumes Löhne und Gehälter steigen. Auf den ersten Blick entsteht der Eindruck eines nicht realisierten Nutzens. Ein korrektes Ergebnis ergibt sich durch Multiplikation der Anzahl abgebauter Personalstellen mit dem durchschnittlichen Gehalt/Lohn nach der Systemeinführung. Dem Revisor obliegt die Auswahl geeigneter Maßnahmen, um ein den tatsächlichen Gegebenheiten entsprechendes Bild darzustellen. Es empfiehlt sich, mit normalisierten Kosten zu arbeiten.

Quantifizierbare Nutzen, denen aufgrund nicht verfügbarer Daten kein monetärer Wert zugewiesen werden kann, sind in einer gesonderten Liste zusammenzufassen. Diese Situation liegt beispielsweise vor, wenn der Projektantrag eine Verringerung der Ausfallzeit annimmt, ohne aber ein Beurteilungskriterium zu definieren und Maßnahmen zur Feststellung der Ausfallhäufigkeit vor und nach Projektabschluß vorzuschreiben. In diesen Fällen sollte der Revisor versuchen, den Ausgangswert (Wert vor Projektbeginn) zu rekonstruieren und diesen Wert mit der Ist-Ausfallhäufigkeit zu vergleichen.

Die Entwicklung einer umfassenden Aufzählung quantifizierbarer Nutzen ist mit Schwierigkeiten verbunden. Die folgende Zusammenstellung bietet jedoch einen Ausgangspunkt für eigene Ansätze:

- Senkung von Löhnen, Gehältern, sonstigen Sozialleistungen sowie bestimmten (variablen) Gemeinkosten - Bei der Bewertung dieser Nutzenrealisierung dürfen Auslagerungen von Kostenpositionen in andere Abteilungen nicht als Form der Kosteneinsparung betrachtet werden. Weiterhin sollte der Abbau von Personalkosten mit den Lohn- und Gehaltssteigerungen, die sich aus der Höhereinstufung der Arbeitsplatzqualifikation ergeben, verrechnet werden. Eine qualifikatorische Aufwertung folgt in der Regel mit dem Übergang von manuell durchgeführter Verwaltungsarbeit zu computergestützten Arbeitsvorgängen.

- Senkung von Löhnen, Gehältern und sonstigen Sozialleistungen als Folge einer Abwertung der Arbeitsplatzqualifikation - Derartige Einsparungen sind häufig rein theoretischer Art. Die für den Arbeitsplatz erforderliche Qualifikation wird zwar abgewertet, trotzdem kommt es aus verschiedenen, insbesondere sozialen, Gründen nicht zu einer Senkung des Lohn- und Gehaltsniveaus. Die Einsparungen lassen sich nur im Falle der Kündigung bzw. durch den Übergang in den Ruhestand des jetzigen Arbeitnehmers und Neueinstellung einer Person in einer niedrigeren Lohn-/Gehaltsstufe realisieren.

- Kosteneinsparungen durch Vermeidung von Personalneueinstellungen - Hierbei handelt es sich um eine Einsparung, deren tatsächliche Realisierung nur sehr schwer nachzuweisen ist. Da verschiedene Faktoren zur Vermeidung von Personalneueinstellungen führen können (z.B. Übertragung von Aufgaben auf andere Abteilungen), wird der Revisor diese Position nur bei Vorliegen eines Produktivitätsmaßstabes berücksichtigen. Bearbeitet beispielsweise ein Mitarbeiter statt 100 Transaktionen pro Tag nach Einführung des neuen Systems 150 Transaktionen pro Tag, läßt sich die Behauptung, es liege eine Vermeidung von Personalneueinstellungen vor, rechtfertigen. Das Argument der Vermeidung von Personalneueinstellungen setzt voraus, daß zuvor ein zusätzlicher Personalbedarf festgestellt und Neueinstellungen bewilligt wurden.

- Senkung der Verarbeitungskosten - Es handelt sich hierbei um eine weitere nur schwer nachweisbare Nutzenrealisierung. Diese Form der Kostensenkung kann beispielsweise durch optimale Zusammenstellung der insgesamt betriebenen Anwendungen, die gesunkene Anzahl bearbeiteter Transaktionen oder durch die Verbesserung vorgelagerter manueller Verfahren bedingt sein.

- Kosteneinsparungen bei Ausrüstungsmieten - Die Realisierung dieses Nutzens läßt sich relativ leicht bestimmen. Hierbei sind jedoch Effekte von Preiserhöhungen und -senkungen zu berücksichtigen.

- Vermeidung von Ausrüstungsmieten - Der Beurteilung dieser Nutzenrealisierung liegt eine ähnliche Problematik zugrunde wie der Bewertung der Kosteneinsparung "Vermeidung von Personalneueinstellungen". Auch in diesem Fall empfiehlt sich ein Vergleich der Produktivitätskennziffern vor und nach Einsatz der neuen DV-Anlage.

- Kosteneinsparungen bei Betriebsmitteln (z.B. für Räume, Kommunikationseinrichtungen) - Der Kostenvergleich vor und nach der Installation der DV-Anlage bietet in der Regel die beste Beurteilungsmöglichkeit. Nicht jede Betriebsmitteleinsparung stellt jedoch einen tatsächlichen Nutzen dar: Wird durch Einsatz der neuen DV-Anlage eine Fläche von 200 qm freigesetzt, sprechen sicherheitstechnische Überlegungen jedoch gegen eine anderweitige Nutzung dieser Fläche, liegt kein tatsächlicher Nutzen vor.

- Vermeidung von Betriebsmittelkosten - Dieser Nutzen ergibt sich, wenn eine Vermeidung von Personalneueinstellungen oder Beschaffung zusätzlicher Ausrüstung vorliegt und im Falle von Personalneueinstellungen und Akquisition zusätzlicher Geräte ein Bedarf für weitere Räumlichkeiten besteht.

- Kosteneinsparungen bei Wartungsarbeiten - Ein Vergleich der Rechnungen vor und nach Einsatz der neuen DV-Anlage gibt Aufschluß über Kosteneinsparungen im Wartungsbereich.

Effekte von Zeitverschiebungen

Zeitverzögerungen/-verschiebungen haben einen direkten Effekt auf die Nutzenrealisierung. Werden auch Personalfreisetzungen oder personelle Wechsel in Fachabteilungen einbezogen, führen Verschiebungen in der Planung neben Verzögerungen in der Realisierung geplanter Nutzen zu Kostensteigerungen. Darüber hinaus fördern derartige Zeitverzögerungen die Personalfluktuation. Mit den gegenwärtigen Arbeitsbedingungen unzufriedene und in der Regel sehr qualifizierte Mitarbeiter verlassen das Unternehmen. Zeitverzögerungen belasten ebenso das Arbeitsverhältnis mit den Fachabteilungen. Es handelt sich hierbei um verborgene Kosten, die Nutzen kompensieren, aber nur schwierig zu messen sind.

Eine andere mögliche Auswirkung von Zeitverschiebungen ist die Verlängerung des Planungszeitraumes. So kann sich beispielsweise die Nutzenrealisierungsphase von 12 Monate auf 18 Monate verlängern.

Ein dritter möglicher Effekt von Zeitverschiebungen ist der endgültige Verlust des geplanten Nutzens. Verzögert sich eine Personalfreisetzung um sechs Monate, sind diese sechs Monate unrealisierter Lohn- und Gehaltseinsparungen zu keinem späteren Zeitpunkt einholbar. Derartige Vorgänge sollten im Prüfungsbericht hervorgehoben werden.

NICHT QUANTIFIZIERBARE NUTZENKATEGORIEN

Folgende nicht quantifizierbare Nutzen sind typisch:

- o Verbesserung der Arbeitsmoral;
- o Verbesserung der Kundenbeziehungen;
- o Straffung des Verwaltungsapparates;
- o Verbesserung des Unternehmensimage;
- o Termineinhaltungen/Fristverkürzungen;
- o Erhöhung der Sicherheit;
- o Größere Flexibilität in der Bearbeitung von Daten;
- o Größere Produktivität (nach Möglichkeit ist dieser Nutzen vom Revisor zu quantifizieren);
- o Einsatz neuer Technologien.

Das Wesen nicht quantifizierbarer Nutzen erschwert die objektive Feststellung der Nutzenrealisierung. Hier ist mehr die Beurteilung als die Bewertung objektiver Daten gefordert. Der Revisor muß daher auf verschiedene Techniken wie Interviews oder Beobachtung zurückgreifen.

So sollte beispielsweise zur Unterstützung ein Fragebogen entwickelt werden, der sich an der Übersicht der nicht quantifizierbaren Nutzen orientiert. Anhand der Ergebnisse von Interviews bei Benutzern und DV-Mitarbeitern, die von der Realisierung des Hardwareprojektes mittelbar oder unmittelbar profitieren, läßt sich feststellen, ob oder inwieweit aus Sicht des direkten bzw. indirekten Beteiligten die erwarteten Nutzen realisiert sind. Der Fragebogen sollte mit folgenden Fragen abschließen:

- o Gibt es noch andere aus der Realisierung des Hardwareprojektes resultierende Nutzen, die bisher noch nicht angesprochen wurden?
- o Gibt es Probleme, mit denen vor der Realisierung des Hardwareprojektes nicht gerechnet werden konnte oder wurde?

Werden Verbesserungen bei der Informationsbereitstellung als Nutzen angegeben, sollte der Revisor zur Überprüfung derartiger Angaben die Zustände vor und nach der Projektdurchführung bewerten. Verbesserungen können die Folge der Ausrüstungsänderung darstellen oder aber durch eine Programmänderung bedingt sein. Darüber hinaus sollten durch Beobachtung des Verarbeitungszyklus Auswirkungen auf Kontrollverfahren und Termintreue von Berichten festgestellt werden.

Diese Techniken ermöglichen eine Beurteilung des Realisierungsgrads von Nutzen und eine Einordnung in Kategorien wie beispielsweise "vollständige Realisierung", "partielle Realisierung" und "keine Realisierung". Diese Beurteilung ist in der Übersicht der nicht quantifizierbaren Nutzen aufzunehmen und durch die Ergebnisse von Interviews oder Beobachtungen zu belegen.

DER PRÜFUNGSBERICHT

Der Prüfungsbericht sollte alle signifikanten Soll-/Ist-Abweichungen bei den Installations- und Betriebskosten sowie den erreichten quantifizierbaren und nicht quantifizierbaren Nutzen aufzeigen. Die Abweichungsursachen sind festzustellen und zu erläutern. In einigen Fällen lassen sich durch Einleitung bestimmter Maßnahmen ungünstige Abweichungen, insbesondere mit Blick auf Betriebskostensenkungen und die Realisierung größerer Nutzen, ausgleichen. Die Durchführung derartiger Schritte sind dem Management als Empfehlung vorzulegen.

Im Rahmen der Nachforschungen kann der Revisor unter Umständen auch größere Ausrüstungsprobleme erkennen. Diese Schwierigkeiten sind im Bericht zusammen mit Verbesserungsempfehlungen auszuweisen. Obwohl es sich nicht um eine Prüfung der Kontrollen und Verfahren handelt, lassen sich jedoch auch in diesem Bereich bestehende Probleme feststellen. Natürlich gehört der Verweis auf diese Mißstände in den Prüfungsbericht, wobei insbesondere Abweichungen mit negativen Effekten auf Kontrollen, Kosten oder die Systemleistungsfähigkeit darzustellen sind.

Eine Prüfung nach der Installation gibt Aufschluß über die Güte des gegenwärtigen Projektkontrollsystems. Jeder bedeutsame Fehler im System, der das Auftreten ungünstiger Abweichungen und Auswirkungen auf andere Projekte ermöglicht, wird im Rahmen der Prüfung aufgedeckt. Aus diesem Grund sollte auf erkannte Schwachstellen mit besonderem Nachdruck hingewiesen werden.

ZUSAMMENFASSUNG

Dieses Kapitel unterstützt die Entwicklung eines Arbeitsprogrammes für eine Kosten-/Nutzenuntersuchung bei einer Hardwareakquisition. Das Programm setzt nach Erteilung der Projektgenehmigung ein. Der Revisor erkennt im Rahmen der Programmdurchführung möglicherweise auch Bereiche, in denen sich bedeutende Kosteneinsparungen durch Verbesserung des Management Monitoring und der Projektkontrollverfahren realisieren lassen. Der Prozeß der Projektgenehmigung kann durch Anwendung dieser Vorgehensweise verfeinert werden. Diese Form der Prüfung unterstützt den DV-Revisor in dem Bemühen, sowohl Kosteneinsparungen als auch nicht quantifizierbare Nutzen zu erreichen.

SACHWORTVERZEICHNIS